Awk
ward

AWKWARD
by Ty Tashiro

이 도서의 국립중앙도서관 출판예정도서목록(CIP)은 서지정보유통지원시스템 홈페이지(http://seoji.nl.go.kr)와
국가자료종합목록시스템(http://www.nl.go.kr/kolisnet)에서 이용하실 수 있습니다.
(CIP제어번호: CIP2019008182)

완벽하지 않아도
호감을 사는 사람들의 비밀

Awk
Ward
어쿼드

타이 타시로 지음
정준희 옮김

문학동네

차례

능수능란한 세상에 저항하는 '서툰 사람들'의 힘

모두가 쳐다보는 게 느껴진다. 깔끔하게 차려입은 손님들은 풀장에서 멀찌감치 떨어져 칵테일을 마시고 있다. 그들은 물속에 가라앉지 않으려 버둥대는 연약한 여섯 살짜리 남자아이를 내가 어떻게 할지 궁금한 게 분명하다. 사실 나 역시 어떻게 하면 좋을지 고민중이다.

도와주려고 손을 내밀 때마다 아이는 앙칼진 목소리로 "내가 할게요!"라고 외치며 거절한다. 책임감 때문에 마음이 불편하기는 하지만, 그의 노력을 존중하고 싶어서 계속 혼자 고군분투하도록 내버려둔다. 어른들의 호기심 어린 시선과 제힘으로 해내려는 아이의 고집 사이에서 나는 이러지도 저러지도 못하는 난처한 상황에 처해 있다. 게다가 그 아이는 내 아들도 아니다.

스펜서는 내 친구 잭의 아들이다. 우리는 미네소타대학교 대학원에서 처음 만난 뒤 계속 연락하며 지냈고, 2013년 가을 내가 플로리다에서 열리는 심리학 학회에 참석하는 동안 잭과 그의 아내 리디아와 함께 지내게 되었다. 내가 플로리다에 도착한 날, 마침 그들의 집 뒤뜰에서 리디아의 생일 파티가 열렸다. 어떤 이유에서인지 스펜서는 나를 보자마자 새로운 친구로 받아들였다. 듣자 하니 이는 평소 사람을 멀리하는 그의 성향에서 벗어난 행동이었다.

파티에 참석한 이들은 어른들이 여섯 살 꼬마에게 하는 전형적인 행동들을 보였다. 아이 같은 목소리로 나이를 묻거나, 귀여워 못 참겠다는 듯 꼭 껴안거나, 몹시 궁금해하는 표정으로 "나 기억나니, 스펜서?"라고 묻는 식이었다. 다들 상냥했지만 파티에서 예의상 주고받는 이런 가벼운 대화가 스펜서에게는 '크립토나이트kryptonite'(크립토나이트는 영화 〈슈퍼맨〉에서 슈퍼맨이 태어난 크립톤 행성의 운석으로, 슈퍼히어로 슈퍼맨을 맥 못 추게 만드는 것이다. 한마디로 사람들의 치명적인 약점이라 할 수 있다 — 옮긴이) 같았다. 그가 불안감을 느끼기 시작한 것이 빤히 보였기 때문이다. 그의 움직임이 조금씩 줄어들고 있었다. 한 손님이 호의를 담아 "우리 꼬마 신사는 어쩜 이렇게 잘생겼을까?"라고 하자, 스펜서가 갑자기 내 쪽으로 몸을 돌리며 말했다. "수영하고 싶은데 도와주세요."

허락을 구하기 위해 잭과 리디아를 쳐다보자, 그들은 손님을 접대하는 동안 내가 스펜서를 봐준다면 무척 고맙겠다고 했다. 풀장에 들어갈 준비를 하는 동안 스펜서가 말했다. "어제 수영 레슨 때 물속으로 풍

덩 뛰어든 다음, 풀장 가장자리까지 헤엄쳐가는 연습을 했어요." 그는
이 기술을 두세 번 보여주더니 이내 싫증을 냈다. 그리고 스파이더맨
고글을 고쳐쓰면서, 풀장 왼쪽 끝에서 오른쪽 끝까지 약 5미터에 달하
는 거리를 헤엄쳐 건너보겠다고 선언했다.

스펜서는 내게 약 60센티미터 앞에서 자신을 지켜봐달라고 했다. 그
리고 개헤엄을 치며 반대편 끝을 향해 나아갔다. 첫번째 시도에서는 중
간 지점을 넘어서는 것도 어려워했다. 그가 허우적댈 때마다 도와주려
했지만, 스펜서는 번번이 거절했다. 그러다 마침내 그가 고집을 꺾고 도
움을 청했다. 나는 그를 수심이 얕은 곳으로 데려갔다. 1분 정도 쉬고 나
자 그는 "다시 해볼게요"라고 말했다.

비록 내가 국가대표 수영선수는 아니지만, 스펜서가 여섯 살인 것
을 감안해도 그의 체력과 조정력은 그리 뛰어나 보이지 않았다. 그가
수영하는 모습은 분명 어설펐고, 보고 있으면 마음이 불안했다. 헐떡
거리는 숨소리를 들으면 불안감은 한층 짙어졌다. 나는 그의 대담함을
높이 평가했지만, 그가 물에 제대로 떠 있을 수 있을지 걱정도 되었다.
어떻게 하면 좋을지 알려주길 바라는 마음으로 잭과 리디아를 쳐다봤
다. 그들은 이런 놀라운 사투가 늘 있는 일인 듯 그저 고개를 끄덕였다.

반대쪽 끝까지 가는 데 실패할 때마다 스펜서는 점점 감정이 격해졌
고, 네번째 실패 후엔 울기 일보 직전의 상태가 되었다. 나는 그를 수심
이 얕은 곳에 앉힌 다음 이미 얼마나 큰 진전을 이루었는지 알려주며,
내일 다시 해보자고 제안했다. 하지만 그는 내 눈을 쳐다보지 않았다.
쉬었다가 내일 다시 해보자는 내 말을 귀담아듣지도 않은 것 같았다.
그는 실패 원인을 곱씹고 곱씹어 문제를 해결할 더 나은 방법을 찾는

데 정신이 팔린 듯했다. 스펜서는 눈은 맞추지 않은 채 내 쪽을 쳐다보며 무뚝뚝한 말투로 말했다. "한번 더 해볼래요……"

그의 부모가 어떤 사람들인지 알면, 스펜서의 성취욕을 보다 쉽게 이해할 수 있다. 대학원생 시절에 잭은 응용수학 분야의 우수 학생이었다. 졸업 후 그는 미국 항공우주국NASA에서 로켓 과학자로 일했다. 리디아는 지식재산권 분야에서 미국 최고의 변호사였다. 그들은 놀라운 지성과 강한 성취욕을 지닌, 단연 돋보이는 커플이었으며 내게는 늘 겸손하고 너그러우며 성실한 친구들이기도 했다.

잭은 공항에서 나를 태우고 집으로 가는 길에 스펜서가 몹시 걱정된다고 털어놓았다. 스펜서는 유치원에서 다른 아이들과 노는 일에 그다지 관심을 보이지 않았다. 때때로 아이들과 어울릴 기회가 생겨도 스펜서가 놀이에 과도하게 몰두하는 바람에 아이들은 스펜서를 이상하게 생각했다. 어린아이들이 우주여행이나 기차에 관심을 갖는 일은 드물지 않지만, 스펜서는 행성궤도나 서로 다른 엔진들의 연소 메커니즘 같은 문제에 사로잡혀 있었다. 별난 관심사와 지나친 열의 때문에 그는 다른 아이들과 어울리지 못했다. 스펜서는 숙제를 따분해했고, 교사들은 그를 두고 '똑똑하지만 집중하지 못하는' '능력을 제대로 발휘하지 않는'처럼 보통 나이가 훨씬 더 많은 아이들을 평가할 때 쓰는 표현을 사용했다.

행성궤도에 대해 혼잣말을 늘어놓거나 증기 엔진의 작동 원리를 설명할 때 스펜서는 어른들을 매료할 정도로 총명한 모습을 보였다. 그의 머리는 관찰을 통해 수집한 방대한 사실에서 얻어낸 정보들을 조합해 자신만의 시각을 만들어나가느라 쉬지 않고 움직였다. 스펜서는 여섯 살짜리 꼬마의 인생에 갇힌 마흔 살 먹은 교수 같았다. 그렇지만 그의 부족한 사회성은 그의 값진 재능 못지않게 두드러졌다. 그는 사람들과 눈을 제대로 맞추지 못했고, 비언어적 의사소통에 서툴렀으며, 쉬는 시간에 주로 혼자 놀았다.

학교의 상담교사는 스펜서에게 주의력결핍과잉행동장애ADHD나 학습장애 같은 장애가 있는 게 아닌지 아동심리학자의 진단을 받아볼 필요가 있다고 했다. 어느 날 밤 스펜서가 자러 가자 잭은 내게 그 평가서를 한번 봐줄 수 있겠냐고 물었다. 그 평가서로 인해 그는 이미 여러 가지 애매모호한 조언을 들은 상태였다. 내가 스펜서의 전담 심리학자 역할을 할 수 없다는 것은 그도 알고 있었지만, 아들의 심리상태를 조금이라도 더 자세히 알고 싶은 간절함에서 그는 내게 부탁했던 것이다. 그는 스펜서를 양육하는 최선의 방법이 무엇인지 심리학 교수로서의 내 조언을 듣고 싶어했다.

학교 심리학자는 스펜서의 IQ가 또래 아이 중 상위 1퍼센트에 속한다는 것을 발견했다. 스펜서의 정신병리학 검사 점수는 ADHD나 반항장애를 포함해 장애 진단을 내릴 수 있는 범주에 속하지는 않았지만, 여러 영역에서 받은 점수의 편차가 심하다는 점이 내 눈에 띄었다. 이를테면 자제력 점수는 또래들과 비교했을 때 백분위 10에 속했고, 집착 성향 점수는 백분위 95에 속했다. 스펜서는 특정 장애 진단을 받을 정도는 아니었지만, 정상 범주와 장애 진단 범주 사이 그 어딘가에 위치해 있었다. 심리학자는 스펜서에게 '달리 분류되지 않는 전반적 발달장애PDD-NOS' 진단을 내렸다. 이는 심리학자들이 '사회적으로 문제가 있는 것 같긴 한데, 정확히 뭔지는 모르겠습니다'라는 뜻으로 하는 말이다.

평가서에 대한 이야기를 나누고서 잭과 리디아는 그다음에 응당 뒤
따르기 마련인 질문을 던졌다. "그럼 우리는 어떻게 해야 하죠?" 한참
을 생각한 끝에 나는 "유감스럽게도, 저도 잘 모르겠네요"라고 답했다.
그러자 리디아가 갑자기 '심문 모드'로 돌변해 질문을 쏟아내기 시작
했다.

"스펜서는 왜 그렇게 사회적으로 서툰 걸까요? 무엇이 그를 그렇게
만드는 거죠?"

"글쎄요. 아직 정확한 자료가 없어서……"

"사회생활에 서툴다고 느끼는 아이가 얼마나 될까요?"

"그런 조사를 한 사람이 있는지 모르겠네요."

"사회적으로 서툰 사람도 행복할 수 있을까요? 서툰 사람도 친구를
사귈 수 있나요?"

"물론이죠. 그렇지만……"

"당신은 어떻게 친구를 사귀었나요? 당신도 사람들과 어울리는 데
무척 서툴잖아요."

리디아가 당황하며 얼굴을 붉혔다. 그녀는 얼른 마지막 질문에 대해
사과했지만, 나는 사과할 필요가 없다고 했다. 그녀의 말 덕분에 나는
서툰 흔적들을 여전히 여기저기서 찾을 수 있음에도 불구하고 내 삶에
만족해왔다는 사실을 새삼 깨달았다. 그녀의 목소리에 배어 있는 절
실함은 낯익은 감정이었다. 이는 공포에 가까운 감정으로, 과거 어떻
게 사회생활을 해나갈 수 있을까 혼자 고민할 때 내 가슴 깊은 곳을 파

고들던 감정이었다. 내게 세상은 너무 빨리 움직여서 해독이 불가능한 곳 같았다. 몇 년 전부터는 그러한 공포를 느끼지 않았는데, 그런 변화가 어떻게 일어났는지 또 그 변화가 무엇이었는지 정확히 설명할 수는 없었다.

사회과학 연구를 하며 사는 사람으로서, 내가 제대로 된 답을 해줄 수 없다는 사실에 실망스러움을 느꼈다. 왜 어떤 이들은 선천적으로 사회생활에 서툰지, 내가 아는 그토록 많은 서툰 사람이 용케 의미 있는 유대관계를 구축한 방법은 무엇인지에 관한 연구가 있기는 했다. 하지만 리디아의 질문들에 일관성 있고 타당한 답변을 제시해주는 연구결과는 어디에도 없었다.

플로리다에 다녀오고 나서 사람들이 사회적으로 서툴다고 느끼는 이유가 무엇인지, 점점 복잡해지는 사회에서 어떻게 하면 그들이 제대로 길을 찾을 수 있을지 그 답을 찾는 데 골몰했다. 연구보고서 수백 편을 샅샅이 살피는 동안, 현대 사회생활로 인해 우리 모두가 예전보다 서투름을 더 많이 느끼게 됐음을 시사하는 사회학 연구결과를 발견했다. 우리 모두 서툴게 구는 순간이 간혹 있긴 하지만, 어떤 이들의 경우에는 서툰 행동이 예외적인 일이 아니라 아예 일상이 되는 이유를 설명하는 심리학 연구까지 찾아냈다.

성격적으로 서툰 특성을 지닌 사람들은 그렇지 않은 사람들과 매우 다른 방식으로 세상을 바라본다. 서툴지 않은 사람들은 사람들이 북적이는 방에 들어갈 때 자연스럽게 전체적인 시각에서 사회 상황을 바라본다. 그들은 방안 분위기가 어떤지, 예의상 어떻게 행동해야 하는지를 직관적으로 이해한다. 반면 서툰 사람들은 사회적 상황을 조각조각으로 나눠서 이해하는 경향이 있다. 마치 부분적인 스포트라이트를 받는 세상을 보는 것처럼, 그들은 한번에 전체적으로 사회 상황을 바라보는 것을 어려워하지만 대신 강렬한 선명함으로 몇 가지를 뚜렷이 본다.

그들의 스포트라이트형 시각은 체계적인 비사회적 문제에 집중된다. 그들이 수학 규칙이나 컴퓨터 프로그래밍 논리를 좋아하는 것도, 게임이나 수집 같은 여가활동을 선호하는 것도 이 때문이다. 비록 그들이 영업이나 고객관리보다 실리콘밸리나 물리학을 택할 가능성이 더 높긴 하지만, 다른 다양한 직군에서도 그들을 만날 수 있다. 그들이 각각 어떤 관심사를 갖고 있는지와 상관없이, 서툰 사람들은 스포트라이트형 시각으로 세계를 바라보며 관심 분야를 보다 정확히 이해하기 위해 광적으로 집착하는 성향이 있다는 공통점을 보인다. 그러한 성향 덕에 그들은 사소한 부분들을 특이할 정도로 자세히 들여다보면서 특정 패턴들을 찾아내기도 한다.

서툰 사람들은 관심 분야에 광적으로 집착하는 성향이 있는 열정적인 사람들이다. 하나의 주제에 대해 가능한 한 모든 것을 배우려는 서툰 사람들의 강박적 관심은 연구자들이 탁월한 성취를 이룬 사람들에게서 발견한 '통달의 경지에 이르려는 광기'와 다르지 않다. 연구원들은 우수한 성과를 거둔 사람들이 기술, 예술, 엔터테인먼트 등 분야에 관계없이 몇 가지 심리학적 공통점, 즉 극도로 날카로운 집중력, 색다른 질문이나 해결책을 찾고자 하는 강한 의지, 실력을 갈고닦아 통달의 경지에 이르려는 욕구 등을 갖고 있다는 사실을 발견했다. 관심 분야에 집착하는 서툰 성격적 특성 덕분에, 과학자는 실험실에서 똑같은 과정을 수백 번 되풀이하는 힘들고 단조로운 일을 끝까지 묵묵히 해내고, 무용수는 플리에plié 동작을 몇 시간씩 무한 반복하며, 코미디언은 새로운 유머를 완성할 때까지 청중 앞에서 웃음거리가 되는 일을 서슴지 않는다.

하지만 특정 분야에 대한 서툰 사람들의 열의와 광적인 집착에는 기회비용이 따르기도 한다. 다시 말해 그런 성향 때문에 다른 이들이 직관적으로 알아보는, 원활한 사회생활에 꼭 필요한 사회적 신호 및 문화적 기대를 놓치기 쉽고, 그로 인해 여러 대가를 치르게 된다는 얘기다. 서툰 사람들은 인사말, 사교적 예의 같은 사회적 관습을 알아차리고 비언어적 신호를 이해하는 데 어려움을 겪는 등 행동 면에서 여러 공통점을 보이는데 이는 그들의 스포트라이트형 시각 때문이다. 또한 그들은 다른 이들과 어울리기보다 자신만의 생각 속에 빠지기 쉽다. 서툰 사람들에게 사회생활이란 너무 크거나 작은 세상, 혹은 너무 덥거나 추운 세상에 사는 골디락스Goldilocks(너무 뜨겁지도 너무 차갑지도 않은 딱 적당한 상태를 가리키는 용어로, 전래동화 「골디락스와 세 마리의 곰」에서 유래했다. 주인공 골디락스는 곰들이 끓여놓은 뜨거운 수프, 차가운 수프, 적당히 식은 수프 중 세번째 수프만 맛있게 먹어치운다―옮긴이) 이야기 같은 삶이다. 그들은 '적당한' 세상을 찾는 과정에서 시행착오를 되풀이하면서 사회적 실수에 고통스러워할 때도 있고 고독감을 느낄 때도 있다.

서툰 사람들은 다른 이들과 어울리는 게 '혼돈'처럼 느껴질 수 있다. 따라서 그들은 새로운 사회 상황에서 어떻게 길을 찾아야 할지 침착하게 예측하기 어려워한다. 서툰 사람들이 사회적 상호작용 방식을 이해하는 도구로 과학적 접근법을 쓰는 것도 이 때문이다. 과학의 일반적인 목표는 복잡한 현상을 설명하고 정보를 체계화하며 예측 불가능해 보이는 결과를 올바르게 예측하는 것이다. 서툰 사람들은 자연 과학자가 되기에 적합한 사고방식을 갖고 있다. 그들은 사소한 일에 세밀한 관심을 기울이고, 그 가운데서 패턴을 찾아내며, 체계적인 방식으로 문제에 접근하는 데 능숙하기 때문이다.

서툰 사람들은 어린 시절, 작동법을 알고자 토스터를 분해하기도 하고, 새들이 겨울에 남쪽으로 떠날 것을 어떻게 아는지에 대해 끊임없이 질문하며, 하이브리드 엔진의 작동 원리에 매료되기도 하는 등 여러 특이한 행동을 보인다. 그들은 토스트, 예쁜 새, 빨리 달리는 자동차보다 그것들 뒤에 숨겨진 원리와 구조를 궁금해한다. 그러므로 서툰 사람들이 사회성을 기르는 좋은 방법은 사회적 상호작용을 체계적인 방법으로 조각조각 나누고, 각 조각들이 어떤 식으로 작동하는지 조사한 다음, 자신에 맞춰 그 조각들을 재조립하는 것이다. 하지만 사회생활을 이론적으로 아는 것에 만족해서는 안 된다. 알아낸 바를 지속적으로 실천에 옮김으로써 그 행동이 습관처럼 몸에 배도록 만들어야 한다. 실험실에서 연소작용을 발견하는 것과 실제로 수천 킬로미터를 달릴 수 있는 자동차 엔진을 개발하는 일 사이에는 큰 차이가 있는 법이다.

어떻게 하면 보다 사교적이고 카리스마 있는 사람이 되는지 알려주는 자기계발 조언들이 있다. 하지만 서툰 사람들이 찾는 것은 그런 게 아니다. 적어도, 처음에는 아니다. 그들은 종종 "그냥 상황에 맞게 행동하면 돼" "하던 대로 해" 같은 선의의 조언을 듣는다. 부모들은 힘든 하루를 보내고 학교에서 돌아온 자녀들에게 "아이들이 너를 질투하는 거야"라며 위로할 수도 있다. 하지만 그들에게 이런 조언은 무의미하다. 그들은 그런 말을 들으면 '상황에 맞게 행동하는 게 어려운걸' '하던 대로 하라는 건 계속 서툴게 굴라는 이야기야' '아이들이 내 사교생활을 부러워할 리 없어'라고 생각할 뿐이다. 서툰 사람들이 카리스마를 발휘하거나 인기를 끌 방법을 고민하는 경우는 거의 없다. 그들은 일단 일상적인 사회 상황에 적절히 대처하고 학교나 직장에서 사람들과 어울리는 방법을 터득하고 싶을 뿐이다.

나는 이 책을 첫인상을 좋게 만드는 요소, 감정의 기능, 사회적 격식을 차려야 하는 이유 등 사회생활의 모호한 규칙에 대한 통찰을 원하는 서툰 사람들을 위해 썼다. 서툰 사람들이 서툰 행동을 하는 이유가 무엇인지, 그리고 어떻게 하면 그들이 커다란 잠재력을 발휘할 수 있을지 궁금해하는 서툰 사람들의 배우자들, 부모들, 상담사들, 그리고 회사 상사들에게도 이 책이 도움이 될 것이다. 현대인 모두가 사회생활에서 점점 더 서툴다고 느끼는 이유가 무엇인지 알고 싶어하는 사람들에게도 이 책이 유용하게 쓰일 것이다. 서툰 사람들은 몇 가지 심리적 공통점을 갖고 있기는 하지만, 그렇다고 그들이 모두 똑같은 건 아니라는 사실을 기억할 필요가 있다. 그들은 서툰 성격적 특성 일부를 갖고 있지만 그 조합이 각각 다르다. 또 그러한 특성들에 또다른 성격적 특성들이 결합돼 색다른 유형의 서투름이 나타날 수도 있다.

서툴지 않은 사람들이 서툰 사람들의 서툰 행동을 신경쓰지 않고 그들을 진정으로 알기 위해 노력할 때, 그저 세상을 보는 시각이 다를 뿐 그들도 모두 좋은 사람들이라는 사실을 발견하게 된다. 서툰 사람들은 "내가 어떤 사람인지 알면 나를 좋아할 거예요. 그러니 사람들이 내게 기회를 줬으면 좋겠어요"라고 말하곤 한다. 서툰 사람들은 일상적인 사회 상황에 적절히 대처하지 못하기 때문에 다른 이들이 그들을 제대로 알기 어렵다는 연구결과를 감안할 때, 그들이 이러한 바람을 갖는 것도 당연하다. 서툰 성격적 특성만큼 두드러지지는 않더라도, 그들이 흥미롭고 가치 있는 다른 특성들을 보유하고 있는 경우 또한 많다. 그러므로 서툰 사람들은 일반적인 사회 상황에서 다른 이들이 어떤 기대를 갖는지, 자신이 사회적 기대를 충족하지 못하는 이유가 무엇인지 이해해야 할 뿐 아니라 다른 이들이 알아봐주었으면 하는 자신의 특성을 뚜렷이 드러낼 방법 역시 찾아낼 필요가 있다.

이 책에서 삼가고자 하는 점이 몇 가지 있다. 이를테면 서툰 사람들을 위해 그 어떤 변명도 늘어놓지 않을 것이다. 또 서툰 사람들이 다른 사람들에 비해 좋지 않은 인상을 주는 이유를 해명하지도 않을 것이다. 사회적 기대와 문화적 규칙이 존재하는 데는 합당한 이유가 있기 마련이다. 특히 모두가 공평한 기회를 누리도록, 혹은 존중받도록 마련된 규칙의 경우에는 더욱 그렇다. 다른 이들이 좀더 인내심을 갖고 서툰 사람들을 기다려주는 배려를 베풀 수도 있지만, 서툰 사람들 역시 사회성을 기르기 위해 최선을 다해야 한다.

나는 거북한 상황을 유머 있게 그려내는 동시에, 누군가의 사회적 투쟁을 가볍게 다루는 일이 없게끔 각별히 애썼다. 서툰 행동으로 빚어진 사건이 지인의 경험일 경우에는, 가공인물을 만들고 실제 있었던 일을 부분적으로 수정했다. 하지만 사람들이 자신의 서툰 행동을 보고 가볍게 웃어넘긴다면, 이는 마음이 건강하다는 증거라고 생각한다. 사회적인 상황에서 저지른 실수를 너무 심각하게 여기지 않는 태도는, 당혹감에 휩싸이거나 자존감에 심한 타격을 입는 일을 막는 훌륭한 해법이다.

다행히 서투름에 관한 많은 연구자료를 찾았지만, 때때로 과학계의 연구자료처럼 서로 상충되는 결과물도 있었다. 전문용어나 복잡한 통계자료가 난무하는 연구도 있었다. 서툰 성격을 갖고 있는 사람으로서 이 책을 집필하면서, 서툰 사람들은 관심 분야에 깊이 몰두하는 경향을 보여 다른 사람들에겐 재미없는 이야기를 일방적으로 늘어놓기 쉽다는 사실을 잊지 않으려고 노력했다. 풍부한 이론 및 연구결과를 '적당히' 담기 위해 나름대로 최선을 다했지만, 복잡함과 명료함 사이에서, 폭넓음과 간결함 사이에서 넘치지도 부족하지도 않기 위해 끊임없이 갈등해야 했다. 논쟁의 여지가 없는 확실한 연구결과들에 초점을 맞추려 최선을 다했지만, 독자들이 자신의 특수한 상황에는 맞지 않는다고 생각하는 연구결과들도 있을 것이다. 어떤 자료를 참고했는지 더 자세히 알고 싶어할 독자들을 위해, 참고문헌에 각 장의 주요 주제와 관련해 참고한 자료들을 실어놓았다.

결과적으로 수백 가지 과학적 자료를 조사하는 과정에서 미묘한 차이가 있는, 예상치 못한 유형의 결과물들을 찾아냈고 사람들이 서툴 수밖에 없는 이유가 무엇인지, 사람을 서툴게 만드는 심리학적 특성이 또 다른 상황에서는 경이로운 업적을 이뤄내는 발판 역할을 하는 이유가 무엇인지에 대한 놀라운 통찰을 얻었다. 이처럼 풍부한 과학적 통찰은 서툴다는 게 감탄을 자아낼 수도 있는 이유가 무엇인지 깨닫는 데 요긴하게 쓰였다. 독자들에게도 이 통찰이 유용하게 쓰이길 바란다.

스펜서는 작별인사처럼 어느 정도 감정을 요하는 예절을 차리는 아이가 아니었다. 나는 현관에서 그의 부모와 가벼운 포옹을 나누고서 스펜서가 〈토마스와 친구들〉을 보는 데 방해되지 않을 정도로 멀리 떨어진 곳에서 손을 흔들었다. 그런데 그가 소파에서 벌떡 일어나 문을 향해 달려오더니 어색하지만 열정적으로 나를 꼭 껴안았다. 그는 이렇게 말했다. "친구가 되어 좋았어요."

그날 늦게 뉴욕행 비행기를 타고 돌아가는 길에, 나는 서툴지만 감탄을 자아내는 사람들에 대한 수수께끼를 풀어보기로 마음먹었다. 컴퓨터를 켜고 다음과 같은 제목의 글을 쓰기 시작했다.

어쿼드: 완벽하지 않아도 호감을 사는 사람들의 비밀

1부

|

나는 왜 이렇게 서툰 걸까?:

그래서 서툰 것이다

1장

'배'보다 '배꼽'이 더 크게, 아주 잘 보이는 사람들

대학원에 들어가서 처음 발견한 것은 내가 대체로 평범하다는 사실이었다. 1999년 가을, 미네소타대학교 대학원에서 심리학 과정을 밟기 시작했을 때였다. 신입생들은 자신의 성격적 특성과 지적 능력, 직업적 흥미를 파악할 수 있는 정밀한 심리검사를 받을 수 있었다. 처음에는 내가 어떤 사람인지 들여다볼 수 있는 흥미로운 기회 같았다. 그러나 막상 검사를 받고 나니, 이 세밀한 테스트의 결과로 내가 비정상적인 특성을 가지고 있음이 드러날 수도 있다는 사실을 깨달았다. 물론 이전까지 비정상적인 특성으로 인해 애먹은 적은 없었다. 하지만 이는 내게 그런 특성이 없어서가 아니라, 불행 중 다행으로 그런 특성을 갖고 있다는 사실 자체를 몰랐기 때문일 수 있었다.

2주 후, 우편함에서 노란색 봉투를 발견했다. 봉투를 봉한 부분에는 '비밀보고서'라는 글자가 찍혀 있었다. 마치 오랫동안 방치해두었던 다락방의 문을 여는 사람처럼, 어떤 것을 발견하게 될지 긴장하면서 조심스럽게 보고서를 펼쳤다. 보고서에는 수십 개의 도표가 그려져 있고, 내향성, 친절함, 질서정연함, 다양한 유형의 지적 능력 등 특성별로 내 점수가 종형 곡선bell curve에 표시돼 있었다. 그리고 각 도표에는 내가 정상 범주에 속하는지 아니면 병리학적으로 이상 진단을 내릴 만한 범주에 속하는지, 간략한 설명도 적혀 있었다.

스펜서의 심리검사 결과처럼 내 성격 및 병리학적 평가점수는 '이상' 진단을 받을 정도는 아니었지만, 각 항목별 점수가 고르지는 못했다. 예를 들어 친절함이나 호기심 같은 성격적 특성에 대한 점수는 평균을 크게 웃돌았지만, 인내심과 질서정연함 같은 항목에서는 평균에 훨씬 못 미치는 점수를 받았다. 다른 사람들이 '친절하지만 참을성이 없는 사람' 또는 '호기심이 많은 어수선한 사람'을 어떻게 생각할지, 잠깐 궁금한 마음이 들었다.

전체적으로 봤을 때 처음 몇 페이지에 적힌 평가는 상대적으로 정상인에 가까운 패턴을 보였다. 하지만 보고서 중반, 즉 '사회성 발달' 부분으로 접어들면서 몇몇 비정상적인 패턴이 나타나기 시작했다. 이 부분에는 내 가족들과의 인터뷰도 포함돼 있었다. 검사를 담당한 심리학자는 "타이가 열두 살이 되기 전 있었던 일 가운데 가장 기억에 남는 일은 무엇입니까?"라는 질문에 대한 가족들의 답변에 주목했다. 그가 가족들을 따로따로 인터뷰했음에도 불구하고 모두 같은 대답을 했기 때문이다. "어머니는 타이에게 집중하라고 말씀하고 또 말씀하셨어요."

"집-중-해 …… 집-중-해"

인터뷰에 응한 가족 중 일부는 우유를 따를 때마다 일어났던 일을 포함해 끝없이 반복된 사건에 대해 자세히 이야기했다. 그들은 그런 일이 매우 어려서부터 시작되었을 뿐 아니라 '당신이 예상하는 것보다 훨씬 오랫동안' 지속되었다고 설명했다. 당시 바가지 머리를 하고 있던 나는 식탁에 앉아 갈색 눈을 반짝이며 우유통을 뚫어지게 쳐다보고 있었다. 그리고 내 뒤에는 정장 차림을 한 어머니가 서 있었다. 그녀의 두 눈은 같은 우유통과 그 옆에 놓인 빈 컵에 고정돼 있었다. 마침내 내가 손으로 우유통을 잡고 천천히 들어올리면, 어머니는 지나칠 만큼 또박또박한 말투로 "집-중-해 …… 집-중-해"라는 말을 하고 또 했다. 마치 명상음악에서 흘러나오는 것 같은 침착한 어조였다.

그러다 어느 순간 돌발상황이 벌어졌다. 분명 나는 마음을 굳게 먹고 컵에 우유를 따르는 일에 집중, 또 집중하고 있었다. 유리병에 담긴 케첩이 음식 위에 왕창 쏟아지지 않도록 '초집중'하는 사람처럼 말이다. 하지만 지나치게 열성적인 움직임의 물리학적 작용으로 인해 우유를 컵 가장자리에 왈칵 붓게 되었고, 컵이 휘청하다 넘어지면서 식탁 위는 우유로 흥건해졌다. 그 광경을 목격했던 이들은 우유 한 통 규모의 대참사가 발생한 직후에 항상 아득한 정적이 흘렀다고 입을 모았다. 그 정적은 '타이가 또 사고를 쳤음'을 의미했다.

어머니의 소망 어린 구호가 채 끝나기도 전에 우유는 쏟아졌고, 남은 구호 일부가 헛되이 입 밖으로 흘러나왔다. 그녀는 평정심을 잃지 않기 위해 천천히 눈을 감고 잠시 가만히 있었다. 어머니는 깔끔하고 품위 있는 분이었다. 우유를 쏟는 광경을 목격한 이들은 어머니의 우아한 태도와 내 산만한 성격 간의 부조화가 참을 수 없을 정도로 웃겼겠지만, 그러한 사고 직후에 차마 웃을 수는 없었을 것이다. 따라서 구경꾼들은 재빨리 시선을 돌려 이미 마른 접시의 물기를 닦는 시늉을 하거나 충분히 잘 섞인 수프를 계속 젓는 척하곤 했다. 여덟 살이나 열 살, 혹은 열두 살 먹은 남자아이라면 우유를 제대로 따라 마실 가능성이 50퍼센트는 넘어야 했다. 하지만 어머니는 아이가 사람들 앞에서 이런 난리법석을 떨어도 가능한 한 좋게 말하는 법을 알고 있었다. "괜찮아, 타이. 더 연습하면 돼……"

'연습'은 우리집에서 흔히 들을 수 있는 단어로, 특히 '생활 기술'을 익힐 때 자주 쓰였다. 생활 기술 역시 우리집에서 종종 들리는 말이었다. 부모님은 일상적인 사회활동 가운데 내가 아무리 서툰 짓을 해도 놀라울 정도로 인내심을 발휘했다. 하지만 생활에 필요한 여러 기술을 제대로 익히지 못해 '발달지체' 단계로 접어드는 나를 보며, 해가 갈수록 분명 속이 까맣게 타들어갔을 것이다. 부모님은 내가 중학교라는 무자비한 세상에 발을 들여놓았을 때, 어린아이로서 누리던 사회적 면책 특권이 만료되리라는 사실을 알고 있었다.

그렇지만 나는 사회성과 관련없는 부분에서는 또래 아이들보다 우수한 능력을 보였다. 예를 들면 뛰어난 암산 실력을 자랑했는데, 상당히 복잡한 나눗셈, 곱셈 문제도 암산으로 금방 해결했다. 나는 내셔널리그 선발투수의 평균 방어율 같은 무작위적인 사실들을 기억하기 쉽다는 것을 알았다. 나는 '걸어다니는 야구 통계 백과사전'이었지만, 리

틀리그 시합에 글러브를 가져가는 일이나 간식 담당인 날 과자와 음료수를 챙기는 일은 일상적으로 까먹었다. 학년이 올라갈수록 부모님은 경기 후 간식시간에 빈손으로 멍하니 서 있는 나를 친구들이 점점 더 의아한 눈초리로 쳐다보는 것을 느낄 수 있었다.

사회활동 중 내가 저지르는 실수는 결코 악의가 없었고, 일반적으로 무해한 실수였다. 하지만 열 살쯤 된 아이들은 복잡한 사회적 기대를 형성하는 능력이 급속도로 발달하고, 그 기대를 충족시키는 능력을 바탕으로 다른 아이들의 사회적 가치를 판단하기 시작한다. 그들은 반 친구가 미술시간에 이상한 그림을 그리지는 않는지, 5학년에게 어울리지 않는 옷을 입지는 않았는지에 보다 많은 관심을 기울인다. 또래 아이들의 사회적 사고가 점점 더 정교해짐에 따라, 예전에는 눈에 띄지 않던 나의 별난 점들이 이제 블랙라이트black light(형광물질을 만나면 밝은 빛을 발하는 자외선 조명―옮긴이) 아래 있는 형광물질처럼 두드러졌다. 다른 이들이 내게 거는 사회적 기대가 달라지고 있다는 것을 느꼈지만, 그러한 기대를 충족하는 데 필요한 새로운 규칙들도, 눈덩이처럼 커져가는 나의 사회적 서투름을 저지하는 방법도 제대로 알지 못했다.

부모님은 만성적으로 서투른 아이가 사회생활을 잘해나가도록 도와주는 일이 결코 쉽지 않으리라는 사실을 알고 있었다. 많은 서툰 아이들처럼 나는 사람들에게 거리를 두었으며 매우 고집이 셌다. 이는 우리 부모님이 대다수의 보통 부모들보다 적은 정보를 바탕으로 그들만의 사투를 벌여야 함을 의미했다. 내 서툰 행동들을 바로잡고 싶은 마음이 굴뚝같았겠지만, 아버지는 고등학교 교사였고 어머니는 학습

장애를 가진 아이들을 위한 클리닉을 운영중이었다. 두 분 모두 부모나 교사가 아이들을 정상에 가깝게 만들기 위해 선의로 한 행위가 의도치 않게 아이들의 열정적인 관심을 꺾어버리는 것을 봐왔다.

내가 살아오는 동안 부모님은 사회생활에 서툴고 매우 고집스러우며 좀처럼 자기 이야기를 하지 않는 아이로 인해 맞닥뜨린 독특한 난관들에 훌륭히 대처했다. 돌이켜보니 내게 사회성을 길러주기 위해 부모님이 얼마나 대담한 접근방식을 취했던 건지 알 수 있었다. 두 분은 어른이 된 지금도 내가 사회생활을 하면서 어떻게 하면 좋을지 고민될 때 지침이 되는 사고방식을 심어줬다. 그것은 '어떻게 하면 자기 자신을 잃지 않고 다른 사람들과 조화를 이룰 수 있을까?' 하는 질문이었다.

사실 이는 모든 사람들이 곰곰이 생각해볼 가치가 있는 오래된 질문이다. 또 어떻게 하면 사람들이 사회적으로 덜 서투를 수 있을지 고민하면서 이 책을 집필하는 동안, 내 마음 맨 앞자리를 차지했던 질문이기도 하다. 앞으로 우리는 성격, 임상심리학, 신경과학, 영재성에 관한 발달심리학 연구 등 다양한 분야의 연구결과를 살펴볼 것이다. 당신이 사회생활에 서툰 어른이든, 사회성이 부족한 자녀 때문에 고민하는 부모든, 아니면 커다란 잠재력을 지닌 서툰 부하직원과 어떻게 소통할지 궁리하는 상사든, 이 책을 통해 서툰 사람들만의 독특한 재능과 기이한 특성을 들여다볼 유용한 기회를 얻길 바란다. 이를 위해 다음과 같이 세 부분으로 나눠 이 책을 집필했다.

1부에서는 서툴다는 것이 무엇을 의미하는지, 그리고 무리 없이 사회생활을 해나가는 방법을 어떻게 찾을 수 있는지 살펴보겠다.

2부에서는 급변하는 사회규범 때문에 현대 사회생활에서 우리 모두 서투름이 얼마나 더 심화되고 있는지 살펴보고, 어떻게 하면 그에 적응할 수 있을지 알아보겠다.

3부에서는 서툰 사람들이 갖고 있는 성격적 특성이 어떻게 놀라운 성과를 거두게 하는 '지렛대' 역할을 할 수 있는지 설명하겠다.

만성적으로 서툰 사람들은 다른 이들이 '사회성이 뛰어난 사람이 되는 방법'이라는 비밀 안내서를 갖고 태어난 것처럼 느낄 수도 있다. 이들에게도 이런 꿈같은 안내서가 있다면 우아하게 사회생활을 해나가는 법, 상대방을 당혹스럽게 하는 무례를 범하지 않는 법, 서투름에 수반되는 끊임없는 불안감을 떨쳐내는 법을 단계별로 손쉽게 익힐 텐데 말이다. 물론 이 세상에는 사회생활이 술술 풀리게 하는 마술 지팡이도, 눈 깜짝할 사이에 인기를 끌어모으는 비법 10단계 같은 것이 적힌 노트도 존재하지 않는다. 그러나 사회생활이라는 복잡한 정글을 헤쳐나가기 위해 몸부림치는 사람들이 유용하게 써먹을 수 있는 연구결과들은 있다.

이 물음들에 대한 답변 일부는 직관에 반할 수도 있고 미묘한 차이를 보일 수도 있지만, 궁극적으로 '한 가지 이야기'로 귀결된다. 어떻게 하면 자신을 독특한 존재로 빛나게 하는 기이한 특성을 잃지 않으면서, 우리 모두가 갈망하는 사회적 소속감을 향유할 수 있을까에 대한 이야기 말이다. 서투름에 대한 조사를 본격적으로 시작하기에 앞서, 사회적 기대가 점점 복잡해짐에 따라 서툰 행동이 불거져나올 수밖에 없는 환경이 어떤 식으로 조성되고 있는지 살펴보도록 하자.

생리적 욕구 vs 사회적 욕구: '배'보다 '사람'이 고픈 사람들

중학교 시절 내 관심을 사로잡았던 몇 안 되는 책 중 하나가 『파리대왕』이다. 소설 속 주인공들은 돌봐줄 어른도 없이 무인도에서 살아남기 위해 발버둥쳐야 하는 처지에 놓인 소년들이다. 다른 많은 학생들처럼, 나 역시 주인공과 같은 상황에 처한다면 과연 어떤 일들이 벌어질지 상상의 나래를 펴곤 했다. 이 책의 긴장감은 물, 음식, 은신처를 찾으려는 등장인물들의 절박함에서 비롯되지만, 가장 큰 긴장감은 살아남기 위해 동맹을 이루려고 애쓰는 '랠프' 같은 주인공에 의해 만들어진다. 그는 다른 아이들이 각자 맡은 의무를 수행하고 집단의 일원으로 충성을 다하도록 지속적인 관심을 기울인다.

실생활에서 인류 대부분의 역사는 살아남기 위한 필사적인 투쟁으로 얼룩져 있다. 생존을 위한 저차원적인 투쟁이 현대 생활과는 거리가 먼 이야기처럼 들릴 수도 있지만, 1800년대 초반만 해도 서유럽에서 사망자 가운데 3분의 1 이상이 식수 부족으로 죽음을 맞이했고 영양실조나 굶주림으로 인한 사망은 훨씬 더 흔했다. 수천 년간 전 세계적으로 평균수명은 마흔 살을 밑돌았고, 기대수명이 늘어난 지는 불과 200년밖에 되지 않았다.

1950년대 심리학자 에이브러햄 매슬로는 '욕구단계설'을 통해 인간의 동기가 욕구의 위계에 따라 형성된다고 주장했다. 매슬로는 물이나 식량을 원하는 생리적 욕구가 가장 필수적인 반면, 소속감이나 자존감 같은 여타 욕구는 이차적인 문제라 여겼다. 하지만 최근 들어 이러한 시각에 도전장을 내미는 증거들이 속속 등장했다. 1995년 사회심리학자 로이 바우마이스터와 마크 리리는 「기본적 욕구인 소속감The

Fundamental Need to Belong」이라는 제목의 논문을 발표했다. 그들은 사회적 소속감에 대한 욕구가 욕구의 위계에서 차지하는 위치와 관련된 수백 개의 연구를 조사했다. 그 결과 만족스러운 관계를 유지하고자 하는 인간의 심리적 욕구가 물이나 식량을 원하는 생리적 욕구 못지않게 기본적이라는 사실을 발견했다. 사람들은 경우에 따라서 사회적 욕구를 충족하기 위해 생리적 욕구를 충족할 기회를 포기하기도 한다.

소속욕구가 배고픔이나 갈증 같은 생리적 욕구만큼 기본적이라는 주장이 믿기 어려울 수도 있다. 하지만 수천 년 동안 사람들은 50명 미만의 집단을 이뤄 수렵·채집활동을 했다. 그들은 살아남아야 한다는 공동의 목표 아래 단단히 묶여 있었다. 진화를 위해 인간과 여타 사회적 동물들은 단기적으로 사적이익을 희생하더라도 식량 채집이나 주거 안정, 안전을 위해 합의된 방식대로 협력해야 했다. 잘 조직된 집단들은 노동을 전문적인 임무로 세분화했다. 어떤 이는 농사를 전담했고 어떤 이는 사냥을 맡았으며 또 어떤 이는 아이들을 돌보는 일만 도맡았다. 작물을 수확하거나 외부 침입자의 공격을 막아내는 등 시간 제약이 있는 임무의 경우에는, 구성원들이 교대로 돌아가며 수행할 수도 있었다. 그 덕에 구성원들이 각각 쓸 수 있는 자원이 증가하고 보다 안전한 생활을 영위하게 되면서, 모든 구성원의 생존 가능성이 크게 높아졌다.

구성원들의 협력 외에 생존 가능성 증대에 이바지한 또다른 요소는 상호만족적인 관계를 맺도록 동기를 부여하는 심리 기제들이다. 목이 말라 물을 마시거나 배가 고파 음식을 먹을 때 만족감을 느끼는 것처럼, 사람들은 소속욕구가 충족될 때 긍정적 감정에 휩싸인다. 일리노

이대학교의 에드 디너는 30여 년간 행복을 연구했다. 디너와 동료들은 행복을 예측하는 가장 효과적인 잣대는 '직업이 무엇인지' '소득이 얼마인지' '다이어트에 성공했는지'가 아니라 '사회생활에서 만족스러운 인간관계를 형성하고 있는지'라는 사실을 발견했다. 또한 식량이 더 풍족하고 거의 두 배에 달하는 기대수명을 누리고 있는 부유한 국가에서도 소속감이 여전히 중대한 역할을 한다는 사실을 알아냈다. 이를테면 다른 이들과 만족스러운 인간관계를 형성하고 있는 사람들이 육체적으로 더 건강하고 기대수명도 더 길었다.

반면 소외감은 그 어떤 요소보다도 심리적으로 파괴적인 영향을 끼친다. 오하이오주립대학 의과대학의 학과장 재니스 키콜트 글레이저는 수십 년에 걸친 연구를 통해 만성적인 고독이 면역기능을 저하시키고, 심장질환 및 여타 심각한 질환을 유발하는 주요 위험인자라는 사실을 발견했다. 이러한 건강상의 위험이 누적될 경우 사망률이 크게 증가할 수 있다.

우리는 사회집단에 속하기를 '희망'할 뿐 아니라, 속해야 할 '필요' 역시 있다. 그리고 인류 역사에서 어떤 집단의 일원이 되는 일은 그리 어렵지 않았다. 생존을 위해 고군분투하는 집단은 이용 가능한 모든 남자와 여자, 아이를 받아들이는 것 외에는 선택의 여지가 없었다. 사람들은 집단이 필요했고, 집단 역시 목표를 달성하는 데 의미 있는 역할을 해줄 개개인이 필요했다.

영향력 있는 인류학자 메리 더글러스는 1966년 저서 『순수와 위험 Purity and Danger』에서 수렵·채집을 하는 집단은 개개인이 헌신적인지, 집단의 목표 달성에 기여하는지를 평가할 방법이 필요했다고 지적했다.

집단은 다른 구성원들이 굶어죽고 있을 때 식량을 훔치는 탐욕스러운 구성원을 너그러이 봐줄 여유가 없었고, 전쟁중 그들을 배반할 작정인 악당 같은 사람이 집단의 일원이 되길 원치 않았다. 집단의 목표에 반하는 행동을 하는 구성원들은 다른 모든 구성원의 안녕을 심각하게 위협했기 때문이다.

집단의 목표를 달성하는 과정에서 경로를 이탈해 값비싼 대가를 치르는 일이 없도록 각 집단은 일상생활에서 서로 어떻게 행동해야 하는지 다양한 사회적 요구를 만들었고, 이것은 각 구성원의 충성도를 지속적으로 평가할 방법이 되어주었다. 친근한 인사, 진심 어린 사과, 질서 지키기 같은 사회적 요구를 충족하려는 사소한 노력들은 집단의 더욱 큰 목표를 이뤄내고자 하는 마음이 있다는 방증이었다. 반대로 어떤 구성원이 기대를 저버리는 행위를 한다면 이는 그가 집단의 이익도 저버릴 가능성이 있음을 시사했다. 극소량의 연기에도 반응하는 아주 민감한 연기 탐지기처럼, 집단의 구성원들은 일상적인 사회적 기대를 저버리는 사소한 행위를 경보를 울릴 이유로 인식했다.

현대사회에서 사람들은 사소한 사회적 기대를 다른 이들의 사회적 가치를 평가하는 유용한 도구로 여전히 사용하고 있다. 실제로 우리는 잘 알지 못하는 이들과 끊임없이 교류하며 살아가기 때문에 사소한 사회적 기대가 그 어느 때보다 더 중요할 수도 있다. 국민의 80퍼센트 이상이 수천 혹은 수백만 명이 활동하는 도시에 살고 있는 미국 같은 나라에서 각각이 어떤 사람인지 안다는 것은 불가능하다. 오늘날 도시인들은 직장에서든 대중교통에서든 데이트 앱에서든, 잘 알지 못하는 사람들을 과연 믿어야 할지 말아야 할지 끊임없이 평가해야만 한다.

온라인 데이트를 즐기는 이들은 다음과 같은 특성을 지닌 사람에게 끌린다.

1. 건강한 치아 (65퍼센트)
2. 적절한 언어 구사 능력 (62퍼센트)
3. 호감 가는 옷차림 (52퍼센트)

고용주는 다음과 같은 특성을 지닌 사람에게 끌린다.

1. 긍정적인 자세 (84퍼센트)
2. 의사소통 능력 (83퍼센트)
3. 협동심 (74퍼센트)

* 온라인 데이트에 관한 자료는 〈USA 투데이〉에 실린 독신 5천여 명을 대상으로 한 매치닷컴Match.com의 설문조사 결과를, 고용주에 관한 자료는 '다양한 세대의 구직활동Multi-Generational Job Search'이라는 연구에서 인사 담당자 3천 명을 설문조사한 결과를 바탕으로 했다.

이제 우리는 수천 건의 사회심리학 연구를 통해 사람들이 상대의 옷차림, 위생상태, 눈을 맞추는 태도, 그 외 다른 수많은 단서를 눈 깜짝할 사이에 파악하고, 그를 집단의 일원으로 받아들일지 말지 판단한다는 사실을 안다. 이런 갖가지 기대와 그와 관련된 다양한 파급효과가 버겁게 느껴질 수 있지만, 대부분의 사람들은 살면서 맞닥뜨리는 사회적 기대를 거의 충족하고 있다. 예를 들어 지난 이틀 동안 한 번이라도 샤워를 했고 오늘 양치질을 했고 불쾌한 냄새가 나지 않는 셔츠를 입고 있다면, 개인위생과 관련된 세 가지 주요 사회적 기대를 모두 충족한 것이다. 서툰 사람들도 하루 내내 상당수의 사회적 기대를 충족하며 살아간다. 하지만 사람들의 시선이 더욱 집중되는 곳은 우리가 충족하는 수백 가지 기대가 아니라 충족하지 못하는 한두 가지 기대다. 사회적 기대에서 벗어나거나 벗어날 것 같다는 불안감이 고개를 들 때, 우리는 서툰 행동을 할 것 같다는 틀림없는 느낌을 받는다.

대부분의 사람들이 첫인상이 중요하다는 사실을 알고는 있지만, 사회심리학자들과 성격심리학자들은 수백 가지 연구를 통해 처음 5분 동안의 상호작용이 매우 중요하다는 사실을 증명해왔다. 위생상태, 자세, 눈맞춤, 목소리 톤 등을 바탕으로 만난 지 10초 만에 상대에 대한 평가가 끝나는 경우도 있다. 시간이 지남에 따라 처음의 평가가 조금씩 달라지기도 하지만, 첫인상은 호감인 사람 혹은 비호감인 사람, 믿을 수 있는 사람 혹은 믿을 수 없는 사람이라는 편향을 만들어낸다.

따라서 일상적인 상호작용에 내재된 사소한 사회적 기대로부터의 일탈은 특정 집단의 일원이 되는 데 폭넓은 영향을 미친다. 서툰 행동 대부분은 악의가 없다. 어울리지 않는 차림을 했다고, 지퍼를 제대로 잠그지 않았다고 해서 누군가가 치명타를 입지는 않는다. 하지만 기대로부터의 작은 일탈은 그 서툰 행동이 그가 '우리와는 다른 부류'라는 신호일 수 있다는 원초적 불안감을 불러일으킨다. 몇 분간의 상호작용으로 사람을 판단하는 게 부당하게 느껴지거나 비합리적이라고 생각될 수도 있지만 수천 년 동안 사람들은 사회생활을 해나가는 데 있어 이런 초기 신호들에 크게 의지해왔고, 이런 경향이 단시일 내에 사라지지는 않을 것이다.

서툰 사람들 입장에서는 이 모든 일에 맥이 빠질 수도 있지만, 꼭 그럴 필요는 없다. 서툰 사람들은 '나는 왜 서툴지?'라는 일반적인 질문보다 '어색한 순간이 생기는 이유가 뭘까?'라는 보다 현명한 질문을 던질 필요가 있다. 서툰 사람들 대부분은 복잡한 문제를 분석하는 능력을 갖고 있으므로, 이것이 그들에게 더욱 잘 맞는 질문이다.

사회적 기대를 충족하는 '처음 세 가지' 전략

어렸을 적 나는 문 앞에서 서성이는 나쁜 습관이 있었는데, 오가는 이들로 분주한 교차로 한복판에 서서 이러지도 저러지도 못하는 강아지 같았다. 나는 문 안으로 들어가는 순간 맞닥뜨릴 다른 이들과의 교류에 대해 생각했다. 곧 펼쳐질 상황에 어떻게 대처해야 할지 확실히 알지 못했고 불안감에 발길을 돌리고 싶은 마음이 굴뚝같았지만, 그러한 두려움을 극복해야 한다는 사실을 잘 알고 있었다. 서툰 사람들이 흔히 그러듯, 나는 다가오는 사회 상황에 대한 걱정에서 도망치지도, 이에 정면으로 맞서지도 못한 채 그저 문 앞에서 서성였다.

대부분의 아이들은 생일 파티나 밤샘 파티 때 일반적인 기대에 어떤 식으로 대처해야 하는지 직관적으로 알고 있었다. 그렇지만 내 부모님은 내게 사회적 교류의 기본 규칙들을 일일이 가르치고 또 가르쳐야 했다. 십대 시절 내내 부모님은 사람들과 이야기를 나눌 때 눈을 맞추는 법, 인사를 나누며 악수하는 법, 헤어질 때 작별인사를 하는 법을 하나하나 알려줬다. 나는 사회적 상황을 어떻게 헤쳐나갈지 직관적으로 이해하지 못했기에, 학과 공부를 하듯 사회생활을 해나가는 방법을 익혀야 했다. 암기과목을 외우듯 동일한 내용을 외우고 또 외울 때도 있었다. 사회적 행사가 있으면 부모님은 미리 나를 데리고 특정 상황에서 어떻게 행동해야 하는지, 소크라테스식 문답법처럼 묻고 답하기를 반복했다. 그러나 나는 막상 만남의 장소에 들어서면 일종의 '시험 불안'에 사로잡혔고, 암기한 내용이 하나도 생각나지 않았다.

부모님은 새로운 전략이 필요하다는 사실을 깨달았고 일명 '처음 세 가지first-three'라는 간단한 전략을 고안해냈다. 특정 사회 상황에서 기억해야 하는 모든 사회적 요구를 가르치는 대신, 제일 먼저 충족해야 하는 세 가지 요구만 알려주기로 한 것이다. 이 전략의 목표는 첫 2분 동안의 상호작용에서 나를 전문가로 만드는 것이었다. 만약 내가 사회생활에서 초면에 지켜야 하는 예절들만 제대로 수행한다면, 그만큼 덜 움츠러들 것이고 또 바라건대 상호작용의 사회적 리듬을 익힐 수 있을 것이었다.

예를 들어 생일 파티에 가기 전, 부모님은 친구 부모님께 인사드릴 때 제일 먼저 취해야 할 행동 세 가지를 가르쳤다. ①내 신발 대신에 그분들의 눈을 똑바로 쳐다보고 ②손을 꽉 잡고 악수를 나누면서 ③"안녕하세요, 만나 뵙게 되어 반갑습니다"라고 자신감 있게 말한다. 이를 순서대로 계속 연습하다보면 결국 자동화되어, 인사할 때 '처음 세 가지'를 떠올리기만 해도 이 동작들이 저절로 이뤄졌다. 일단 이 '처음 세 가지'를 익히고 나니 또다른 '처음 세 가지'를 연습할 수 있었다. 이를테면 8초에서 12초마다 상대방과 눈을 맞추고, 한 주 동안 어떻게 지냈는지 묻고, 상대의 답변에 맞춰 무엇 때문에 즐거운, 혹은 우울한 한 주를 보냈는지 물어보는 식이었다.

'처음 세 가지'로 삼각형을 그려볼 수 있는데, 이때 각각의 사회적 기대를 꼭짓점으로 삼는다. 내 목표는 나의 사회적 행동이 삼각형상의 세 가지 기대를 각각 충족하도록 하는 것이었다. 누군가를 처음 만났다고 해보자. 그 몇 초 사이에 무슨 일이 벌어질까? 보통 서로 눈을 맞추며 "안녕하세요"라고 말하거나 악수를 나누거나 가벼운 포옹을 하며 인사한다. 성격심리학자들이 발견한 바에 따르면, 서로 초면인 사람들은 이러한 행동을 바탕으로 대화 시작 몇 초 만에 상대방에 대한 전반적인 평가를 내린다.

캘리포니아대학교 버클리캠퍼스의 로라 나우만과 동료들은 연구 참여자들이 전신사진만 보고 한 사람에 대한 호감도를 평가할 때, 어떤 비언어적 단서를 이용하는지 조사했다. 참여자들은 사진 속 인물이 미소를 띠고 있는지, 활력 넘치는 자세를 취하고 있는지 같은 일반적인 사회적 단서들을 바탕으로 호감도를 평가했다. 또다른 연구에서 독일 마인츠대학교의 미차 바크와 동료들은 강의실에 모인 참여자들이 일어나서 자기소개를 하도록 했고, 각자 상대방 모르게 호감도 같은 항목들에 대한 점수를 매기게 했다. 연구원들은 참여자들이 친절한 목소리와 자신감 넘치는 몸짓 같은 비언어적 단서들을 이용해 호감 가는 사람인지 아닌지에 대한 전반적인 평가를 내린다는 사실을 발견했다. 이러한 연구들과 여타 수십 가지 연구는 사람들이 형성하고 있는, 처음 만났을 때 보이는 모습과 행동하는 방식에 대한 확고한 기대를 충족시켜야 호감 가는 사람으로 받아들여진다는 사실을 보여준다.

사실 사회적 기대 가운데 상당 부분을 충족했지만 한두 가지를 놓쳤을 때, 사람들은 서투름을 느낀다. 가령 당신은 누군가에게 미소를 지으며 반갑게 인사말을 건네고 자신감 있게 악수를 청할 수 있다. 그런

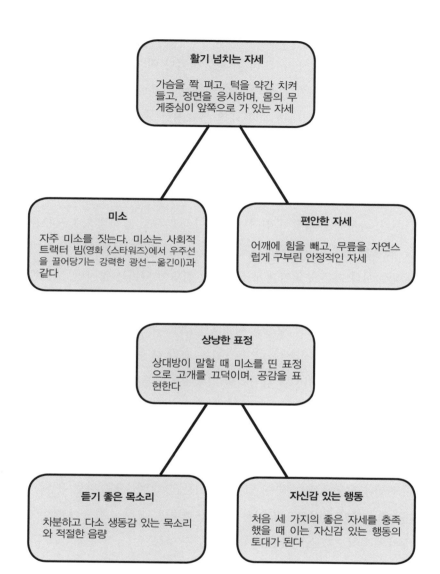

그림 1-1. 첫 만남 때 제일 먼저 고려할 세 가지 사항과 두번째로 고려할 세 가지 사항. 상단의 삼각형은 상대방이 호감 가는 사람인지 아닌지 판단할 때 이용되는 시각적 단서들을 나타내고, 하단의 삼각형은 처음 만나는 사람과 인사를 주고받는 과정에서 그 사람이 호감 가는 사람인지 아닌지 판단할 때 일반적으로 이용되는 단서들을 보여준다.

데 그 순간 화장실에서 손을 씻고 물기를 제대로 말리지 않았다는 사실이 떠오른다. 당신은 사회적 기대를 벗어난 이 사소한 행동 때문에 스스로 서툴다고 느낀다. 만약 사회적 기대 가운데 그 어느 것도 충족하지 않는 사람이 있다면, 이를테면 무표정한 얼굴로 눈을 내리깔고 불쾌한 말을 쏟아내는 사람이 있다면, 그는 서툰 사람이 아니라 오만한 사람 혹은 심리적으로 문제가 있는 사람이라 할 것이다.

서투름을 느끼는 순간이란 그저 사소한 사회적 기대를 벗어나는 순간이다. 아무리 사회성이 뛰어난 사람이라고 해도 일시적으로 서투름을 느낄 때가 있다. 축축한 손으로 악수를 나누거나 이에 시금치가 낀 게 당신이나 다른 누군가에게 실질적인 위협이 되지는 않지만, 그러한 행동들은 사회규범을 이탈했다는 작은 신호다. 우리는 다른 사람들이 우리의 사회적 가치를 평가할 때 이런 사소한 일탈행위들을 고려한다는 것을 알고 있기에, 서툴다고 느끼는 순간 감정적으로 격한 반응을 보인다. 사회성이 뛰어난 사람들의 경우에는 서툰 행동을 해도 그러한 순간들 대부분이 사회생활에 심각한 영향을 끼치지 않는다. 하지만 만성적으로 서툰 사람들은 서툰 행동을 너무 많이 하면 궁극적으로 치명적 결과를 초래할 수 있다는 불길한 예감에 휩싸인다.

누구나 서투름을 느낄 수 있지만, '서툰 순간'과 '서툰 사람'은 다르다. 어떤 이가 만성적으로 서툰 행동을 한다면, 그런 순간들이 쌓이고 쌓여 사회적으로 소외당할 위험에 처할 수 있다.

'긱'과 '너드': 서툰 사람들의 독특한 정체성

청소년기에 들어섰을 때, 1980년대 대중문화를 직관적으로 이해했던 내 또래 친구들에게는 참신한 별명이 붙었다. 헤비메탈을 좋아하는 아이들은 '약쟁이stoner'로, 폴로셔츠 깃을 세우고 다니는 아이들은 '부잣집 도련님preppie'으로, 미식축구를 잘하는 아이들은 '운동소년jock'으로 불렸다. 이런 사회적 꼬리표들은, 1980년대에 머리는 좋으나 사회성이 떨어지는 아이들을 일컫은 '너드nerd'에 비하면 얼마나 호감 가는 별명이었는지 모른다.

너드들은 수학, '던전스 앤드 드래건스' 게임, 클라리넷처럼 난해한 흥밋거리에 커다란 열정을 보였다. 별난 관심사에 대한 엄청난 열정이 인기를 떨어뜨리는 결정적인 요인이라는 사실을 그들이 깨닫는 데는 오랜 시간이 걸리지 않았다. 이런 난해한 관심사 때문에 그들은 유행하는 패션에도, 사교생활에 필요한 예의범절을 배우는 데도 흥미를 느끼지 못하기 마련이었다. 너드로 불린다는 것은 또래 아이들과 다르다는 것을 의미했다. 다른 아이들은 이런 별스러운 행동을 의아하게 여겼고, 그들이 느끼는 의아함은 너드가 새로운 친구를 만드는 데 커다란 걸림돌이 되었다.

너드라는 말에는 어원이 있다. 이는 십대들의 속어에서 시작된 게 아니라, 1950년대 '닥터 수스'의 저서 『내가 동물원을 운영한다면If I Ran the Zoo』에서 비롯됐다. 이 책에서는 불쾌하게 생긴 우스꽝스러운 동물을 가리켜 너드라고 불렀다. 또한 '긱geek(특정 분야를 미친 듯 파고드는 머리 좋은 사람이라는 점에서는 너드와 비슷하지만 사회성을 갖추고 있다는 점에서 너드와 다르다—옮긴이)'은 본래 서커스 같은 행사에서 기이한 행위로 관심을 끄는 공연자를 일컫는 말이었다. 1985년 존 휴스의 영화 〈조찬 클럽〉에는 '별종weirdo' '브레인brain' '무능력자basket case' 등

보다 폭넓은 용어들이 등장했다. 2004년 영화 〈퀸카로 살아남는 법〉에서는 유명인들을 따라하는 '유명인 덕후들desperate wannabe', 마리화나를 피기 위해 결성된 '번아웃burnout 집단', 수학대회를 위해 모인 '수학선수들mathletes' 등 비주류에 속하는 이들을 지칭하는 용어들이 업데이트됐다. 너드와 긱은 본래 상대방을 비하하는 부정적인 용어였지만 점차 긍정적인 의미를 갖는 용어로 발전했다. 이는 너드들과 긱들이 사회적 세계에서 그들만의 독특한 정체성을 자랑스럽게 받아들이며, 자신들을 대변하는 표현으로써 이 용어들을 재확립한 것이라 할 수 있다.

2011년 '서툴다'는 사회성이 부족한 사람을 가리키는 대표적인 용어로 자리잡았다. 구글은 이용자들의 검색 트렌드를 추적하는데, 얼마나 많은 사람이 '나는 왜 이렇게 서툴까?Why am I so awkward?'를 검색했는지 찾아보니, 이를 검색한 사람 수가 2011년 급증했고 지난 5년간 계속 비슷한 양상을 보였다. 서투름에 대한 관심이 급증하고 있다는 것은 부분적으로 그 단어가 유행해서일 수 있지만, 사람들이 사회생활에서 서투름을 느끼는 횟수가 증가하고 있으며 그렇게 되는 이유를 궁금해하고 있다는 의미일 수도 있다.

오늘날 너드가 된다는 것은 매력적이다. 어떤 이유에선지 우리는 〈빅뱅이론〉 같은 TV 프로그램에 나오는 서툰 물리학자에게서, 그리고 〈걸스〉 속 서툰 신세대의 섹스 장면에서 눈을 떼지 못할 때가 있다. 2015년 12월 〈스타워즈: 깨어난 포스〉가 개봉했을 때 팬들은 SNS에 '서투른#awkward' 혹은 '멈출 수도 없고 멈추지도 않을 것이다#cantstop #wontstop'처럼 자의식 충만한 해시태그를 단 코스프레 사진을 자랑스럽게 올렸다.

서툰 사람들이 자신의 독특한 흥미나 정체성을 자유롭게 받아들이게 됐다는 점은 고무적이지만, 서툰 성격적 특성으로 인해 겪을 수밖에 없는 중대한 문제들은 여전히 남아 있다. 서툰 행동이 이따금 떠들썩한 웃음을 안겨줄 때도 있지만, 지속적으로 그런 행동을 할 경우 사회적으로 소외당할 수 있다. 소외감보다 더 괴로운 건 별로 없다.

『아메리칸 헤리티지 사전The American Heritage Dictionary』은 '서투른 awkward'을 '기술이나 품위의 결여'로 정의한다. 이는 '서툰 사람'에 대한 간단하고 정확한 정의다. 이 단어는 고대 스칸디나비아어 'afgr'에서 비롯되었다. 'afgr'은 '그릇된 방향을 보는'이라는 의미다. 'awkward'는 특정인이 어떤 사람인지를 말하는 반면, 'afgr'은 특정인이 세상을 어떻게 보고 어떤 식으로 헤쳐나가는지를 말한다고 할 수 있다.

아이들이 서로를 부를 때 쓰는 다른 표현들에 비하면, '서투른'은 상대적으로 온건하고 유용한 표현이다. 하지만 서툰 사람들은 자신이 대부분의 사람들과 다른 시선으로 세상을 본다는 사실을 이미 알고 있다. 서툰 사람이 필요로 하는 것은 독특한 시각으로 사회생활을 헤쳐나가는 법에 대한 지침이다. 이 책에서 우리는 급성장하고 있는 관계의 과학을 살펴볼 것이고, 그 과정에서 만족스러운 인간관계를 유지해나가는 데 꼭 필요한 사회적 기대와 행동을 배우게 될 것이다.

'afgr'가 불러일으키는 이미지는, 서툰 사람에 대한 보다 실용적인 정의를 내리는 데 유용한 단서를 준다. 'afgr'은 서툰 사람들이 그릇된 방향을 본다는 것을 시사하지만, 나는 그와 약간 다른 시각을 갖고 있다. 다시 말해 서툰 사람들이 '틀린' 방향을 본다기보다 그저 '다른' 방향을 본다고 생각하고 싶다.

그런데 서툰 사람들이 다른 곳을 보고 있다면, 과연 어디를 보고 있는 걸까?

스포트라이트형 시각과 국지화된 정보처리

〈라이언 킹〉을 보러온 사람들로 가득찬 브로드웨이 극장을 상상해보자. 객석의 조명이 꺼지고 북소리가 둥둥둥 들리기 시작하더니 부드러운 붉은빛이 마치 황금빛 태양처럼 무대 전체를 골고루 비춘다. 수십 명의 배우가 실물 크기의 동물 의상을 입은 채 연기하고 있다. 코끼리 한 마리를 연출하기 위해 배우 네 명이, 사자 의상의 경우에는 배우 한 명이 동원된다. 주인공 심바를 소개할 배우 세 명이 무대중앙에 선다. 라이언 킹이 마침내 모습을 드러낼 중앙무대를 중심으로, 수십 마리의 동물이 물 흐르듯 자연스럽게 오가는 오프닝 행렬이 장관을 연출한다. 이 동시다발적인 안무는 부분의 합이 단순히 전체가 아니라 전체 그 이상임을 새삼 일깨운다.

첫번째 무대가 막을 내리고 두번째 무대가 펼쳐진다.

두번째 무대에서도 객석의 조명이 꺼지고 북소리가 둥둥둥 들리기 시작하지만 첫번째 무대의 폭넓은 호박색 조명 대신 스포트라이트가 무대 왼편을 집중적으로 비춘다. 그 빛은 너무도 밝고 환해서 조명을 받는 대상이 아주 또렷하고 생생하게 보인다. 동일한 제작, 동일한 노래, 동일한 안무에도 불구하고, 두번째 무대는 매우 다른 경험을 선사한다. 지금 관객은 스포트라이트를 받으며 한가로이 거닐다가 무대중앙으로 사라지는 기린을 본다. 코끼리의 엉덩이는 스포트라이트를 받아 잘 보이지만, 스포트라이트 너머 코끼리의 앞모습은 어둠에 가려

보이지 않는다.

무대 전체에서 다양한 동작이 이뤄지고 있지만, 스포트라이트가 쏟아지는 곳과 어두운 곳 사이의 극명한 대조로 인해 이를 일일이 알아보기는 매우 어렵다. 만약 당신이 두번째 무대를 본다면 스포트라이트가 비추는 곳에 시선이 머물 가능성이 높으며, 이는 무대중앙에서 벌어지는 중요한 일들을 놓치기 쉽다는 의미다. 그러나 스포트라이트가 당신이 바라보는 것들을 뚜렷이 비추고 있기에 아름다운 의상의 세부 장식도, 배우의 이마 왼편에서 흘러내리는 땀방울도, 심지어 관객들의 박수에 살짝 올라가는 배우의 입꼬리까지 알아볼 수 있다. 조명이 환히 비추고 있지 않은 곳으로 시선을 옮길 수는 있지만, 어둑어둑한 부분에서 일어나는 움직임을 알아보기는 어려우며, 어두워서 잘 보이지 않는 부분을 굳이 애써서 보려다 이내 지칠 수 있다.

두번째 무대를 본 사람들이 〈라이언 킹〉의 줄거리를 어떤 식으로 설명할지 상상해보자. 줄거리를 대강 알고 있기야 하겠지만, 그들은 조명이 무대 전체를 비췄던 첫번째 공연을 본 사람들과 다른 경험을 갖고 있기에 분명 다르게 줄거리를 요약할 것이다. 첫번째 무대를 본 사람들이 그 공연에 대해 전체적인 시각을 갖는 반면, 스포트라이트형 무대를 본 사람들은 무대 왼편에서 일어난 일을 사소한 것까지 보다 정확히 기억하고 있을 것이다. 그러나 그들은 조명이 비추지 않은 곳에서 볼 수 있었을 주요 정보는 놓쳤을 수도 있다.

이와 마찬가지로 서툰 사람들은 자기 앞에 펼쳐진 거대한 세상을 스포트라이트형 시각으로 바라본다. 거대한 세상 가운데 가장 강렬한 스포트라이트가 쏟아지는 곳으로 자연스레 시선이 집중된다. 따라서 이들은 좁은 면적을 집중적으로 보게 된다. 이는 킹스 칼리지의 프란체스카 하프와 유니버시티 칼리지 런던의 유타 프리스가 말하는 '국지화된 정보처리localized processing' 방식과 일맥상통하는 개념이다. 그들은 숲 전체를 보기보다 나무 한 그루 한 그루에 주목하는 경향이 있는 사람들을 일컬어 국지화된 정보처리 방식을 갖고 있다고 말했다. 이러한 성향을 지닌 사람들은 세상을 불완전하고 단편적인 시선으로 바라보는 경향이 있다. 하프와 프리스를 포함한 여러 연구원이 알아낸 바에 따르면, 서툰 사람들은 사회성이 뛰어난 사람들보다 미시적인 시각으로 정보에 접근하기 쉽다. 따라서 이들은 거시적인 시각에서 세상을 바라보는 데 때때로 어려움을 겪는다.

서툰 사람들은 무대에서 다른 이들이 직관적으로 바라보는 부분 이외의 부분에 집중적으로 주목하는 경향이 있다. 예를 들어 일반적으로 연출가들은 중요한 일들이 무대중앙에서 벌어지도록 하거나 무대중앙을 특정 장면의 시작점으로 삼을 수 있다. 아니면 책을 왼쪽에서 오른쪽으로 읽는 관객들이 공연 역시 왼쪽에서 오른쪽으로 전개되리라고 생각할까봐, 무대 왼편을 특정 장면의 시작점으로 삼을 수도 있다. 대부분의 사람들은 특정 장면이 시작될 때 보통 무대중앙이나 왼편을 바라본다. 그런데 서툰 이들의 스포트라이트형 시각은 특이한 부분에 집중되기에 이들은 대부분의 사람들이 보는 곳과는 다른 곳을 보기도 한다.

다른 관객들은 〈라이언 킹〉의 주인공 심바가 등장할 때 무대중앙의 심바를 주목하지만, 서툰 사람들은 무대 왼편 기린 의상의 놀라운 제작 기술에 감탄하거나 오케스트라석에서 혼신을 다해 연주하고 있는 첼리스트에게 마음을 빼앗긴다. 비록 서툰 사람들이 좁은 시야 밖의 중요한 사회적 정보를 놓치긴 하지만, 그들이 보는 것은 밝게 빛나기에 그들은 다른 이들이 시간을 들이지 않고 바로 파악하는 대상들을 깊이, 그리고 세밀히 들여다본다. 그들은 전체 무대의 일부를 놀라울 정도로 정확히 파악한다. 그들은 무대 왼편의 모든 것을 환히 꿰고 있으며, 특정 대상을 집중적으로 하나하나 뜯어보는 성향 덕에 그 부분에 대한 독특한 시각을 갖는다.

서툰 사람들의 유별난 시각은 우습기 그지없을 때도 있고 독창적일 때도 있다. 몇몇 연구결과를 통해 알 수 있듯이 서툰 사람들은 사회적 결과를 예측할 수 있는 일이 아니라 마법 같은 일로 생각할 가능성이 더 많다. 사회생활 가운데 어떤 사건이 벌어졌을 때 상황을 이해하는 데 필요한 사회 정보를 바로 도출해내지 못하기에 전체 맥락이 아닌 가운데 토막을 이해한다. 때로 서툰 사람들이 사회 상황 속 예측 가능한 인과관계를 순진한 어린아이처럼 경이로운 시선으로 바라본다는 평가를 받는 것도 이 때문이다.

사회성이 뛰어난 사람들은 사회적으로 벌어지는 상황에 대한 직관력이 있지만, 서툰 사람들은 다른 사람의 의도를 이해하고 적절한 사회적 반응을 도출해내기 위해 신중을 기해야 한다. 대학원 실습중 나는 한 내담자 덕에 직관적으로 이해하는 것과 심사숙고 끝에 이해하는 것의 차이를 명확히 알게 되었다. 그는 화학공학 박사과정을 밟고 있는 똑똑한 학생이었는데 사회생활에 매우 서툴렀다. 그는 이성과 사귈 때 상황에 맞지 않는 행동을 할 때가 많다고 했고, 나는 순진하기 그지없는 부적절한 질문을 던졌다. "상대방의 기대를 잘 이해하지 못하는 이유가 뭐라고 생각하세요?" 그러자 그는 이렇게 대꾸했다. "그럼 당신이 고등 유기화학을 잘 이해하지 못하는 이유는 뭔가요?" 그것은 적절하고도 날카로운 지적이었다.

우유를 쏟던 내 실수는 열두 살이 되면서 극적으로 줄어들었다. 숙모 덕분이었다. 숙모는 내가 우유를 따를 때 컵을 보지 않는다는 사실을 발견했다. 마치 컵이 쓰러지지 않도록 텔레파시라도 보내듯 어머니와 다른 모든 이들의 관심이 컵에 집중돼 있을 때, 나는 손에 쥔 우유통에 주목했던 것이다.

내가 생각할 수 있는 거라고는 가능한 한 빨리 통에 든 우유를 컵에 따르겠다는 목표뿐이었다. 나는 우유통과 컵의 관계를 이해하지 못했다. 우유를 따르는 과정 따위는 생각하지 않은 채, 온통 우유통과 결과에만 관심이 집중되어 있었기 때문이다. 이는 저녁을 먹는 일이나 야구를 하는 일에만 관심이 쏠려 있어서, 저녁식사 시간이 사회적인 시간이라는 사실이나 어린 시절 야구시합의 목적이 다른 아이들과 어울리는 데 있다는 사실을 간과하는 것과 다를 바 없었다.

뇌 영상 및 행동유전학 연구를 통해 서툰 사람들의 좁은 시야가 체중이나 달리기 속도처럼 유전되는 일종의 타고난 기질이며, 신경 하드웨어가 그러한 기질을 통제한다는 것을 알 수 있다. 서툰 사람들의 좁은 시야는 단점도 있지만 그 효과를 상쇄할 장점 역시 갖고 있다. 다시 말해 서툰 사람들은 특정 영역에만 집중하는 스포트라이트형 시각 때문에 대부분의 사람들이 쉽게 알아차리는 사회적 기대를 인지하지 못하는 경우가 많은 대신, 스포트라이트가 비추는 대상은 그것이 무엇이든 놀라울 정도로 꼼꼼히 파악할 수 있다. 서툰 사람들은 관심사에 온전히 몰입해 이를 명확히 간파함으로써 깊은 만족을 느끼는 경향이 있다. 이는 스포트라이트형 시각으로 세상을 바라봄으로써 누릴 수 있는 커다란 이점이 아닐 수 없다.

서툰 사람들은 시야의 폭을 조절하는 방법, 그리고 선천적으로 관심이 가지 않는 생활영역으로 관심의 초점을 옮기는 방법을 배워야 한다. 어떻게 하면 사회성을 향상하고 유대감을 형성할지 그 미스터리를 풀려면, 스포트라이트형 시각의 초점을 사회적 문제로 옮기려는 굳은 의지와 의도적인 노력이 필요하다. 좋은 소식은 사회활동을 구성하는 요소들을 분석해 사회생활을 체계적으로 이해하고 그에 조직적으로 접근할 수 있도록 이러한 요소들을 재구성하는 데 매달린다면, 상당한 진전을 이뤄낼 수 있다는 것이다. 비록 그러기 위해서는 한번에 세 가지 사회적 기대를 충족하는 법을 체계적으로 익히려는 노력이 선행되어야 하지만 말이다.

향후 살펴볼 사회생활에서의 서투름에 대한 이야기들은 한편으로는 재미있고 한편으로는 가슴 아프다. 하지만 궁극적으로 이는 어떻게 하면 서툰 이들이 기이한 특성을 끌어안으면서, 놀라운 잠재력을 십분 발휘할 수 있는지에 대한 통찰과 희망이 담긴 이야기다.

2장
소시오패스, 나르시시스트,
그리고 서툰 사람

중학교에 입학하기 전, 나는 성공적인 학교생활을 위한 전략을 세우기 시작했다. 나는 초등학교에 비해 복잡한 중학교 1학년 사회가 사회적 기술을 시험할 무대가 되리라는 것을 알고 있었다. 따라서 다가올 난관에 어떤 식으로 대처할지 사전에 곰곰이 생각하게 되었다. 대부분의 아이들처럼 어떤 옷을 입을지, 점심시간에 누구랑 앉을지, 첫 댄스파티에 가는 것은 어떤 기분일지 등을 고민했다. 사회생활을 하면서 누구나 그런 고민을 할 테지만 나는 그 같은 대비하는 방법과 관련해 특이한 사고방식을 갖고 있었다. 고민에 고민을 거듭한 결과, 보다 성숙하고 전문적인 모습을 보여준다면 성공적인 학교생활을 할 수 있으리라는 결론을 내렸다.

내가 왜 성숙함과 전문성이 중학교 생활의 성공요인이라 믿었는지는 모르겠다. 다만 이런 결론에 도달하는 데 다음 두 가지 요인이 있지 않았을까 미뤄 짐작할 뿐이다. 첫째, 마약과 술, 그리고 여타 해로운 행위의 유혹을 뿌리치는 성숙한 판단을 내릴 필요가 있다는 부모님의 사전경고를 너무 일반화했던 것 같다. 둘째, 내가 좋아하는 TV 프로그램의 등장인물인 앨릭스 키튼의 영향 때문이 아닌가 싶다. 앨릭스 키튼은 〈패밀리 타이스〉에 나오는 인물로, 마치 마흔 살 먹은 증권 중개인처럼 옷을 입고 행동하는 십대 소년이었다.

나는 어른처럼 행동하는 게 가장 안전하고 확실한 사회생활 접근방식이라고 믿었는데, 이 때문에 전술을 세우는 데 있어 많은 잘못된 결정을 내렸다. 이를테면 등교 첫날, 나는 풀을 먹인 연한 푸른색 옥스퍼드 셔츠에 주름이 잡힌 카키색 바지를 골랐다. 그리고 할아버지 친구들이 쓰는 다초점 안경처럼 보이는 정사각형 모양의 커다란 은테 안경을 썼다. 예순 살의 회계사였다면 멋있게 보였을 차림이었다.

많은 서툰 아이들처럼 나는 혼자 있는 것을 좋아했고, 심지어 다른 이들과 일정 거리를 두려고 했다. 이는 어떤 이유로 그런 옷차림을 하고 다니는지, 부모님이나 다른 누군가와 이야기를 나눈 적이 거의 없었다는 뜻이다. 지금 생각해보면 부모님은 내가 선택한 스타일을 존중해야 할지, 아니면 싸우더라도 바로잡아줘야 할지 고민했을 게 틀림없다. 부모는 자녀 인생의 사소한 부분에 개입할 때 신중을 기해야 한다. 서툰 아이들은 사소한 일에 일일이 간섭받을 경우 자기 뜻대로 하려고 고집을 부릴 수 있다. 엄밀히 말해 내 옷차림에 물의를 일으킬 만한 소

그림 2-1. 중학교 1학년 때의 나

지는 없었다. 내 옷차림은 1980년대 초 부잣집 도련님 스타일에 가까웠다. 셔츠에 주름이 가지 않도록 풀을 먹이지 않았더라면 괜찮았을 것이다. 하지만 다초점 안경과 더불어 스타일상의 이런 조그만 일탈 때문에 나는 한층 서툴러 보였다.

어머니는 등교 첫날 갈색 올즈모빌 스테이션왜건으로 롱스피크중학교까지 나를 태워다주셨다. 학교의 원형 진입로를 따라 천천히 올라가며 내가 택한 옷차림이 새로운 친구들의 옷차림과 크게 다르다는 사실을 확인했다. 다른 아이들은 발목 위로 한 단 접어 올린 빈티지 스타일 블랙진에, 박쥐 피를 마시며 악마를 찬미하는 악당 밴드들의 모습이 그려진 검정색 티셔츠를 입고 있었다. 그들은 톰 크루즈가 〈탑건〉에서 장병들과 어울려 다닐 때 썼던 에비에이터 금테 선글라스를 쓰고 있었다. 어머니는 건물 입구에 차를 세웠다. 세련된 옷차림을 한 학생들이 활기차게 대화를 주고받는 모습이 보였다. 차에 앉아 있던 우리는 대대적으로 북적거리는 이 사교의 현장에 숨이 턱 막혔다.

차문을 열고 나서면서 나는 갑자기 투명인간의 초능력을 갖고 싶어졌다. 차 밖으로 나서며 175센티미터의 껑다리 같은 키가 조금이나마 작아 보이도록 몸을 잔뜩 구부렸다. 그리고 몇 가지 중요한 질문을 떠올렸다. '누구한테 말을 걸까? 내 안경은 왜 이렇게 크지? 다른 아이들은 왜 풀 먹인 옥스퍼드 셔츠를 입지 않았지?' 내 이름을 부르는 초등학교 친구들의 목소리에 이런 생각은 중단됐다. 이들은 에드 시머스와 월 하트퍼드, 샘 하산이었다. 그들은 무리 지어 있었는데, 예의바르고 공부도 잘하는, 세상의 소금과도 같은 아이들이었다. 그들 무리에 합류하고 나니 마음이 놓였다. 아무리 생각해봐도 우리에겐 세련된 구석이라곤 없었지만, 외로운 늑대처럼 보이지 않는 것만으로도 모두 안심했다.

며칠 후 우리 부적응자들은 중학교에서는 쉬는 시간에 할 수 있는 놀이가 없다는 것을 깨달았다. 술래잡기나 골목대장 놀이, 혹은 초등학교 6학년 때 인기 있던 다른 놀이를 하는 아이들이 없었다. 이런저런 상황이 변했다는 이야기를 나누며 우리는 중학교 문화가 형편없다는 결론에 이르렀다. 아이들은 빙 둘러서서 MTV 같은 새로운 케이블 채널이나 마이클 잭슨의 앨범, 〈스릴러〉의 예술성처럼 유행하는 것에 대해 이야기했다. 하지만 이는 쉬는 시간을 보낼 좋은 방법이 결코 아니었다. 나무꾼 같은 몸집 때문에 우리 그룹의 행동대장을 맡았던 월 하트퍼드는 '다른 아이들이 자신들은 세련되어서 학교에서 놀이를 하지 않는다는 생각을 갖고 있다고 해도, 우리는 놀자'며 선동했다. 잠시 고민한 끝에 우리는 6학년 쉬는 시간에 했던 놀이, 즉 세계레슬링연맹 WWWF의 레슬링 시합을 재현하는 놀이를 하기로 했다.

축구장 남쪽 끝 잔디밭은 레슬링 링으로 완벽했다. 페널티 박스가 레슬링 링 역할을 했고, 페널티 박스 남쪽을 둘러싸고 있는 사슬 모양의 펜스가 링의 로프 역할을 했다. 하트퍼드는 헐크 호건 역할을 하겠다고 했고, 시머스는 '마초맨' 랜디 새비지를 골랐고, 하산은 디 아이언 셰이크를 택했다. 인종적 유형화에 대해 반대 의사를 표할 요량으로,

나는 WWWF의 유일한 일본인 레슬러 미스터 후지를 맡았다.

그날 금요일 레슬링에는 즉흥연기가 필요했다. 각 레슬러는 자기 차례가 왔을 때 특정 행동을 연출해 극적인 효과를 내야 한다는 데 암묵적으로 동의했다. 예를 들면 목조르기를 하는 상대방의 얼굴을 손가락으로 할퀴며 빠져나오고서 보디슬램을 하기 전에 숨막히더라도 8초 정도는 견뎌줘야 한다는 무언의 기대감이 있었다. 즉흥연기가 다소 진부해 보일 때에는 상대를 펜스 쪽으로 세게 밀어 극적 효과를 높였다. 펜스에 부딪혔다가 반동으로 튕겨 나오는 장면은 훌륭한 볼거리였다. 상대를 펜스 한가운데로 힘껏 민 다음 그 반동으로 상대가 튕겨 나오는 모습을 보고, 팔을 쭉 뻗어 그의 목 부분을 힘껏 쳐서 쓰러뜨리는 일련의 흐름에는 짜릿함이 있었기 때문이다.

시끌벅적한 레슬링 연기를 하다가 이마에 흐르는 땀을 닦고, 흘러내린 은테 안경을 살짝 밀어올리느라 잠시 멈춰 섰다. 그 순간 한 가지 분명한 사실을 깨달았다. 중학교 1학년생 가운데 우리 말고 어느 누구도 이 놀이에 관심을 보이지 않았다. 예상했던 일이었다. 다른 아이들은 우리의 잘못된 판단으로 벌어진 레슬링 현장으로부터 멀찌감치 떨어져서 성공적인 중학교 생활에 보다 어울리는 결정을 내리느라 몹시 바빴다. 몇몇 아이들은 호기심 반 놀라움 반으로 우리를 쳐다보았다. 이런 현실을 깨닫자 가슴이 철렁 내려앉으며 공포에 휩싸였다. 나는 레슬링 놀이가 6학년 애들이나 하는 유치한 놀이임을 뼈저리게 느꼈다.

이러한 깨달음의 순간에 헐크 호건이 미스터 후지의 팔을 꽉 움켜쥐었다. 그는 해머를 던질 준비를 하는 올림픽 선수처럼 나를 붙잡고 돌리기 시작했다. 그는 내가 펜스에 부딪혔다가 튕겨 나올 때 플라잉 보디슬램을 하려고 가속도를 붙였다. 호건이 후지를 점점 빠른 속도로 돌릴수록, 내 신경은 오로지 한 가지 생각에 집중되었다. 더이상 초등학생처럼 굴지 않는 수백 명의 학생에게 이 행동이 어떤 사회적 파장을 일으킬지 염려하는 마음 말이다. 그런데 그것도 그리 오래가지 않았다. 헐크 호건이 미스터 후지를 붙잡고 있던 손을 놓았기 때문이다. 유감스럽게도 그가 날아가는 경로를 계산할 때 약간의 착오가 있었다. 그는 제때 내 손을 놓지 못했고 결국 펜스 기둥에 내 이마부터 부딪치는 사고가 발생했다.

정신이 드는 순간 나를 에워싸고 있는 사람들의 모습이 어렴풋이 보였다. 없어진 안경을 찾으려고 잔디 위를 더듬거리기 시작했다. 안경이 잡히지 않자 나는 미친듯이 손으로 잔디 위를 더듬거렸다. 그때 커다란 몸집의 한 남자가 사람들 사이를 순식간에 비집고 들어오더니 내 옆에서 발걸음을 멈췄다. 그의 모습은 마치 나이를 먹고 카디건을 걸친 WWWF의 앙드레 더 자이언트 같았다. 스텐슨 코치였다. 그는 관절염을 앓고 있었고 내 옆에 무릎을 구부려 앉자 다리에서 삐걱 소리가 났다. 그는 은테 안경을 쓰고 있었는데, 다초점 렌즈의 아랫부분을 통해 잠시 나를 쳐다보았다. 그리고는 커다란 은테 안경을 집어들어 내 얼굴에 살며시 씌워주었다.

스텐슨 코치는 학교 대표팀 미식축구 코치로 존경받는 리더였다. 이 사고가 일어나기 전에 우리는 이야기를 나눈 적이 없었지만 그는 내 아버지를 알고 있었고 아마도 멀리서 나를 지켜보고 있었던 것 같았다. 스텐슨은 군중들을 향해 "구경할 거 없으니, 가서 일들 봐라"라고 외쳤다. 모였던 이들이 하나둘 흩어졌고 나는 간신히 똑바로 앉았다.

그는 내 어깨를 꽉 붙잡고 눈을 바라보며 침착한 어조로 말했다. "마음을 가라앉히고 침착하게 주위를 둘러보렴. 네 무덤 네가 파지 말고, 지금 이 상황을 제대로 봐야 해. 자, 이제 당장 보건실로 가렴. 뇌진탕을 일으킬 수도 있어."

보건실에서 나는 피멍이 든 이마에 아이스팩을 댄 채 초록색 의자에 앉아 있었다. 보건실 선생님은 내 이름이 뭔지, 내가 어디에 사는지 물었고, 뇌진탕 증상 여부를 판단할 수 있는 다른 여러 질문을 했다. 하지만 내 마음은 다른 질문의 답을 구하느라, 다시 말해 '레슬링 흉내내기가 좋은 생각이 아니었다는 걸 나는 왜 몰랐을까?'라는 질문의 답을 구하느라 정신이 없었다.

타오르는 열정을 지닌 독특한 사람

한스 아스페르거는 조용한 소년이었다. 또래 아이들은 그를 가까이 하기 어려운 아이로 묘사했고, 전기 작가들은 그가 다른 이들과 잘 어울리지 않았다고 적었다. 그는 다른 이들과 어울리는 번거로운 일보다 사회성을 요하지 않는 관심 분야를 파고들며 고독을 즐기는 소년이었다. 그는 사회성이 부족했지만 종종 오스트리아 산 이곳저곳을 혼자서 누비고 다니는 일을 즐겼다. 그는 어른스러운 언어능력을 갖고 있었고, 정치적 억압과 죽음을 다룬 허무주의적 시로 유명한 오스트리아 시인 프란츠 그릴파르처의 작품에 심취했다. 그가 자신의 독특한 취미를 공유하려 했던 몇 안 되는 시도 중 하나는, 어리둥절해하는 친구들 앞에서 열정적인 목소리로 그릴파르처의 음울한 시를 낭독했던 일이다.

특이한 사회적 태도와 언어에 대한 이상한 집착 때문에 한스 아스페르거는 어렸을 때 친구들을 사귀는 데 어려움을 겪었을 뿐 아니라 어른이 되어서도 다른 이들과 쉽게 어울리지 못했다. 왕성히 활동중인 정신의학 연구가로서 탐독했던 거겠지만, 고전문학과 인문학 서적을 읽는 데 여가시간의 상당 부분을 할애했다. 그의 딸 한 명은 그가 가족들과 동떨어진 삶을 살았으며, 타오르는 열정을 지닌 독특한 사람으로 가족들에게 상당히 긴 좋은 글들을 들려줘야 한다는 강박관념을 갖고 있었다고 했다.

1944년 아스페르거는 자신의 가장 유명한 정신의학 논문을 발표했다. 그것은 공감 능력이 부족하고, 다른 이들과 눈 맞추기를 힘들어하며, 특이한 흥밋거리에 크게 집착하는 성향이 있는 네 명의 소년들에 대한 사례연구였다. 그는 그 소년들을 설명하기 위해 '자폐성 장애autistic psychopath'라는 용어를 만들어냈다. 이전에는 존스홉킨스대학교의 리언 캐너가 1943년 비슷한 사례연구 결과를 발표한 바 있었다. 그는 열한 명의 소년들을 연구했는데, 그들은 심각할 정도로 다른 이들과 어울리지 못했고 동일한 행동을 이례적으로 되풀이하는 증상을 보였다.

자폐autism는 '자기 자신'을 의미하는 그리스어 'autos'에서 파생한 씁쓸한 용어다. 이는 사회활동을 하는 다른 이들로부터 유리되어 자신만의 세계에 빠진 모습을 상징한다. 아스페르거와 캐너는 자폐성 장애를 지닌 이들이 세 가지 공통점, 즉 사회적 상호작용에 대한 관심이 부족하고, 공감 능력이 떨어지며, 동일 대상을 끈질기게 고집하는 특성을 갖고 있다고 주장했다. 1980년 미국 정신의학회는 정신장애 진단 및 통계 편람DSM 세번째 개정판DSM-III과 아스퍼거증후군(한스 아스페르거의 이름을 따서 아스페르거증후군 혹은 아스퍼거증후군이라 부른다—옮긴이)이 추가된 네번째 개정판DSM-IV을 통해 이 세 가지 증상을 자폐를 진단하는 공식적인 방법으로 소개했다.

자폐증과 아스퍼거증후군은 사회적 기술과 의사소통 능력이 부족하다는 공통점을 갖고 있다. 대표적인 증상으로 사회적 상호작용이 제대로 이뤄지지 않으며, 비언어적 행동을 이해하지 못하고, 다른 이들과의 관계를 이해하고 새로운 관계를 형성하는 데 어려움을 겪는다는 점이 있다. 또 한 치의 어긋남도 없이 평상시 하는 일들을 되풀이하며, 특정 소리나 광경, 감촉에 무반응 또는 과민반응을 보이고, 극도로 한정된 흥밋거리에 열정적인 관심을 쏟는 등 동일 행동을 반복하는 성향이 있다.

자폐증을 진단할 공식적인 방법이 마련되자, 이는 자폐를 진단하고 치료하는 많은 중요한 방법에 획기적인 영향을 미쳤다. 또 자폐증을 앓는 이들이 여러 사회서비스나 학교시설을 이용할 수 있는 길이 열렸다. 잠재적으로 심신을 약화하는 심각한 질환을 치료하는 데 중요한 정신건강 관련 보건서비스를 받고, 이와 관련해 보험금 환급도 받을 수 있는 길이 열렸다. 그렇지만 자폐증 진단을 내릴 때는 신중을 기하는 게 무엇보다 중요하다.

임상의들은 진단에 신중을 기할 방법으로 일명 '다섯 가지 법칙rule of five'을 이용한다. 임상의들은 환자들에게 보통 어디가 불편한지 묻는다. 그리고 환자가 증상을 말할 때 임상의는 그 증상을 토대로 가능성이 가장 높은 다섯 가지 진단 목록을 작성하도록 배운다. 과하다 싶을 정도로 여러 가능성을 열어두는 이유는, 머릿속에 제일 먼저 떠오르는 질환을 바탕으로 해당 증상들을 끼워맞추는 오류를 피하기 위해서다. 이를 통해 임상의들은 증상으로 진단 가능한 질환뿐 아니라 그것으로는 진단 불가능한 질환까지 고려한다. 일부 증상은 어떤 심각한 질환 탓일 수도 있지만 그저 특이한 체질 때문일 수도 있다.

그렇다면 한스 아스페르거에게 아스퍼거증후군 진단을 내릴 수 있을지 여부가 당연히 궁금할 것이다. 또 아스페르거가 네 명의 소년에 대한 사례연구를 하며, 자신이 그들과 같은 면모를 갖고 있다는 사실을 알아차렸을지도 궁금하다. 아스페르거는 소년들 네 명이 지녔던 면모들, 즉 비정상적인 사회행동, 의사소통의 어려움, 특이한 관심 분야에 대한 과도한 집착을 갖고 있었기 때문이다.

아스페르거는 아스퍼거증후군 진단을 받을 만한 증상들을 갖고 있었지만, 그러한 진단을 논박할 만한 면모 역시 갖고 있었다. 자폐증을 포함해 DSM 장애 진단을 받으려면 대개 그러한 장애의 증상들이 삶에 심각하게 부정적인 영향을 끼쳐야 한다. 환자들이 공식적인 진단을 받으려면, 증상의 결과로써 중요한 커리어, 대인관계, 혹은 법적 문제에서 심각한 어려움을 겪어야 한다. 아스페르거는 학자로서 빛나는 업적을 거두었고, 감옥살이를 한 적도 없으며, 행복한 결혼생활도 영위했고, 일부 동료와 협력관계도 구축했다. 따라서 그에게 아스퍼거증후군 진단을 내릴 수 있을지 혹은 더 나은 다른 진단이 있는 건 아닐지 의문이 들지 않을 수 없다.

그들을 '서툰 사람들'이라고 부르려 한다

주디 블룸의 책들과 소아과 진료실의 책자들을 통해 중학교 시절이 모두에게 서툴기 그지없는 시기임을 알고 있었지만, 나는 그중에서도 서툰 정도가 특히 심한 부류에 속한다는 것을 느끼고 있었다. 나는 스텐슨 코치의 말이 옳다는 것을 알았고, 어설픈 위로 대신 직언을 해준 그를 높이 평가했다. 만약 그가 당시의 통념을 따랐다면, 내가 자존감에 큰 상처를 입지 않고 그 상황을 벗어나도록 돕는 것을 주목적으로 삼았을 것이다. 1980년대에는 자존감 강화의 필요성을 주장하는 자기계발서와 토크쇼 전문가들이 쏟아져나오며 '자존감 운동'이 커다란 인기를 끌었고, 자존감을 높이는 게 아이들의 성적을 끌어올리고 약물 복용을 방지하며 외로움을 치유할 방법이라는 믿음이 널리 퍼졌다. 그렇지만 스텐슨 코치와 영향력 있는 다른 어른들이 상처받은 내 자존감에 그저 '반창고'를 붙여주는 데 그쳤다면, 근본적인 문제는 가려졌을 것이다. 나는 보건실에 가기 전부터 내게 필요한 것은 자존감을 높이는 일이 아니라, 사회 적응 능력을 키우고 독특한 관심사를 다른 곳으로 돌릴 방법을 터득하는 일임을 알고 있었다.

레슬링 사건 이후 근본적으로 내게 무슨 문제가 있는 게 아닐까, 그리고 사회생활을 해내가는 방법을 잘 알지 못하는 나 같은 아이를 의학적으로 설명할 길이 있진 않을까 하는 궁금증이 싹트기 시작했다. 당시 나는 심리학적 진단에 대해 아무것도 알지 못했지만, 내게 나타났던 문제들을 살펴봄으로써 내가 어떻게 설명됐을지 유추할 수는 있다. 심리학자가 중학교 1학년 타이 타시로에 대해 간략한 임상소견서를 작성했다면 아마도 다음과 같았을 것이다.

이 환자는 다른 사람의 눈을 똑바로 쳐다보기를 불편해하는 것 같다. 자세는 구부정하고, 풀 먹인 옥스퍼드 셔츠에 일자 주름이 잡힌 카키색 바지를 허리 위까지 올려 입고 있다. 그는 자신이 부끄러움을 많이 타고 또래 아이들에게 말을 잘 걸지 못한다고 설명한다. 하지만 그에게는 초등학교 때부터 어울린 친구 세 명이 있다. 그는 종종 사회 상황에 맞지 않는 말을 할까봐 걱정한다고 한다. 그가 만들어 보관하는 파일 중에는 특이한 목록이 많은데, 그중에는 평균 방어율과 승패 기록을 바탕으로 작성한 상위 10위 투수 목록도 있다. 환자는 정해진 일과를 유별나게 엄격히 지킨다. 화요일에는 아침 여섯시 사십오분에 일어나서 환경미화원들이 쓰레기를 치우는 것을 구경하고, 월요일부터 금요일에는 항상 세시 삼십분부터 다섯시 삼십분까지 일련의 체계가 잡힌 농구 훈련을 진행한다. 그의 메모장에는 각각의 훈련에 시간을 얼마나 할애할지 일목요연하게 정리돼 있다. 일요일 저녁식사 후에는 신문에 실린 주가 변동 그래프를 살펴보고, 몇몇 종목의 주가 변동표를 직접 그린다. 그는 매일 규칙적으로 행하는 활동 가운데 어느 하나라도 방해받으면 심적 고통을 받는다.

내 행동이 정상적이지 않은 것은 분명했지만, 그저 특이하다고 부를 정도였을까 아니면 특정 장애 진단을 내릴 정도였을까? '다섯 가지 법칙'을 적용해본다면 임상의는 아마도 내게 고기능자폐증high functioning autism, 사회불안, 내성적 성격, 성격장애, 사회적 서투름, 이렇게 다섯 가지 가능성을 제시했을 것이다.

이 같은 진단 방식은 문제점을 갖고 있다. 주요 우울장애, 약물남용, 사회공포증social phobia, 자폐증, 그리고 여타 수백 가지 DSM 질환 등의 진단은 사람들이 특정 장애를 갖고 있느냐 갖고 있지 않느냐로 범주화하는 것이다. 하지만 자폐 성향이 자폐증 진단을 받은 1퍼센트의 사람들에게서만 나타나지 않고, 정상 범주라고 여겨지는 종형 곡선의 중앙에 놓인 사람들에게서도 나타난다면 이는 어떻게 된 일일까?

케임브리지대학교의 자폐증 연구소를 이끄는 사이먼 배런코언은 자폐증 연구의 선두적 전문가 중 한 명이다. 그와 동료들은 자폐 성향을 효과적으로 측정하기 위한 연구를 실행했고 〈자폐 및 발달장애 저널〉에 실린 2001년 논문을 통해 그 결과물인 '자폐증 지수Autism Quotient, AQ'를 선보였다. 자폐증 지수는 자폐증을 앓는 사람들이 흔히 보이는 다섯 가지 특성, 즉 '사회성 부족' '의사소통 문제' '사소한 일에 주의집중' '주의 전환의 어려움' '자유분방한 상상력'을 평가하는 50가지 항목을 포함한다. 자폐증 지수의 점수는 0점(자폐 성향이 전혀 없음)에서 50점(모든 자폐 성향을 갖고 있음)까지 다양하다.

배런코언과 그의 동료들은 두 집단, 즉 아스퍼거증후군과 고기능자폐증을 앓는 사람들로 구성된 자폐 집단과 일반 성인 174명으로 구성된 대조집단에 자폐증 지수 검사를 실시했다. 첫번째 흥미로운 결과는 대조집단의 평균 점수가 '0점'이 아니라는 것이었다. 대조집단의 평균 자폐증 지수는 16점이었다. 이는 보통 사람들도 사회생활의 특정 측면에서 어려움을 겪는다는 것을 뜻한다. 반면 자폐증 집단의 평균 점수는 35점으로, 대조집단의 평균 점수를 두 배 웃돌았다. 배런코언은 자폐증이 있는 사람과 없는 사람을 가르는 최하 점수로 32점이 적합하다고 판단했다.

또한 전체 참가자의 자폐 성향 분포가 종형 곡선을 따라 내려간다는 점을 주목할 필요가 있다. 이는 일부 사람들이 평균을 훨씬 웃도는 점수를 받았다는 의미다. 평균을 넘어서는 자폐 성향을 지닌 사람 가운데 24점에서 31점 사이의 점수를 받은 사람들은 대략 백분위 85에서 98 사이에 속할 것이다. 그들은 16개의 자폐 성향을 가진 '평균 점수'와 32개의 자폐 성향을 가진 '자폐 진단 최하 점수' 그 사이 어딘가에 위치해 있다. 그렇다면 자폐는 아니지만, 사회성이 부족하고 다른 이들과 원활한 의사소통이 이뤄지지 않으며 관심분야에 강박 수준의 집착을 보이는 이들을 뭐라고 부르면 좋을까? 나는 그들을 '서툰 사람들'

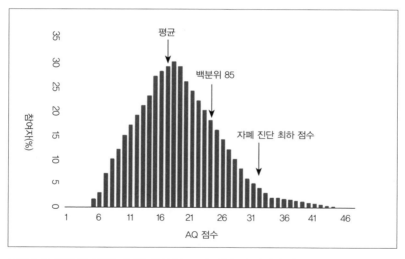

그림 2–2. 전체 참가자의 자폐적 특성 분포. 가로축은 몇 가지의 자폐적 특성을 보유하는지를 나타내고, 세로축은 각각의 점수를 받은 인원이 몇 퍼센트 정도 되는지를 보여준다. 〈자폐 및 발달장애 저널〉에 실린 배런코언과 동료들의 연구(2001)를 토대로 했다.

이라고 부르려 한다.

자폐증과 서투름의 관계는 임상심리학과 정신의학에서 보다 넓은 개념을 보여준다. 이는 심리학적으로 '정상'으로 분류되는 사람들이 심각한 질환과 관련된 가벼운 형태의 특성들을 가질 수 있다는 것이다. 우울한 성향을 갖고 있다고 해서 반드시 주요 우울장애로 진단할 수 있는 것이 아니고, 특이하게 질서정연한 생활을 한다고 해서 반드시 강박장애로 진단할 수 있는 것이 아니듯, 사회생활에 서툰 사람들이 반드시 자폐증인 건 아니다.

서툰 사람과 자폐증 환자 사이의 이런 구분은 의미상의 차이 그 이상이다. 서툴다는 게 자폐와 '동일하지 않다'는 사실을 명심하는 것이 매우 중요하다. 자폐 진단의 기준을 충족하려면, 서툰 사람들의 특성인 사회성 부족 및 강박 수준의 집착보다 훨씬 심각한 수준의 사회적 기능장애 및 반복 행동을 보여야 한다. 경미한 자폐에서 중증 자폐에 이르는 사람까지, 그 가운데 50퍼센트 이상이 지적장애를 갖고 있으며, 상당수가 성인으로서 독립적인 생활을 영위하기 어렵다. 자폐 아동은 믹서나 진공청소기 소리에 지나치게 격렬하게 반응할 수도 있고 심각한 언어장애를 보일 수도 있다. 자폐 아동을 돌보는 이들은 그들과 마음을 나누고 싶지만, 그들의 사회성 및 의사소통 능력 부족이 때때로 '접근할 수 없다'고 느끼게 만든다고 말한다.

학교나 지역사회에 할당되는 정신건강 서비스 예산은 한정돼 있다. 사회적 차원에서 부주의하게 자폐 진단을 내리거나 자폐 진단을 남발할 경우, 실제 자폐증 환자들이 이용할 수 있는 자원이 부족해진다. 또 임상의가 사회생활에 서툰 사람들을 자폐 진단에 끼워맞출 때 부정적인 결과를 초래할 수도 있다. 오진이 이로움보다 해로움이 더 많은 심리적 간섭이나 교육적 개입을 유발할 수 있기 때문이다. 실용적인 목적을 위해 사회생활에 서툰 사람들을 자폐증 환자로, 혹은 '그 범주에 있는 사람'으로 보지 않는 게 중요하다. 그것은 또한 자폐를 가진 사람들과 그들의 가족들이 직면해 있는 힘겨운 싸움을 폄하하는 일이기 때문이다.

어린 시절 사회생활을 하면서 벌였던 힘겨운 싸움을 돌이켜봤을 때 고기능자폐증 진단이나 아스퍼거증후군 진단은 나의 사회적 투쟁에 대한 적절한 설명으로 보이지 않았다. 나는 가족 두 사람에게 중학교 1학년 때의 나를 어떻게 기억하고 있는지 약식 자폐증 지수 테스트로 평가해달라고 부탁했다. 내 점수는 고기능자폐증이나 아스퍼거증후군 진단에 필요한 최저 점수에 못 미쳤지만, 평균 점수보다는 확실히 높았다.

소시오패스, 나르시시스트, 그리고 서툰 사람

내가 사회생활에 어려움을 겪은 원인으로 고기능자폐증을 제외하고 나면, 사회적 서투름 외에 '사회불안' '성격장애' '내성적 성격', 이렇게 세 가지 이유가 남는다. 이런 특성 모두가 서투름과 관련이 있지만, 그렇다고 서투름과 완전히 똑같지는 않다는 사실을 알게 될 것이다.

중학교 1학년으로서 나는 다가오는 사회 상황을 어떻게 헤쳐나갈지 심한 불안감을 느꼈다. 이를테면 매일 어떻게 버스를 타고 등교해야 할지, 어떻게 생일 파티에 가야 할지 염려되었다. 이는 내가 겪은 사회

서툰 성격 자기진단

대부분의 사람과 비교했을 때, 당신은 다음과 같은 특성을 어느 정도 보유하는가?

10: 거의 볼 수 없다   80: 자주 볼 수 있다
20: 자주 볼 수 없다   90: 거의 항상 볼 수 있다
50: 보통이다

	백분위
1. 사회성이 부족하다.	
2. 일상적인 일을 처리하는 데 상식이 부족하다.	
3. 새로운 사회 상황에 어떤 식으로 대처해야 하는지 잘 모른다.	
4. 다른 사람들이 무슨 생각을 하는지 잘 이해하지 못한다.	
5. 상황에 맞지 않는 말을 하는 경향이 있다.	
6. 다른 사람이 하는 말의 요지를 잘 이해하지 못한다.	
7. 다른 사람들과 원활한 의사소통이 이뤄지지 않는다.	
8. 상대방과 이야기를 주고받기보다 일방적으로 설교한다.	
9. 다른 사람의 감정을 잘 읽지 못한다.	
10. 감정에 대처하는 능력이 부족하다.	
11. 자신의 감정을 제대로 표현하지 못한다.	
12. 다른 사람의 상황에 잘 공감하지 못한다.	
13. 몇 달씩 한 가지 일에 빠져 지낼 때가 있다.	
14. 다른 이들과 어울리는 것보다 혼자서 하는 것을 선호한다.	
15. 숲을 보기보다 나무 한 그루를 자세히 보는 경향이 있다.	
16. 어떤 일을 어떻게 해야 하는지 체계를 갖춰놓거나 방법을 강구해두어야 한다.	
이는 사회생활에 서툰 사람들의 특성을 보다 잘 이해할 수 있도록 내가 직접 만든 약식 평가 방법이다. 당신의 백분위 점수를 모두 합한 다음 16으로 나누면 백분위 평균을 구할 수 있다. 영역별로 나누어 측정하고 싶다면, 네 가지 영역으로, 즉 사회성(1~4번), 의사소통 능력(5~8번), 감정(9~12번), 관심 분야 집착(13~16번)으로 세분화할 수 있다. 당신이 받은 점수에 대한 보다 많은 정보 및 추가 자료를 원한다면 tytashiro.com을 이용하길 바란다.	총점

적 어려움이 일명 사회공포증이라 불리는 사회불안 때문일 수도 있음을 시사한다. 사회불안이란 사회적 상호작용을 과도하게 두려워하고, 자신이 다른 사람들 앞에서 당황하거나 부정적인 평가를 받는 것을 지나치게 걱정하는 사람들에게 내려지는 진단이다. 사회불안과 서투름의 다른 점은 사회불안은 주로 사회적으로 부적절한 행동을 하는 것에 대한 '과도한 두려움'인 반면, 서투름은 사회 상황에 적절히 대처할 실질적인 '능력'을 갖고 있느냐 없느냐에 대한 것이라는 데 있다. 서툰 사람들은 다가오는 사회 상황을 어떻게 헤쳐나갈지 종종 염려하지만, 그 걱정이 반드시 과하거나 비합리적인 것은 아니다. 내가 부적절한 행동을 할까봐 우려한 일은 합당했다. 따라서 내 주된 질환은 사회불안도 아니었다. 사람들을 만날 때 내가 했던 행동들이 다른 사람들에게 안 좋은 인상을 심어줄까봐 염려하는 일은 사리에 맞았다.

나는 사회적 기대를 충족하는 데 무관심하고 주위 사람들에게 무심한 성격을 갖고 있기 때문에 무신경한 사람처럼 보일 수 있다. 이를테면 나는 상점에서 줄을 서서 기다리기 같은 사회적 규칙을 지키지 않을 때도 있었고, 다른 사람이 힘든 상황에 처해 있을 때 함께 마음 아파해주지 않았다. 지나친 이기심 때문에 다른 이들의 필요에 전혀 신경 쓰지 않는 것은 반사회적 인격장애sociopath나 자기도취증narcissist 같은 성격장애의 특징이다. 서툰 사람들 역시 무신경해 보일 수 있지만, 그들의 무신경한 행동은 소시오패스나 나르시시스트처럼 의도적이지 않다. 민감한 상황에 대처하는 방법을 제대로 알지 못하는 탓이 크다. 소시오패스와 나르시시스트는 사회적 기대를 정확히 이해하고 있고 매력적으로 보일 수 있지만, 그들만의 사회적 요령을 이용해 다른 이들을 교묘히 조종한다. 나도 모르는 사이에 다른 사람의 감정을 상하게 했던 일이나 무신경하게 행동했던 순간에 대해서는 변명의 여지가 없지만, 이는 어떤 악의를 품어서가 아니라 그저 사회생활에 서툴렀기 때문이라 할 수 있다.

대부분의 아이들에 비해 나는 혼자 있는 시간을 더 좋아했고 단체활동 대신 일대일 교류를 즐겼으며 새로운 이들을 사귈 때 몹시 수줍어했다. 내성적인 사람은 사회적 기대를 쉽게 이해하고 효과적으로 대처할 수 있기 때문에 서툰 사람과는 분명 다르다. 그들은 외향적인 사람들만큼 다른 이들과 자주 어울리기를 좋아하지 않을 뿐이다. 내성적인 성격은 사회적 교류에 대한 '선호'의 문제인 반면, 서투름은 효과적으로 상호작용하는 '능력'의 문제다. 수전 케인이 『콰이어트』에서 설명한 대로 내성적인 사람들이 사회생활에 어려움을 겪을 수는 있다. 사회적 교류를 즐기지 않는 그들의 성향은 외향성이 지배적인 미국 같은 나라의 문화와 맞지 않기 때문이다. 내성적인 아이들은 사회성을 요하는 상황에 부딪혔을 때 불편해 보일 수도 있지만, 그것은 그런 상황에서 어떻게 행동해야 할지 몰라서가 아니다. 내가 비록 내성적이긴 했지만, 내성적인 성격은 내가 겪은 사회적 어려움을 설명할 최적의 방법이라 보기 어렵다.

결국 자폐증, 사회불안, 내성적 성격, 성격장애, 사회적 서투름, 이 다섯 가지 중에서 내 사회행동을 설명할 가장 좋은 방법은 '서투름'인 것 같았다. 정서적 기질, 교류에 대한 의욕 혹은 선호도로는 사회생활에 서툰 사람을 제대로 설명할 수 없다. 그보다 그들은 사회생활을 어떻게 꾸려나가야 하는지에 대한 직관력이 부족하다고 볼 수 있다. 이러한 결론은 '서툰 사람은 문제가 있는 사람일까?'라는, 처음에 품었던 의문을 다시 떠올리게 한다. 임상심리학과 정신의학 차원에서 이 질문에 대한 답변은 '아니다'일 것이다. 하지만 서툰 사람들은 사회성과 의사소통 능력이 크게 부족해 복잡한 사회생활을 잘해나가기에 역부족이라는 것도 틀림없는 사실이다. 서툰 사람들은 복잡한 교차로에 서 있는 자신을 발견한다. 정상과 비정상을 무 자르듯 나누려는 사회에서 그들은 중간지대에 선 채 오도 가도 못하고 있다. 서툰 사람들은 상점에 가거나 선생님에게 도움을 청하는 일같이 간단한 사회 상황에도 손쉽게 대처하지 못한다. 서툰 사람들은 이처럼 일상적인 상호작용도 어려워하기에, 다른 사람들은 그들이 실제로 어떤 사람인지 알아차리지 못할 수 있다. 우리가 어떤 이의 독특한 시각을 이해하고 그의 번뜩이는 재치를 제대로 알아보고, 혹은 그의 진심 어린 행동에서 도움을 받으려면 보통 일정 정도의 시간이 필요하다. 서툰 사람들은 때때로 이런 혼잣말을 한다. "내가 어떤 사람인지 알면 사람들이 날 좋아할 텐데."

서툰 사람들이 사소한 사회적 기대에 어설프게 대처할 때 약간의 인내심을 갖고 기다려줄 가치가 있다는 사실을 나는 수차례 경험을 통해 알았다. 사회성이 뛰어난 사람이라고 해서 꼭 공정한 것도, 친절한 것도, 혹은 의리가 있는 것도 아니다. 사실 서툰 사람들은 때때로 남을 깊이 배려하며 공정심을 발휘하는데, 그들은 불공정하거나 불친절한 행동이 상대방에게 어떤 영향을 끼치는지 잘 알고 있기 때문이다. 대표적인 사례로 다른 사람과 거리를 두었으며 고립됐고 서툴기 그지없었던 한스 아스페르거를 꼽을 수 있다.

아스페르거가 자폐에 대한 영향력 있는 논문을 발표한 시기는 1944년이었지만, 빈대학교 실험실에서 사례연구에 참여한 소년들과의 작업을 시작한 때는 그보다 몇 년 전이었다. 스티브 실버먼은 저서 『뉴로트라이브』에서 나치 독일의 파시즘이 오스트리아로 확산되면서 아스페르거의 연구가 얼마나 복잡해졌는지를 상세히 설명한다. 빈대학교 의대 동료 가운데 상당수가 다른 나라로 피신하거나 유대인이라는 이유로 죽음의 수용소로 보내졌다. 나치 정책에는 우생학에 대한 믿음이 내포돼 있었고, 아스페르거의 자폐 아동들이 바로 '유전적으로 열등하다'는 이유로 나치에 의해 죽음의 수용소로 보내질 위험이 있는 아이들이었다.

이런 혼란 속에서 오스트리아 문화를 전염병처럼 파고드는 비논리적이고 혐오스러운 이념을 이해하려 노력하는 아스페르거의 모습을 상상해본다. 여기 가장 사소한 사회적 기대에도 어떻게 부응해야 하는지 잘 이해하지 못하는 한 남자가 있다. 가장 가까운 사람들과도 온전히 정서적 유대를 형성할 수 없었던 남자다. 하지만 그는 제대로 된 사회라면 다양성을 존중하고 생명을 소중히 하며 어려움에 처한 사람을 도와야 한다는, 보다 원대한 사회적 기대를 충족해나가야 한다는 점을 정확히 이해하고 있었다.

아스페르거는 자신의 안전에 위협이 되었음에도 불구하고 자폐 환자들에 대한 연구와 논의를 계속했고, 사회적 수완을 일정 정도 발휘해 심각한 위험을 무릅쓰고 환자들을 능숙히 변호했다. 나치가 그를 체포하고 그의 환자들을 강제수용소로 보내고자 연구소를 급습했을 때, 그는 사회적으로 숙련된 동료들의 도움에 힘입어 가까스로 위기를 모면했다. 자신의 연구결과에 대한 강의를 할 때, 그는 의도적으로 환자들을 '자폐성 장애' 대신 '꼬마 교수들'이라고 불렀다. 이는 그들의 사회적 가치를 전달하기 위한 능숙한 정치적 행보였을 뿐 아니라 그가 보살피고 사랑하는 아이들을 보호하는 방법이었다.

외국어 공부와 사회성 습득의 상관관계

레슬링 사고 이후 내 머릿속에서는 사회 상황을 똑바로 이해하라는 스텐슨 코치의 꾸짖음이 떠나지 않았다. 하지만 서툰 사람이 서툴지 않게 행동하려 애쓰는 것은, 눈이 나쁜 사람이 없어진 안경을 찾는 일과 다르지 않았다. 잘 보려면 안경이 필요하지만, 잘 보이지 않기 때문에 안경을 찾을 수 없는 법이다. 고통스러운 아이러니이지만, 필요한 것을 손에 넣을 때까지 계속 찾는 것밖에는 방법이 없다. 서툰 사람들에게 주어진 과제는 필요한 것을 체계적으로 확보할 방법을 강구하는 것이고, 그것을 발견하면 비로소 그들은 새로운 방식으로 세상을 보게 된다.

내 사회생활은 점점 나아졌고 궁극적으로 중학교 1학년으로서 상상했던 그 이상의 결과를 얻었다. 또한 지금까지 나는 서툴렀던 많은 친구들과 학생들, 환자들이 사회성을 향상하면서 극히 만족스러운 사회생활을 즐기는 모습을 목격했다. 내가 만난 서툰 사람 가운데 사회생활이 개선된 사람들의 공통점은 그들이 계획을 세웠고, 마음의 문을 열고 자신의 습관을 바꾸려 애썼으며, 사회를 이해하고 사람들과 어울리는 데 필요한 능력을 체계적으로 기르려고 노력했다는 점이다.

사회성이 뛰어난 친구들은 내가 서투름에 관한 책을 집필하고 있다는 말을 들으면 종종 "서툰 사람들이 스스로 서투르다는 것을 안다면, 왜 고치질 않아?"라고 질문했다. 그것은 온당한 질문이다. 그렇지만 이는 사회성이 뛰어난 사람들이 세상을 보는 방식과, 서툰 사람들이 세상을 보는 방식 사이의 '단절'을 보여준다. 사회성이 뛰어난 사람들은 거시적인 시각으로 세상을 보지만, 서툰 사람들은 미시적인 시각으로 세상을 바라본다. 이 때문에 사회성이 뛰어난 사람들은 서툰 사람들이 무대중앙에서 일어나는 상호작용을 어떻게 모를 수 있는지 의아하게 생각한다. 반면에 서툰 사람들은 자신들이 스포트라이트형 시각으로 경이롭게 바라보는 대상에 대해, 사회적으로 능숙한 사람들이 아무런 감흥도 느끼지 못하는 이유를 궁금해한다.

서툰 사람들은 보통 서툰 행동을 조금이라도 줄이고 싶어하며, 더 쉽게 사회생활을 해나갈 수 있길 진심으로 바란다. 하지만 그러기 위해서는 그들 눈에 암호처럼 보이는 사회생활 규칙들부터 정확히 간파해야 한다.

어떻게 하면 사회성을 높일 수 있는지에 대한 값진 깨달음의 순간은 중학교 스페인어 수업중에 찾아왔다. 몽고메리 선생님은 스페인어로 생각하거나 꿈을 꾸기 시작한다면 스페인어에 익숙해지고 있다는, 심지어 스페인어를 유창하게 구사하게 되었다는 뜻이라고 했다. 그녀는 단어의 뜻과 문법 규칙을 자동적으로 떠올리게 되면, 사람들이 느끼는 감정 같은 추상적인 것을 이해하는 데 집중할 수 있고 미묘한 문화적 차이도 알아차릴 수 있을 거라고 했다. 나는 뛰어난 사회성을 발휘하는 것이 유창하게 언어를 구사하게 되는 것과 다르지 않고, 대부분의 사람들이 '사회적으로 유창해진다'는 사실을 깨달았다. 대부분의 아이들이 초등학교를 거치며 모국어에 유창해지듯, 사회생활에 두 발을 푹 담근 아이들은 초등학교를 통해 물 흐르듯 거침없이 사회성을 발휘하게 된다.

나는 어머니에게 클리닉을 찾는 어린이 환자 몇몇이 언어병리학자를 찾는 이유가 무엇인지 물어본 적이 있는데, 그 일을 계기로 사회적으로 유창해진다는 게 무슨 의미인지 확실히 깨달았다. 어머니는 그 아이들이 다른 아이들과 다를 게 없지만 그중 일부는 머릿속으로 하고자 하는 말과 입으로 나오는 말이 조화를 이루지 않아 말을 더듬는 등의 어려움을 겪는다고 했다. 어머니는 말을 더듬는 일은 당혹스러울 수 있고, 아이들이 남의 시선을 의식할 경우 불안감에 말을 더듬는 증상이 한층 악화될 수 있다고도 했다.

언어를 배우거나 말을 더듬는 버릇을 극복하려면 기초 단계부터 철저히 닦은 다음 점진적으로 중급 단계, 심화 단계까지 올라가는 '상향식 접근방식'이 필요하다는 것을 깨달았다. 이를테면 스페인어를 배우기 위해서는 단어를 암기하고, 'r'이 두 개인 'rr'을 혀를 굴려 정확히 발음하는 연습을 하고, 어순이 어떻게 되는지 문법 규칙부터 익혀야 했다. 말을 더듬는 아이들은 혀를 이 뒤쪽에 살짝 대었다가 떼면서 'th' 발음을 내는 연습에, 혹은 혀를 입천장까지 들어올렸다가 밑으로 내리면서 숨을 내쉬며 'l'을 발음하는 연습에 많은 시간을 할애해야 했다.

외국어를 말할 때 어느 순간부터는 문장에 어떤 단어가 쓰였는지 귀기울이거나, 동사가 과거시제인지 현재시제인지 미래시제인지 곰곰이 생각할 필요가 없어진다. 충분히 연습하면 결국에는 단어와 기본 문법을 기계적으로 이해하는 단계에서, 그러한 것들을 의식적으로 생각하지 않고도 물 흐르듯 거침없이 구사하는 단계로 넘어가게 된다. 사람들은 일단 능숙함이나 유창함을 경험하고 나면, 기쁜 마음으로 사람과 어울리게 되고 친교를 즐기게 되면서 훨씬 더 만족스럽고 깊이 있는 교감을 나누게 된다.

나는 사회생활을 하면서 여러 난관에 부딪혔을 때 내 강점인 체계적인 사고능력을 적극 활용하는 게 가장 좋은 전략임을 깨달았다. 그래서 일과표를 짜고 각종 목록을 작성함으로써 사회성 향상을 향한 첫걸음을 뗐다. 평일에는 잠자리에 들기 삼십 분 전에 그날 하루 동안 학교에서 아이들과 어떤 식으로 어울렸는지 생각했고, 다음날에는 어떤 사회 적응 기술을 적극 활용해봐야 할지 목록을 만들었다. 그것은 어떻게든 사회생활을 이해하기 위한 작은 노력이었지만, 결과적으로 조금씩 나아지는 내 모습을 눈으로 확인할 수 있었다. 하지만 나는 단지 서툰 행동을 줄이는 데 만족하지 않고, 물 흐르듯 거침없이 사회성을 발휘하길 원했다. 야구 통계자료와 올스타 레슬링 외에는 관심이 없던 내가 다른 꿈을 꾸기 시작한 것을 보며, 그런 날이 가까워지고 있음을 느꼈다.

3장

'말하지 않은 마음'을
읽는다는 것

계산기 겸용 시계의 앞면이 환히 보이도록 조명 버튼을 눌렀다. 여덟 시 삼십분 일초였다. 롱스피크중학교에서 열린 윈터 원더랜드 댄스파티는 절반 이상 진행된 상태였다. 구내식당 한쪽에는 여자아이들이 옹기종기 모여 있었고 다른 한쪽에는 남자아이들이 뭉쳐 있었다. 식당의 리놀륨 바닥이 넓은 바다처럼 그 사이를 가르고 있었고, 그 바닥을 가로질러 이쪽저쪽을 오가는 이는 단 한 명도 없었다. 윈터 원더랜드 댄스파티가 열리기 몇 주 전, 아이들은 블루스 타임에 누구에게 춤을 청할지로 떠들썩했다. 그런데 막상 댄스파티가 시작되고 구십 분이 지났는데도 여자아이들은 무리를 지어 식당 북쪽에 서 있었고, 남자아이들은 최대한 무관심한 척하며 남쪽의 밝은 초록색 벽돌에 등을 기대서 있었다. 블루스 타임이 다가올수록 기대감은 풍선처럼 부풀어올랐지만, 두려움이라는 보이지 않는 힘에 갇혀 남자는 남자끼리 여자는 여자끼리 모여 있었다.

DJ가 그날 밤의 첫 블루스 음악, 저니의 감미로운 발라드 〈오픈 암스Open Arms〉를 트는 순간 그 모든 상황은 180도 달라졌다. DJ는 전체 조명을 낮추고 미러볼에 스포트라이트를 비추었고, 댄스홀 한가운데는 연기가 피어났다. 〈오픈 암스〉의 은은한 첫 소절이 켈리 킴프턴의 마음을 움직였다. 그녀는 롱스피크에서 가장 인기 있는 여학생 다섯 명 중 한 명으로 꼽혔다. 그녀는 대부분의 남자아이들이 데이트하고 싶어하고, 대부분의 여자아이들이 닮고 싶어하는 아이였다. 그러므로 켈리가 북쪽에 몰려 있던 여자아이들 무리에서 갑자기 고개를 돌려 밝은 초록색 눈으로 남쪽을 바라보았을 때, 모두 그러한 움직임을 알아차렸다.

켈리와 함께 무리지어 있던 인기 있는 여자아이들은 흩어지더니 군인처럼 정확히 V자 대형을 만들며 남쪽으로 행진하기 시작했다. 여자아이들의 환심을 사서 댄스홀로 데리고 나올 대담한 계획에 마음이 두근대던 남자아이들은 긴장한 듯 초록 벽에 등을 딱 붙이고 서 있었다. 켈리 무리가 댄스홀 한가운데서 피어오르는 연기를 뚫고 모습을 드러내자, 내 주변 남자아이들은 여자아이들이 자신들을 향해 오고 있다는 사실을 깨닫고 극심한 공포에 떨기 시작했다. 나는 여자아이들의 이동 경로를 보면서도 앞으로 어떤 일이 벌어질지 예상하지 못했고, 다른 남자아이들 사이에서 산불처럼 번지는 공포심에 아무런 영향도 받지 않았다. 따라서 켈리가 갑자기 내 손을 잡아 댄스홀로 끌어당겼을 때 누구보다도 나 자신이 놀라움을 금치 못했다.

사회적으로 서툰 중학교 2학년 남자아이로서, 나는 누군가 데이트 상대로 내게 관심을 가지리라고 예상치 못했을 뿐 아니라 이성이 보내는 호감의 신호를 알아차릴 준비도 되어 있지 않았다. 사회성이 뛰어났던 켈리는 몇 주 전 자신이 먼저 댄스 신청을 해야 할 것 같다는 판단을 내렸다. 그녀가 아무리 적극적으로 호감을 드러내도 내가 그 신호를 알아차리지 못했기 때문이다. 켈리와 나는 스페인어 II 수업에서 무작위로 배정되는 2인용 책상에 함께 앉으면서 서로를 알게 되었다. 나는 레스토랑에서 음식을 주문하거나 기차표를 구매하는, 상황극처럼 주어진 상황에 맞춰 대화할 때는 그녀와 스스럼없이 이야기를 나눌 수 있었다.

그녀는 내가 중학교에서 그때까지 어울리던 부류와 전혀 달랐고, 그래서 그녀가 친구 이상으로 내게 관심을 가지리라고는 전혀 예상치 못했다. 윈터 원더랜드 댄스파티가 시작되기 전 몇 주 동안 켈리는 스페인어 공부를 도와달라며 거의 매일 밤 우리집으로 전화를 했다. 그녀가 스페인어와 관련된 내용에서 갑자기 화제를 바꿔 "너처럼 다정한 남자아이랑 데이트하고 싶어" "어떤 여자아이가 너와 사귈지 모르겠지만, 그 아이는 정말 행운아야"라고 해도 무슨 뜻으로 그런 말을 하는지 깊이 생각해보지 않았다.

이성으로서의 호감을 해독하는 데 어려움을 겪는 이유는 메시지가 의도적으로 암호화되어 있기 때문이다. 서로 호감이 있는지 없는지 불분명한 상황에서, 사람들은 상대의 외모를 칭찬하기도 하고 상대의 무릎에 살짝 손을 스치기도 한다. 하지만 이렇게 추파를 던지고는 종종 이성이 아닌 친구처럼 행동하며 한발 뒤로 물러서곤 한다. 이런 밀고

당기기는 많은 사람들에게 짜릿함을 주지만, 서툰 사람들에게는 이런 접근방식이 사회적 신호들을 이해할 수 없는 수준으로 희석할 뿐이다. 서툰 사람들은 명백한 사회적 단서를 감지하는 데 상당한 어려움을 겪는데, 이성적인 호감을 전하는 미묘한 단서의 경우에는 더욱 그렇다.

예상할 수 있듯이 나는 처음 추는 블루스에 어쩔 줄 몰라 했다. 켈리가 내 어깨에 두 손을 올렸고, 나는 2초간 손을 몸 옆에 그대로 붙인 채 꼼짝 않고 서 있었다. 어색하기 그지없는 짧은 2초가 영겁처럼 느껴졌다. 나는 블루스를 추려면 그녀의 허리에 손을 올려야 한다는 생각조차 하지 못했다. 사회적 과정을 처리하는 능력이 부족한 사람이 켈리 킴프턴과 춤추는 일은 감당하기 힘들었다. 저니는 사랑에 빠진 두 사람을 노래하고 있었고, 미러볼에서 반사돼 나오는 푸른빛은 마치 우리 주변을 빙글빙글 돌며 반짝이는 보석 같았다. 이제 학생들이 춤을 추기 시작했기에, DJ는 마치 새 생명을 얻은 사람처럼 신나서 뭉게뭉게 연기구름을 피워올렸고 그것은 매우 민감한 내 누관淚管을 자극했다.

켈리가 내게 한걸음 더 다가왔다. 그녀의 얼굴과 내 얼굴 사이의 거리가 5센티미터 정도로 가까워졌다. 그녀는 45센티미터 정도의 거리를 유지하는, 춤출 때의 관례를 과감히 깨뜨리고 있었다. 그녀에게서 달콤한 딸기향이 났다. 우리는 키가 비슷했고, 나는 여자아이와 눈을 마주보며 이렇게 가까이 서 있어본 적이 없었다. 나는 커다란 사각형 안경의 가장자리를 통해 켈리와 그녀의 무리가, 식당 양쪽 모두에 영향을 끼치고 있던 두려움이라는 힘의 장場을 무너뜨린 것을 알아챘다. 그 힘으로부터 자유로워진 학생들은 긴장한 표정으로 둘씩 짝을 지은 다음 양팔을 쭉 뻗어 각각 어깨와 허리를 살며시 잡은 채 몸을 움직이기 시작했다. 그들 대부분이 상대방의 눈을 똑바로 쳐다보지 못했다. 시선을 둘 곳이 필요했던 그들은 미운 오리새끼였던 내가 백조가 되어 날아오르는 장면이 실시간으로 펼쳐지고 있는 현장으로 가끔 눈을 돌렸다.

켈리와 나는 댄스홀의 푸른 조명 아래서 음악에 맞춰 천천히 몸을 움직였다. 그때 나는 다른 남자아이들과 여자아이들 몇몇이 손을 휙휙 돌리며 원 모양을 그리는 모습을 보았다. 무슨 뜻인지 몰라 잠시 멍하니 바라보다가 그것이 서두르라는, 어서 그녀에게 키스하라는 의미라는 것을 깨달았다. 그들이 옳다는 것을 알았지만, 켈리가 보내는 사회적 신호를 잘못 읽었을 경우 바보 신세가 되리라는 것도 알았다. 어쩌면 그보다 더 나쁘게는 마음이 산산조각난 열두 살 남자아이들이 겪는 심적 고통에 휩싸일 수도 있었다.

〈오픈 암스〉에서 감정이 고조되는 세번째 소절이 흘러나올 때, 켈리는 손을 내 어깨에서 등 한가운데로 옮기더니 이마 윗부분을 내 이마 중앙에 갖다댔다. 저니의 멤버 스티브 페리가 내 마음을 대변하며 노래를 불러주는 것 같은 느낌이 들었다. 그는 한 소녀를 갈망하는 일이 어떤 건지 안다고 조용히 노래하고 있었다. 입술과 입술 사이에 남은 약 4센티미터의 거리만 좁힌다면 '완전히 황홀한' 순간이 될 수 있었다.

내가 용기를 내려는 바로 그 순간, 켈리가 왼쪽 귀에 대고 "친구한테 이런 감정을 느끼긴 처음이야"라고 부드럽게 속삭였다. 이 말이 무슨 의미인지 해석하느라 내 머릿속에서는 싸움이 벌어졌다.

공부하는 뇌 vs 사회적 뇌

서툰 사람들은 가끔 그들 뇌의 사회적 기능이 밀레니엄 팰컨호의 광속 장치 같다고 느낀다. 〈스타워즈〉 오리지널 3부작에서 팰컨호를 배경으로 한 장면들은 대개 부조종사 '핸 솔로'와 '츄바카'가 적의 우주선으로부터 공격받는 광경들을 보여준다. 그들은 항상 수적으로 열세해 도망치는 것 말고 다른 방법이 없는 상황에 놓인다. 그러면 솔로는 츄바카에게 광속 비행 준비를 지시한다. 그 광경을 지켜보는 관객들은 광속 장치가 제대로 작동할 가능성이 50퍼센트라는 사실을 알기에 숨죽일 수밖에 없다. 광속 장치가 제대로 작동하지 않을 때는, 엔진에서 털털거리는 소리가 나면서 맥빠지는 음악이 흘러나오고 츄바카의 절규가 들리며 숨가빴던 상황이 막을 내린다.

사회성이 뛰어난 사람들은 어쩌다 서툰 행동을 하고 나면, 평상시에는 자연스럽게 대처해오던 상황인데 왜 이번에는 제대로 된 판단을 내리지 못한 건지 생각해본다. 그렇지만 만성적으로 서툰 사람들의 경우, 서툰 행동을 계속하다보면 사회 상황에 대처하는 자신의 방식이 다른 이들과 기본적으로 다른 게 아닐까 하는 의문을 가질 수 있다. 서툰 사람들의 뇌가 어떤 식으로 작동하는지 알 수 있는 몇몇 단서를 제공하는, 새로운 신경학 연구 분야가 있다.

UCLA의 신경학 교수 매슈 리버먼은 저서 『사회적 뇌Social』를 통해 뇌가 사회적 정보를 어떤 식으로 처리하는지에 대한 흥미로운 시각을 제시한다. 리버먼의 연구소와 여타 연구기관은 뇌 속에 서로 다른 두 가지 신경망이 존재한다는 사실을 알아냈다. 그중 한 신경망은 사회적인 문제를 처리하고, 나머지 하나는 사회적인 문제 이외의 것을 처리

한다. 사람들이 신경학 자료를 읽는 것 같은 비사회적인 정보를 처리하면서 벌컨족(영화 〈스타트렉〉에 나오는 외계 종족―옮긴이)처럼 논리나 근거를 수집할 때 활성화되는 뇌 영역이 있다고 한다. 여기서는 그 영역을 '공부하는 뇌book smarts'라고 부르도록 하자. 반대로 친구의 상황에 공감한다든지, 누군가 자신에게 이성으로서의 관심이 있는지 없는지 헤아린다든지 하는 등의 사회적인 정보를 처리할 때 활성화되는 또다른 뇌 영역이 있다. 신경학자들은 그 영역을 일명 '사회적 뇌'라고 부른다. 문제는 이처럼 정보에 따라 활성화되는 뇌 영역이 다르다는 데 있다. '공부하는 뇌'가 활성화되면 '사회적 뇌'의 활동이 둔해지는 반면, '사회적 뇌'의 움직임이 활발해지면 '공부하는 뇌'의 활동이 둔해진다.

사회적 문제를 처리하는 뇌와 비사회적 문제를 처리하는 뇌 사이의 이러한 구분은 중요한 의미를 갖는다. 새로운 뇌 영상 연구에 따르면 서툰 사람들은 사회적 정보를 처리할 때 뇌의 활동에서 비정상적인 패턴을 보이기 때문이다. 다른 사람의 의도를 이해하는 일이든 상대방의 감정 상태를 해독하는 일이든, 서툰 사람들은 사회적 뇌의 신경망이 덜 활성화되고 공부하는 뇌와 관련된 신경망은 일반적으로 과도하게 활성화되는 경향이 있다.

이러한 연구결과들은 서툰 사람들이 사회현상을 직관적으로 이해하거나 포괄적인 의미를 추론하는 대신, 방정식을 풀거나 퍼즐을 맞추듯 사회적 정보를 조립해야 한다는 것을 보여준다. 예를 들어 앞에서 '켈리'라는 단어를 읽을 때 여러분은 아마도 〈세서미 스트리트〉(미국의 미취학 아동용 TV 프로그램―옮긴이)에서처럼 철자 하나하나를 또박또박 발음할 필요는 없었을 것이다. 유창하게 글자를 읽을 수 있기에 '켈리Kellie'를 여섯 개의 알파벳이 아닌 하나의 단어로 직관적으로 처리했을 것이다. 딱히 의식하지 않고 순식간에 말이다.

그렇지만 그 단어가 'Kel$li@e'처럼 보인다면 어떨까?

이 단어를 읽는 데 필요한 기본 정보는 모두 있지만, 이상한 두 가지 기호가 섞여 있는 바람에 아마도 자동적으로 인식하기가 어려울 것이다. 따라서 정보처리 속도가 느려지고 알파벳 하나하나를 신중히 살펴보게 됐을 것이다. 서툰 사람들이 느끼는 바가 이와 유사하다. 다시 말해 서툰 사람들은 사회적 신호에 담긴 일반적 의미를 직관적으로 알아차리지 못하고, 사회 상황을 조각조각 나눠서 이해한다. 사회적 정보를 처리하는 동안의 뇌 영상을 보면, 이런 조각조각을 조립해 그럴듯한 그림을 완성하느라 바삐 움직이는 모습을 확인할 수 있다.

서툰 소년은 어떤 상황을 '블루스를 추는 것'으로 이해하는 대신 '느린 템포의 노래, 허리에 손 올리기, 왼발 디디기, 그러고는 오른발 옮기기, 눈 맞추기' 등의 여러 조각으로 나눠서 본다. 상대적으로 간단한 상황도 서툰 사람의 머릿속에 들어가면 엄청나게 복잡해질 수 있다.

다행히 몇 가지 사항을 개선함으로써 이런 어려움을 극복할 수 있다는 사실을 알려주는 연구결과들이 있다. 기본적인 신호들을 어떻게 찾을지 잘 생각해보고, 그런 신호들이 무엇을 의미하는지 해석하는 시간을 좀더 갖는다면, 그들도 사회성이 뛰어난 사람들처럼 사회 상황을 구성하는 요소들을 제대로 해독할 수 있다. 사회 상황을 이해하려면 사람들이 하는 말을 알아듣는 능력뿐 아니라 그 말이 풍기는 뉘앙스를 파악하는 능력도 필요하다. 이제부터 서툰 사람들을 종종 곤경에 빠트리는 세 가지 중요한 단서, 즉 비언어적인 행동, 얼굴 표정, 그리고 사교적인 대화중에 사용되는 언어 해독하기를 살펴보자.

비언어적 신호 해석하기: 공감 정확도

윈터 원더랜드 댄스파티에서 내 옆에 서 있던 남자아이들은 켈리와 그녀의 무리들과 사회적 상호작용이 있을 거라고 예상했다. 내 주변의 소년들이 향후 일어날 일에 대해 마음의 준비를 하는 동안, 나는 여전히 얼마간의 시간이 흘렀고 얼마간의 시간이 남았는지 따져보고 있었다. 내 마음은 코앞에 닥친 사회 상황을 헤쳐나가는 데 필요한 상식과는 거리가 아주 먼 곳에서 헤매고 있었다.

켈리가 내 손을 잡고 댄스홀로 이끌었을 때, 나는 이 예기치 못한 사회 상황에 어떻게 대처해야 할지 생각하느라 정신이 없었다.

DJ가 그날 밤의 첫 블루스를 틀었을 때 다른 남자아이들은 수많은 비언어적 신호를 직관적으로 알아차렸다. 켈리가 남자아이들이 기대선 남쪽 벽으로 과감히 시선을 돌렸을 때, 그녀의 무리가 V자 대형을 만들며 댄스홀을 가로질러왔을 때, 그들 사이에 끊임없이 눈길이 오갔을 때, 이 모든 것은 서로 어울릴 시간이 다가왔음을 말해주는 명백한 신호였다. 많은 사회 상황에서처럼, 나도 다른 사람들과 동일한 신호를 보았지만 그 신호들을 직관적으로 해독해 합당한 결론을 이끌어내지는 못했다.

이제는 사회적 상호작용을 해독하는 데 어떤 신호들이 중요한지, 서툰 사람들은 왜 이러한 신호 일부를 놓치는지 이해하는 데 도움이 되는 심리학 연구가 많이 있다. 노스이스턴대학교의 주디스 홀과 뇌샤텔대학교의 마리안느 슈미트마스트는 비언어적 행동이 다른 사람의 생각이나 감정을 정확히 간파하는 능력, 심리학자들이 소위 '공감 정확도empathic accuracy'라고 부르는 능력에 어떤 영향을 미치는지 조사했다. 그들은 연구 참여자들에게 두 사람이 대화하는 장면을 찍은 비디오를 보여주고, 두 사람이 각각 열여섯 개의 지점에서 무슨 생각을 하고 어떤 감정을 느꼈을지 물었다. 그런 다음 홀과 마스트는 참여자들의 추측과, 비디오에 출연한 두 사람이 실제로 가졌던 생각 및 감정을 비교했다.

이 연구의 묘미는 홀과 마스트가 연구 참여자들에게 네 가지 조건, 즉 오디오만 듣기, 비디오만 보기, 오디오의 대본 읽기, 비디오를 보면서 오디오 듣기 가운데 임의로 한 가지 방법만 제공함으로써 각 참여자가 획득할 수 있는 정보의 양을 다양화한 데 있다. 예상대로 오디오와 비디오를 모두 제공받은 참여자들은 가장 높은 공감 정확도인 56퍼센트를 기록했다. 오디오만 들은 참여자들과 대본만 읽은 참여자들의 공감 정확도는 각각 50퍼센트와 40퍼센트로, 전자가 후자보다 더 높은 공감 정확도를 보였다. 다소 놀라운 것은 '음소거' 상태에서 비디오를 보기만 한 참여자들, 즉 비언어적 신호에만 의존해야 했던 참여자들이 34퍼센트라는 높은 공감 정확도를 보였다는 점이다. 이는 우연이라고 하기에는 매우 높은 수치였다.

미시간주립대학교의 브룩 잉거솔은 서툰 성격적 특성 검사에서 높은 점수를 받은 참여자들이 그렇지 않은 사람들에 비해 비언어적 신호를 해석하는 데 더 많은 어려움을 겪는지 조사했다. 예를 들어 서툰 사람은 상대방이 고개를 빨리 끄덕일 경우, 그것이 이야기를 그만 마무리지으라는 신호인지 알아차릴 가능성이 낮았다. 또한 그들은 신체적

대화중 나타나는 비언어적 행동

대화를 나누는 과정에서 상대에 대한 호감도를 평가할 때, 사람들이 흔히 사용하는 단서는 '당신이 무슨 말을 했는가'보다 '자신의 말에 당신이 얼마나 진정 어린 관심을 기울인 것처럼 보였는가'와 관련이 있다. 메타분석을 통해 대화하는 동안 긍정적인 인상을 심어주는 데 가장 중요한 역할을 하는 비언어적 단서를 살펴본 결과, 다음 리스트가 탄생했다.

1. 상대방 쪽으로 몸을 약간 기울인 자세로 앉는다.
2. 미소를 짓는다.
3. 고개를 끄덕인다.

으로 가까이 있을 때 낯선 사람을 뚫어지게 쳐다봐도 괜찮다고 생각하는 경향이 있었다. 서툰 사람들은 굳이 상대방이 원하는 시간보다 더 오랫동안 이야기할 마음도 없고, 붐비는 엘리베이터에서 다른 사람을 불편하게 만들 생각도 없다. 하지만 비언어적 신호를 잘못 해석함으로써 사회 상황을 정확히 읽어내지 못할 뿐 아니라, 다른 이들에게 그릇된 메시지를 전달할 수도 있다.

우리는 상대방의 말을 효과적으로 해석하고 자신의 의도나 감정을 정확히 전달하기 위해 시선을 돌리고 눈을 반짝이고 고개를 끄덕이는 등의 비언어적 신호에 크게 의존한다. 앞으로 살펴보겠지만, 서툰 사람들은 집중을 요하는 주된 대상의 비언어적 신호 대신 다른 곳에 주의를 기울이는 성향이 있기에, 다른 이들은 한눈에 알아보는 비언어적 신호들을 놓치기도 한다.

☺와 :)은 질적으로 다른 결론이다

나와 켈리가 댄스홀에 첫발을 내딛었을 때, 켈리는 양손으로 내 어깨를 꽉 잡았던 반면 나는 엉거주춤하게 그녀의 허리 위에 손을 올려놓았다. 그녀는 내 눈을 똑바로 쳐다보았는데, 마치 보이지 않는 레이저를 쏘는 것 같았다. 그로 인해 내 사회적 뇌는 빠른 속도로 과열되기 시작했다. 나는 다른 사람의 눈을 똑바로 쳐다보는 데 익숙하지 않았다.

켈리의 얼굴은 표정 변화가 없었다. 그녀는 입술을 위아래로 씰룩이지도 않았고, 눈썹을 추켜올리거나 내려뜨리지도 않았으며, 그저 눈으로만 신호를 보내고 있었다. 동그랗게 뜬 두 눈의 확장된 동공을 보니 그녀가 놀라움이나 두려움을, 어쩌면 그 두 가지 감정을 동시에 느끼는 게 분명했다. 몇 초간 이렇게 강렬한 눈맞춤을 하고 나니, 나는 그 강렬함에 압도당했다. 나는 늘어났다가 줄어드는 용수철처럼 시선을 약간 왼쪽으로 돌렸고, 그러자 반짝반짝 빛나는 그녀의 귀걸이가 눈에 들어왔다. 나는 잠시 숨을 쉬기 위해 물 밖으로 고개를 내민 것 같은 기분이 들었다.

만약 중요한 사회적 신호를 찾기 위해 단 한 곳을 골라야 한다면, 누군가의 얼굴을 봐야 한다. 전설적인 인류학자 마거릿 미드는 얼굴 표정이 인간의 보편적 특성 중 하나라고 했다. 물론 일부 얼굴 표정은 문화에 따라 그 의미가 달라질 수 있지만, 일반적으로 미소는 긍정적 의미이고 노려보는 것이 부정적 의미인 것은 어느 문화에서든 마찬가지다. 우리는 누군가가 친구인지 적인지를 파악할 때 보통 얼굴 표정을 주의깊게 살피며, 표정에 나타난 풍부한 단서를 이용해 다른 이들의 감정과 의도를 해독한다.

캘리포니아대학교 샌프란시스코 캠퍼스의 명예교수 폴 에크먼은 얼굴 표정이 인간의 진정한 감정 상태를 말해주는 믿음직한 신호임을 발견했다. 그의 주장에 따르면 사람은 눈, 입술, 그리고 얼굴의 여타 부위를 이용한 미세한 표정 변화로 다양한 신호를 만들어낼 수 있다. 이를테면 미소를 지을 때 눈가에 주름이 생긴다면 이는 진짜 미소지만, 눈가에 주름이 생기지 않는다면 거짓 미소를 짓고 있다는 결정적인 증거가 된다. 반대로 이맛살을 찌푸리고 입술을 굳게 다문 상태에서 쏘아보고 있는 표정은 화가 났다는 표시다.

물론 누군가가 자신의 미세한 표정 변화를 분석할까봐 일부러 무표정하게 사는 사람은 없다. 사회성이 뛰어난 사람들은 사회 상황에 발을 들여놓는 순간, 본능적으로 다른 이들의 얼굴부터 쳐다본다. 그들은 사람들의 얼굴을 얼핏 보기만 해도, 그곳의 사람들이 우울한지 들떠 있는지 또는 긴장하고 있는지 알아차린다.

왜 서툰 사람들이 얼굴 표정을 보고 감정을 알아차리기를 더 어려워하는지에 대해서는 적어도 두 가지 설명이 있다. 캘리포니아공과대학의 랠프 아돌프스와 동료들은 사회생활에 서툰 연구 참여자들과 서툴지 않은 참여자들이 감정을 판단할 때 얼굴의 어떤 특징들을 이용하는지 비교하는 흥미로운 연구를 진행했다. 대부분의 감정 인지 연구에서 보여주듯, 서툴지 않은 참여자들은 감정을 감지할 때 눈 부위에 크게 의존하는 것으로 드러났다. 그에 비해 서툰 참여자들은 눈 주위에 신경을 덜 썼고 대신 입 주위에 더 많은 관심을 기울였다.

노스캐롤라이나대학교의 연구원들은 감정 처리에 관한 또다른 연구에서, 얼굴 사진을 보고 감정을 읽어내라는 요구를 받았을 때 서툰 참가자들과 서툴지 않은 참가자들의 뇌가 각각 어떻게 반응하는지 기능성자기공명영상fMRI을 이용해 촬영했다. 서툰 참가자들도 서툴지 않은 참가자들만큼 감정을 잘 읽어냈지만, fMRI로 확인한 결과 과제를 수행하는 동안 서툰 참가자들의 경우에 일반적으로 감정을 처리하는 뇌 부위의 활동은 줄어들고 비사회적 정보를 처리하는 뇌 부위의 움직임이 매우 활발해졌다. 이는 서툰 사람들에 대한 다른 뇌 영상 연구에서도 나타나는 놀라운 결과로, 서툰 사람들은 대부분의 사람들과 달리 사회적 정보를 직관적으로 처리하지 못하고 사회적 정보가 담긴 퍼즐을 맞출 방법을 모색한다.

서툰 사람들은 다른 이의 얼굴을 파악할 때 상향식 정보 처리방식을 이용하는 경향이 있다. 이는 그들이 얼굴을 '하나의 전체'로 보기보다 애초부터 얼굴을 구성하는 요소들 각각에 끌린다는 의미다. 사회성이 뛰어난 사람들은 상대방의 얼굴을 보고 즉각 그 사람이 행복하다☺는 것을 알아차린다. 하지만 서툰 사람들은 입—)—을 보고 눈—:—을 본 다음 그 두 가지 정보를 조합해 그 사람이 행복하다—:)—는 결론을 내린다.

이 예에서 서툰 사람들은 사회성이 뛰어난 사람들과 동일한 결론, 즉 상대방이 행복한 표정을 짓고 있다는 결론을 내리지만, 서툰 사람들은 결론을 도출하는 과정에서 훨씬 더 많은 시간과 노력을 들여야 한다. 그들이 도출한 결론, 즉 :)은 얼굴 정보를 '전체적'으로 처리하는 사회성이 뛰어난 사람들이 도출한 결론, 즉 ☺과 질적으로 다르다. 이는 사회성이 뛰어난 사람들이 사회적 뇌를 이용해 모든 정보를 직관적으로 한꺼번에 처리하는 반면, 서툰 사람들은 퍼즐 조각을 맞추듯이 사회적 정보를 처리한다는 것을 보여주는 좋은 사례다.

그렇지만 서툰 사람들에게 얼굴을 보며 감정 신호를 찾아야 한다는 것을 누군가 귀띔해주면, 그들은 훨씬 더 빨리 얼굴에 시선을 돌리게 되고 그들의 공감 정확도도 향상된다. 이는 서툰 사람들이 올바른 곳에 주의를 집중할 방법을 찾는 게 서툰 성향을 고쳐나갈 중요한 발판이 될 수 있음을 시사한다. 사람들이 멍하니 있거나 아무 생각도 하지 않을 때 머릿속에서 어떤 일이 벌어지는지 살펴본 연구들에 따르면, 서툴지 않은 사람들의 사회적 뇌는 사회활동을 하고 있지 않을 때에도 쉬지 않고 돌아가는 경향이 있다고 한다. 반면 서툰 사람들은 사회적 뇌를 항상 작동시키지는 않는 것처럼 보이며, 사회적 뇌의 점화장치가 켜지도록 일깨워줄 필요가 있다.

진위 차원에서 옳은 말 vs 사교적 차원에서 옳은 말

나는 켈리의 비언어적 신호를 해독하고 그녀의 눈에 담긴 의도를 읽으려고 애쓰는 동시에 뭔가 재치 있는 말을 하려고 노력하는 중이었다. 하지만 나는 이성과 낭만적인 이야기를 나눠본 적이 없었고, 적절한 어조로 그런 미묘한 메시지를 전달하는 일이 얼마나 어려운지 금세 깨달았다. "친구한테 이런 감정을 느끼긴 처음이야"라는 켈리의 모호한 말에 나는 어떻게 답해야 할지 몰라 완전히 당황했다.

서툰 사람들은 이해하는 데뿐 아니라 표현하는 데도 어려움을 겪는다. 자폐증 지수 같은 검사에서 서툰 이들이 보여준 답변을 통해, 그들은 사회생활에서 원활히 의사를 주고받는 능력인 '실생활 언어pragmatic language' 구사력이 사회성이 뛰어난 사람들보다 부족할 것임을 예측할 수 있다. 실생활 언어 구사력 수준을 보다 효과적으로 이해하기 위해 '다른 사람의 말에 담긴 의미를 간파하는 문제' '말을 너무 많이 하는 문제' '무슨 말을 해야 하는지 모르는 문제' '부주의하게 공격적인 말을 내뱉는 문제', 이렇게 네 가지 영역을 살펴보도록 하자.

실생활 언어를 이해하는 문제와 관련해, 서툰 사람들은 사회적 대화에서 전달되는 암묵적인 의미를 제대로 간파하지 못하고, 비꼬는 말과 농담을 잘 알아듣지 못한다. 그러나 연구에 참가한 서툰 사람들의 언어 지능이 평균 이상일 때도, 그들은 여전히 사회적 대화에서 상대

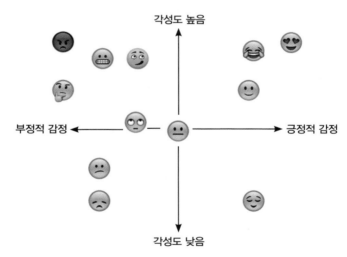

그림 3.1 감정 해독에 유용한 또다른 틀은 감정이 어떤 구조로 되어 있는지 생각하는 것이다. 연구원들은 감정이 두 가지 축, 즉 가로축과 세로축으로 구성될 수 있다는 것을 발견했다. 가로축은 현재 부정적인 감정을 갖고 있는지 긍정적인 감정을 갖고 있는지를 나타내고, 세로축은 생리학적으로 어느 정도 깨어 있는지를 나타낸다.

방이 전하고자 하는 의미를 간파하는 데 어려움을 겪는 것으로 나타났다. 하지만 서툰 성인들도 이야기 속 등장인물들의 생각과 감정을 추론해야 하는 독해 능력에서는 사회성이 뛰어난 사람들과 비슷한 수준을 보인다. 이는 의사소통이 '말'이 아니라, '글'로 이뤄질 경우 서툰 이들이 보다 깊은 의미를 추론해냄을 시사한다.

서툰 사람들이 실생활 언어를 이해하는 데 어려움을 겪는 정확한 이유는 아직 밝혀지지 않았지만, 이를 설명할 그럴듯한 가설들은 여러 가지가 있다. 아마도 서툰 사람들이 비언어적 단서와 얼굴 표정에 담긴 신호를 제대로 간파하지 못하는 것은 사회적 이해력 부족의 원인일 것이다. 어쩌면 그들이 억양, 말투 같은 음성신호로부터 얻는 정보들을 제대로 이용하지 못하기 때문일 수도 있다. 그러한 반응의 연유가 무엇이든 그와 상관없이, 서툰 사람들은 몇몇 사회적 대화에 담긴 진정한 의미나 의도를 제대로 이해하는 데 어려움을 겪으며, 그 때문에 무슨 말을 어떻게 해야 하는지는 더욱 모를 수밖에 없다는 사실을 깨닫는 것은 큰 도움이 된다.

서툰 사람들은 사회 상황에서 무슨 말을 해야 할지 잘 모르겠다고 말한다. 그들은 처음 만났을 때 건네는 인사말이나 사교적인 자리에서 예의상 주고받는 말처럼, 다른 이들이 자연스럽게 주고받는 말들을 하기 어려워한다. 서툰 사람들은 흥미로운 이야깃거리가 많지만 '서문'과 '1장'이 없는 책과 같은 존재다. 서문과 1장은 작가와 독자가 더 심오한 본론으로 들어가기 전 서로 가까워지기 위해 필요한 부분이다.

서툰 사람이 무슨 말을 하면 좋을지 알고 싶다면, 대부분의 사람들이 무슨 말을 하고 싶어하는지 파악하는 게 도움이 될 수 있다. 여러 연구를 통해 대부분의 사람들은 인간관계와 관련된 주제의 이야기를 하고 싶어한다는 사실이 확인됐다. 직장 동료와의 갈등을 해소할 방법에 대한 이야기든, 리얼리티 프로그램 〈카다시안 가족 따라잡기Keeping up with the Kardashians〉의 최신 에피소드 이야기든, 사람들은 관계에 대한 이야기를 좋아한다. 관계에 대해 이야기함으로써 사람들은 복잡한 사회적 정보를 더 잘 처리할 수 있고 친구들로부터 값진 피드백을 얻을 수 있다. 또 대부분의 사람들은 뒷담화를 즐기는데, 보통 뒷담화는 부정적인 의미를 내포하고 있다. 하지만 뒷담화라고 해서 모두 부정적이진 않으며 긍정적인 이야기가 오갈 수도 있다. 예를 들면 "바버라를 절대로 믿어서는 안 돼" 같은 이야기도 뒷담화지만, "엘런은 정말 똑똑해, 그러니까 그녀한테 말해봐" 역시 뒷담화다.

서툰 사람 중에는 한번 말을 시작하면 언제 멈춰야 할지 모르는 이들도 있다. 서툰 사람들은 상대와 이야기를 주고받기보다 일방적으로 강의하듯 말하는 경향이 있는데, 설교를 좋아하는 사람은 아무도 없다. 서툰 사람들이 '강의 모드'에 들어갔을 때는 그들의 비사회적인 관심사를 말하는 경향이 있으며, 일부 서툰 이들은 본의 아니게 잘난 척하는 듯한 말투로 이야기하기도 한다. 장황한 설명이 이어지면 한 귀로 듣고 한 귀로 흘리게 되는 것처럼, 이들과 대화를 나누려던 상대의 마음이 어떤 식으로 식어버릴지 쉽게 상상할 수 있다.

대부분의 경우 서툰 사람들은 다른 이를 지루하게 만들 생각도 없고, 잘난 척한다는 인상을 주고 싶어하지도 않는다. 그런데 이들이 서로 이야기를 주고받기보다 강의하듯 말하는 이유는 뭘까? 사회활동을 하고 있지 않은 동안 서툰 사람들의 뇌는 사회적 정보를 처리하지 않는다는 사실을 떠올려보자. 이는 그들이 사회적 정보에 대해 고민하는 시간은 물론, 그런 주제에 대해 말할 기회 역시 그만큼 적다는 의미다. 그렇지만 서툰 사람들은 온라인 게임 '월드 오브 워크래프트'나 삼림 파괴 같은 주제, 혹은 〈왕좌의 게임〉에서 정말 겨울이 다가오고 있는지winter is coming(미국 드라마 〈왕좌의 게임〉 속 스타크 가문의 가훈. 북쪽 지역의 척박한 땅에 위치해 있기 때문에 넉넉하지 못한 식량과 불시에 쳐들어오는 외적을 막기 위해서는 힘든 시절에 대비해야 한다는 의미가 담겨 있다 — 옮긴이)에 대해서는 심도 있는 견해를 갖고 있다. 이것이 사람들이 알고 있는 주제라면, 자신도 알고 있고 흥미로워하는 이야기를 나누는 일은 당연하다. 그들이 '월드 오브 워크래프트'나 지구온난화 문제에 푹 빠진 누군가와 이야기를 나누고 있다면, 두 사람 모두 대화에 필요한 지식을 갖고 있기에 문제될 게 없다. 그렇지만 서툰 사람들이 비사회적인 문제에는 관심이 없고 사회적인 문제에 대해 깊이 있는 대화를 나누고 싶어하는 사람과 이야기할 경우, 그들은 낯선 주제를 두고 일종의 필리버스터filibuster라고 할 수 있는 일방적인 설교를 늘어놓으면서 자신도 모르게 다른 사람들이 다양한 의견을 주고받는 것을 가로막을 수 있다.

어떤 사항을 지적할 때 서툰 이들은 비위를 거스르는 이야기를 혼자 떠들 위험이 있다. 서툰 사람들이 무심코 상대방을 불쾌하게 만들거나 실언하는 경향이 더 높은 이유를 이해하려면 '진위 차원에서 옳은 말'과 '사교적 차원에서 옳은 말'의 차이를 곰곰이 생각해보는 게 도움이 된다. 진위 차원에서 옳은 말은 객관적으로 참인 말을 뜻하지만, 사교적 차원에서 옳은 말은 흥미롭거나 유익한 대화가 오가는 분위기를 조성하는 말을 의미한다.

켈리와 춤추며 머릿속에서 그녀에게 들려주면 좋을 재치 있는 말을 찾을 때 제일 먼저 떠오른 것은 '너한테 딸기향이 나' '우리 눈이 닿을락 말락 해'였다. 그렇지만 이는 그녀의 귀에 대고 속삭이기에 그리 달콤한 말이 아니었다. 다행히도 나는 진위 차원에서는 옳지만 사교적 차원에서 옳지 않은 이 말들이 입 밖으로 튀어나오는 것을 가까스로 막았다. 물론 더 심한 경우도 있었다. 이를테면 내 친구, 일라이어스가 파티에서 처음 만난 사람들에게 "여자친구랑 잘해보고 싶었는데 잘 안 됐어요"라고 말한 적이 있다. 그는 그것을 화제 삼아 이야기꽃을 피워볼 요량이었다. 그런데 또다른 친구 스티브는 일라이어스의 말에 담긴 깊은 의미를 이해하지 못했다. 그는 사회생활에 매우 서툰 친구로, 일라이어스가 헤어진 이야기의 전말을 이미 다 알고 있었다. 스티브는 사건에 대한 이해를 도울 심산으로 반어의문문 형태로 이렇게 말했다. "일라이어스, 그 여자애가 바람피워서 헤어진 거 아니야?" 진위여부를 따질 경우에는 옳은 말이었지만, 사교적 차원에서는 결코 옳은 질문이 아니었다. 사람들은 진위 차원에서는 옳지만 사교적 차원에서 옳지 않은 이런 종류의 말을 당연히 '공격적인' 혹은 '악의적인' 말로 인식한다. 서툰 사람들은 이런 말들이 사교적 차원에서 얼마나 옳지 않은지 알고 나면 몹시 당혹스러워한다.

서툰 사람들은 다른 사람이 하고자 하는 말을 오해해 자신도 모르게 실언한다는 사실을 깨닫기 시작한다. 이 때문에 그들은 점점 말을 꺼내기가 망설여질 수 있다. 공격적인 말을 내뱉는 위험을 감수하고 싶지도 않고, 자신의 독특한 흥밋거리를 이야기할 때 다른 사람이 어떻게 생각할지 신경쓰고 싶지도 않기 때문이다.

상대방이 당신과 이야기하는 것을 좋아한다면, 그것은 당신이 재치 있는 말을 하거나 자신의 풍부한 지식을 십분 보여주고 있어서라기보다 맞장구를 잘 쳐주기 때문이다. 더 원활한 의사소통과 친밀한 관계를 원한다면, 상대방이 관심거리를 이야기하도록 의욕을 북돋우고 그의 말에 적극적으로 공감해줘야 한다. 다른 사람들의 말에 진심 어린 관심을 보일 때, 당신이 정말 그들의 행복을 위해 시간과 노력을 투자하고 있다는 더욱 깊은 메시지를 전하게 된다. 이는 자신의 행복에 관심을 가져줄 이를 찾고 싶어하는 사람들의 마음속 깊이 자리잡은 욕구를 건드린다.

박자에 맞춰 박수를 치는 일

〈오픈 암스〉의 섬세한 멜로디가 마지막 코러스 부분으로 넘어가며 점점 고조될수록, 심장박동이 빨라지고 머릿속이 정신없이 바빠지기 시작했다. 자기 쪽으로 나를 바짝 끌어당겨 꽉 잡는 켈리, 입술을 살짝 앞으로 내미는 모습, 특별한 감정을 불러일으키는 친구라는 부드러운 속삭임 등 강렬한 신호가 너무 많았다. 이것들은 내 사회적 뇌가 감당하기에는 너무 벅찼다. 그로 인해 사회적 뇌나 공부하는 뇌보다 원초적 본능의 지배를 받게 됐고, 얼굴을 들이밀며 내 입술과 켈리의 입술 사이에 남아 있던 4센티미터의 거리를 좁히는 결정적 행동을 취하게 됐던 게 아닌가 한다.

그렇지만 생각해본 적도 없는 사회적 신호들을 직관적으로 처리할 수 있었을 리 없다. 그러한 신호들을 간과한 탓에 입맞춤 대신 켈리의 풍성한 금발 머리카락만 한 움큼 입에 물고 말았다. 열두 살 때 이런 종류의 거절은 꽤 오랫동안 마음의 상처로 남을 수 있다. 훗날 논리적으로는 내가 겪은 일이 주디 블룸의 책에 나온 것처럼 십대들이 일반적으로 겪는 성장통에 지나지 않는다는 것을 이해했다. 시련의 연속인 세상에서 그것은 사소하기 그지없는 문제였다. 하지만 감정적으로는 때로는 슬픈 마음으로, 때로는 실망스러운 마음으로 그 운명적인 저녁을 떠올렸다. 가끔 그 기억이 너무 생생해서 당혹스러운 마음에 얼굴이 붉어지기도 했고 깊은 좌절에 휩싸이기도 했다.

그럼에도 켈리와의 일은 고무적인 측면이 있었다. 그것은 사회성을 기르기 위한 나의 노력이 결실을 맺을 수 있다는 신호였다. 나는 사회적 신호를 알아차리는 폭이 한층 넓어지고, 그러한 신호를 정확히 해석하는 능력도 조금씩 나아지기 시작했다는 것을 알아챘다. 그것은 매일 체계적으로 한걸음씩 나아가는 더디기 그지없는 과정이었지만, 내가 사회적 리듬을 찾아가고 있다는 것을 느낄 수 있었다.

사회생활의 미묘한 신호를 이해하려는 노력은 내게 마치 박자에 맞춰 박수를 치려고 애쓰는 일과 같았다. 음악 수업시간에 음악 선생님은 학생 모두에게 박자에 맞춰 박수를 치도록 요구했다. 리듬감이 부족한 나는 그 간단한 일이 매우 어렵게 느껴졌다. 엄밀히 말하면, 나는 대충 두 손을 부딪쳤을 뿐 박자에 맞춰 박수를 치지 못했다. 나는 박자를 들었고 다른 아이들이 박자에 맞춰 박수를 치는 것도 봤다. 그러나 다른 아이들의 보조에 맞춰 박수를 치려 집중하면 할수록 더더욱 박자에서 벗어났다. 흔히 '자신만의 박자에 맞춰 살라'는 격언이 있지만, 우리 모두 사회생활을 해나가는 것이 결코 그렇게 간단하지 않다는 사실을 알고 있다. 서툰 이들은 다른 사람들이 자신의 박자를 이해하지 못한다는 사실을 알면서도 자신만의 박자를 찾으려 노력하는 사람들이므로 그들의 대담함을 높이 평가해야 한다. 서툰 사람들은 시행착오를 통해 사회의 박자를 이해하려 노력하기에 끊임없이 불안할 수밖에 없다. 그들은 모든 이들이 지켜보는 공공장소에서 실수를 저지를 수도 있고, 사회적 기대에 계속 못 미칠 경우 소외당할 수도 있기 때문이다. 사실 사회생활에서 겪을 수 있는 최악의 경험이 바로 소외당하는 것이다.

반면 주변 사람들과 조화를 이루는 삶만큼 기분좋은 일은 없다. 동일한 장르의 힙합 음악을 좋아하는 낯선 이들을 만나 박자에 맞춰 박수를 치는 것 같은 간단한 일로도 우리는 동질감을 느낄 수 있다. 비언어적 행동, 얼굴 표정, 실생활 언어를 해석하고 표현하는 방법을 과학적으로 연구한 결과물들이 많지만, 이러한 사회적 몸짓들을 순간순간 탐지하고 해석하고 이용하는 것은 일종의 예술이다. 이는 우스꽝스러운 사치품이나 장식품이 아니라, 다른 사람의 말을 이해하기 위한 필수품이다. 이것은 사람들의 선의를 명확히 전달하기 위해 꼭 필요하다.

그후 육상대회가 열린 봄날, 나는 켈리와 운동장에 나란히 앉아 있었다. 한쪽에서는 그녀의 남자친구가, 네 명이 200미터씩 이어달리는 800미터 계주를 준비하고 있었다. 윈터 원더랜드 댄스파티 이후 우리는 스페인어 II 시간에 서로 도움을 주고받는 친구 사이로 남았고, 어색했던 기억에도 불구하고 예전보다 더 사이좋은 친구로 잘 지내고 있었다.

누군가와 더 깊은 감정을 나누는 관계로 발전해나가는 일이 일종의 '치킨 게임game of chicken(양쪽 끝에 서서 충돌할 때까지 서로가 서로를 향해 돌진하는 게임으로, 충돌하는 게 무서워서 먼저 피하는 쪽이 진다—옮긴이)'과 같다는 사실을 깨닫는 데는 오랜 시간이 걸렸다. 어른이 되어서야 깨달았으니 말이다. 두 사람이 처음 서로에게 끌리는 감정을 느끼기 시작할 때, 그것은 매우 달콤하고 강렬해서 그 감정이 폭발할까봐 두려울 수 있다. 그들은 잘 알지 못하는 상대를 향해 자신이 빠른 속도로 돌진하고 있음을 느낀다. 서로 충돌할 지점에 가까워질수록 감정이 극대화되면서 충돌 마지막 순간에 감정적 상처로부터 자신을 보호하고자 하는 보호기제, 즉 마지막 순간에 한 사람 혹은 두 사람 모두 운전대의 방향을 틀게 하는 기제가 작용한다.

켈리가 육상경기장이 아니라 내 왼쪽 귀 어딘가를 보고 있는 것을 곁눈으로 볼 수 있었다. 육상경기장이 아니라 내 왼쪽 귀 어딘가에 멈춘 켈리의 시선이 보였다. 나는 모르는 척하려 했으나 트랙터 빔처럼 나를 강하게 잡아당기는 시선을 이겨내지 못하고 결국 그녀의 눈을 쳐다보게 되었다. 그러자 켈리는 매우 사려 깊으면서도 상당히 어른스럽게 다음과 같이 말했다.

켈리: 타이, 우리가 함께 춤췄던 날에 대해 생각한 적 있어?

나: 〈오픈 암스〉에 맞춰 춤췄던 그날? 그 노래 다음에 저니가……

켈리: 그날 너는 아마 당황했을 거야.

나: 글쎄, 그건 그냥……

켈리: 난 정말로 널 좋아했어. 그런데 몹시 두려웠어. 너에게 상처를 줬다면 정말 미안해.

나: 고마워, 켈리. 괜찮아, 때때로 감정이 혼란스러울 수 있어.

4장

감정을 불편해하는 사람들

엘리와 그녀의 부모는 무릎 위에 양손을 가지런히 올려놓은 채 심리 치료실 가죽의자에 일정 간격으로 앉아 있었다. 엘리의 아버지는 물방울무늬 나비넥타이에 남색 스포츠 코트를 입고 있었고, 어머니는 네크라인에 진주가 단정하게 장식된 짙은 남색의 빳빳한 리넨 원피스를 입고 있었다. 엘리는 흰색과 분홍색 줄무늬의 시어서커seersucker 드레스를 골랐고, 어머니가 꼼꼼히 땋아준 그녀의 흑갈색 머리카락은 무척 단정해 보였다. 그들은 마치 의류 브랜드 제이크루의 '살아 있는 카탈로그'처럼 보였고, 그 모습만 봐서는 엘리가 집에서 분노발작을 일으킬 수 있는 다섯 살짜리라는 것이 믿어지지 않았다.

엘리와의 상담을 시작한 것은 대학원 2년차 때였다. 교육중 내 상담 과정을 지켜본 수석 임상의들은 나에게 상담 환자들의 정서적인 삶을 탐구해보라고 강하게 권했다. 그렇지만 나는 상담 환자의 부정적인 감정을 더 깊이 파고들어가는 게 그들의 우울증, 불안감, 분노를 완화시키는 데 도움이 된다고 생각하는 이유를 이해할 수 없었다. 나는 감정을 논리정연한 통찰을 가로막는 장애물로 생각했다. 그렇기에 환자에게 "그 때문에 어떤 기분이 드세요?"라고 심리상담사들이 상투적으로 하는 질문을 해야 할 때 항상 마음이 편치 않았다. 엘리를 만나기 전에는, 사람들이 특정 행동을 하는 이유를 이해하고, 사람들이 서로 다른 사회적 신호를 담고 있는 퍼즐 조각들을 맞춰 하나의 퍼즐을 완성하는 방식을 이해하는 데 감정이 왜 중요한지 알지 못했다.

엘리의 부모는 두 명 모두 의사로, 이들은 '만성, 급성, 중증……' 등 DSM IV에 실린 전문용어를 유창하게 구사하며 아이의 분노발작 증상을 설명했다. 엘리는 분노하면 사람들이 있는 곳에서 갑자기 미친듯이 소리를 지르기도 하고 부모를 때리거나 물어뜯기도 했다. 그러한 발작 증상이 몇 시간씩 지속될 때도 있었다. 레스토랑이나 상점에서 너무 흥분하는 바람에 부모가 그녀를 꼼짝 못하게 끌어안고 강제로 밖으로 끌고 나가야 할 때도 있었다. 최근에는 이런 식으로 그녀를 억지로 데리고 나가려는데 엘리가 "도와주세요, 도와주세요"라고 계속 소리치는 바람에 관련된 이들 모두가 큰 곤욕을 치렀다.

엘리의 부모가 현재 그녀가 가진 문제점들을 설명하는 동안 엘리는 마치 자신이 전혀 모르는 일을 그들이 논의하는 양 행동했다. 그녀는 저녁식사 자리에서 어른들이 정치나 대리석 조리대에 관해 이야기하는 동안 밥만 먹고 있는 아이 같았다. 나는 엘리에게 부모님이 대기실에 가 있는 동안 잠시 사무실 한쪽에 있는 장난감 상자에 무엇이 들어 있는지 살펴보지 않겠느냐고 물었다. 그녀는 고개를 끄덕였고, 부모가 그녀를 두고 나가자 나는 장난감 상자 옆 베이지색 카펫 위에 앉았다. 어른들의 경우 처음 상담 치료를 받을 때 그 상황 자체에서 상당한 긴장감을 느낄 수 있다. 이는 아이들의 경우에도 크게 다르지 않다. 엘리에게 자신이 일정 정도 선택권을 갖고 있다는 인상을 심어주고 싶어서, 우리 두 사람이 갖고 놀 장난감을 직접 골라보라고 했다. 엘리는 한편으로는 얼른 고르고 싶고 다른 한편으로는 뭘 고를지 망설이는 듯했다. 자신이 고른 장난감으로 뭘 하게 될지 이미 걱정하고 있는 아이 같았다.

엘리는 색연필과 커다란 스케치북을 골랐다. 그녀에게 가족 그림을 그려달라고 부탁했고, 엘리는 선뜻 그에 응했다. 그녀는 아이 같지 않은 그림 솜씨를 선보이며 또래 아이들에게서 기대할 수 없는 섬세함과 입체감을 보여주었다. 그녀는 분홍색 줄무늬 원피스를 입은 자신의 모습을 그렸다. 양옆에는 부모님이 서 있었다. 세 사람 모두 웃고 있었고 손을 잡고 있었다. 그런데 엘리가 부모님 왼쪽에 다른 누군가를 그리기 시작했다. 그녀는 외동딸이었기에 이는 이상한 일이 아닐 수 없었다. 그녀가 네번째로 그린 사람은 엘리와 똑같은 모습이었다. 다만 짙은 자주색 원피를 입고 있었고 몹시 화를 내고 있었다. 나는 그녀에게 다음과 같이 물었다.

"엘리, 멋진 그림이구나. 이 그림에 대해 설명해줄 수 있을까?"

"음, 이건 엄마, 이건 아빠예요."

"두 분 모두 행복해 보이는구나. 이 그림 속의 두 소녀는?"

"분홍색 원피스를 입은 아이는 엘리예요."

"엘리도 행복해 보이는구나. 그럼 자주색 옷을 입은 아이는 누구지?"

"그 아이는 사람들이 다 싫어하는 엘리예요."

심리학자가 아니어도 이 그림에 담긴 의미를 이해할 수 있다. 엘리는 자신이 부지불식간에 어떤 행동을 할 때가 있다는 사실을 알고 있었다. 하지만 그녀의 부모가 자신들이 화내는 이유를 엘리가 알아들을 수 있게끔 설명해주지 않았음을 직감했다. 사람들이 또다른 엘리를 왜 좋아하지 않는지 엘리에게 그 이유를 이해시킬 방법을 찾는 것이 중요했다.

"사람들이 자주색 옷을 입은 엘리를 좋아하지 않는 이유를 알고 있니?"

"아니요."

"부모님이 자주색 옷을 입은 엘리를 좋아하지 않는 이유를 설명해주신 적이 있니?"

"부모님은 분노발작을 싫어하세요."

"분노발작이 일어나면 어떻게 되는데?"

"몰라요."

이로써 내 첫번째 가설이 틀리지 않았다는 것을 확인했다. 엘리의 부모는 분노발작 때문에 그녀를 야단쳤지만, 정작 본인은 분노발작의 정확한 의미를 모르고 있었다. 아이의 눈으로 그 상황을 바라보면, 아이가 이해하지 못하는 게 당연했다. 감정은 물리적인 반응과 생각이 뒤섞인 추상적 개념이다. 사람들은 그러한 추상적 개념에 '기쁨' '만족' '분노' 같은 꼬리표를 달았다. 일반적으로 손으로 만지고 눈으로 봄으로써 세상을 이해하는, 즉 사실에 의거해 사고하는 능력을 지닌 어린아이들은 감정의 이런 추상성 때문에 혼란스러울 수 있다. 그렇다면 구체적으로 사고하는 능력을 지닌 사람이 감정처럼 추상적 개념을 이해하도록 도와주려면 어떻게 해야 할까?

나는 엘리 부모와의 첫 면담을 통해 그녀가 분노발작을 일으킬 때마다 그 벌로 텔레비전을 못 보게 한다는 사실을 알고 있었다. 이 구체적인 행위는 내가 다음과 같은 질문을 하는 발판이 되었다.

"엘리, 부모님이 텔레비전을 못 보게 하신 때가 마지막으로 언제니?"

"어젯밤이요."

"그때 너는 뭘 하고 있었는지 기억하니?"

"아이스크림을 먹고 있었어요."

"아이스크림을 먹어서 혼났다고?!"

"(까르르 웃으며) 아니요. 문제는 그다음이었어요. (웃음을 멈추며) 더 먹고 싶었어요."

"그래서 더 달라고 했구나. 그래서 어떻게 되었니?"

"엄마가 안 된다고 하셨어요."

"그래서?"

"막 소리를 질렀어요."

"소리지를 때 어떤 표정을 지었는지 보여줄 수 있니?"

엘리는 그 상황을 연출하기 위해 잠시 가만히 앉아서 아래쪽을 쳐다보며 마음의 준비를 했다. 고개를 들었을 때 그녀는 자신의 역할에 푹 빠져 있었다. 이마를 잔뜩 찌푸리고 눈을 흘기며 입술을 앙다문 채 주먹을 꽉 움켜쥐고 있었다. 나는 잠시 그녀의 표정 연기를 찬찬히 살펴보고서 이렇게 말했다. "엘리, 지금 네 얼굴 표정, 부들부들 떨고 있는 주먹…… 그런 게 분노발작이야."

나는 첫번째 면담에서 소기의 성과를 거뒀다고 생각했고, 엘리에게 며칠 뒤 다시 만나서 이야기하자고 말했다. 진료실을 나서며 엘리가 내 바짓가랑이를 잡아당겼다.

"음, 선생님은 화날 때 어떤 표정을 지으세요?"

"글쎄, 잘 모르겠는데."

"왜요?"

"좋은 질문이구나. 다음에 만날 때 꼭 알아와서 말해줄게."

마음속에서 과도하게 반짝이는 불필요한 장식품

감정은 미묘하면서 동시에 무한한 폭발 가능성을 갖고 있다. 사회 상황에 제대로 대처하지 못하는 경향이 있는 서툰 사람들은, 감정 세계를 항해하는 일이 커다란 가방을 메고 상점의 유리제품 코너를 걸어가는 것처럼 불안하게 느껴질 수 있다. 서툰 이들이 지극히 사소한 불편에는 놀랄 정도로 격한 감정을 드러내면서, 때때로 아주 흥미진진하거나 위험한 상황에는 아무런 반응도 나타내지 않는 모습이 다른 사람들 눈에는 혼란스러울 수 있다. 서툰 이들의 감정생활에 대한 혼란은 이해할 수 있다. 서툰 사람들은 감정적으로 다른 이들과는 완전히 다른 하드웨어를 갖고 있고, 이것이 감정적 상황에 적절히 대처해나갈 수 있다는 그들의 자신감을 점점 좀먹을 수 있기 때문이다.

인간은 본래 자신이 뭔가를 잘하지 못하면 그 이유를 합리화하려는 성향이 있다. 그 합리화 방법 중 하나가 자신이 못하는 일은 중요하지 않다고 치부하는 것이다. 감정을 읽고 표현하는 것을 어려워하는 일부 서툰 사람들은 감정을 '이성적으로 사고하는 능력을 저해하는, 마음속에서 과도하게 반짝이는 불필요한 장식품'으로 합리화하고자 하는 유혹을 느낀다. 엘리는 또래 아이들에 비해 놀라울 정도로 스스로에게 무심했다. 아마 어느 정도는 성격적으로 타고난 기질일 것이다. 그러나 자신에게 무심하면 주위 환경에 감정적으로 덜 휘둘리게 된다는 사실을 터득한 탓에 그러한 성격이 한층 강화됐을 수도 있었다.

분노발작 완화를 위해 취할 수 있는 직관적인 방법은 노여움을 누그러뜨리려 노력하는 것이다. 또 그보다는 조금 더 어렵겠지만, 노여움이 쌓이고 쌓여 폭발하기 전에 조금씩 방출하는 방법도 있다. 엘리는 좀처럼 다른 사람을 똑바로 쳐다보지 않았고, 재미있는 이야기를 해도 가급적 웃음을 참으려 했다. 또 분노발작처럼 감정이 격해지는 사건에 대해 이야기할 때도 단조롭기 그지없는 어조로 말했다. 엘리의 무심한 태도는 다른 사람들이 감정적으로 반응할 가능성을 최소화했지만, 그녀 안에 감정이 쌓이는 일까지 완전히 막지는 못했다. 엘리도 다른 사람처럼 일상생활에서 불편을 겪고 상처를 받고 좌절을 경험했지만 감정적인 반응을 조금도 보이지 않았다. 대신 그런 부정적인 감정들이 마음속에서 핵연쇄반응처럼 걷잡을 수 없이 커지다가 결국 분노발작을 일으켰다.

공감은 다른 사람의 감정 상태를 이해하고 적절히 호응하는 능력이다. 뛰어난 사회성을 발휘하는 데 감정이 매우 중요하다. 언어적·비언어적 의사소통이라는 직물에는 감정이라고 하는, 또하나의 중요한 의미층이 뗄 수 없게끔 엮여 있다. 일상생활에서 감정을 배제하려는 노력은 감정의 영향을 최소화하지 못하고 오히려 그 결과를 증폭시킨다. 사람들은 상대방에게 어떤 감정적 반응을 기대하며, 예상했던 반응을 얻지 못할 경우 불안감을 느끼고, 그러면 온갖 다른 감정이 우후죽순으로 일어날 수 있다.

수많은 연구를 통해 서툰 사람이 다른 사람의 감정에 공감하는 능력이 부족하다는 것을 확인할 수 있다. 옥스퍼드대학교의 사이먼 배런코언과 샐리 휠라이트가 진행한 연구가 이를 분명히 보여준다. 그들은 두 가지 연구를 통해 보통 사람에게는 다른 사람의 감정 상태에 공감하는 능력이 발달해 있음을 발견했다. 대부분의 사람들은 다른 사람들의 감정을 읽고 대화를 지루해하는 건 아닌지, 상대방의 말에 다른 의미가 있는지 그렇지 않은지 말할 수 있으며, 마음만 먹으면 너무 무뚝뚝하게 굴지 않을 수 있다. 그런데 참가자들의 서툰 성격적 특성이 강할수록 공감 능력은 떨어지는 것으로 드러났다. 이는 서툰 사람들은 상대방이 대화에 몰입하도록 유도하는 힘이 부족하다는 것을 의미한다. 그들은 다른 사람이 하는 말을 지나치게 글자 그대로 받아들이며, 너무 무신경하거나 무례하게 들릴 수 있는 방식으로 하고 싶은 말을 전달할 가능성이 높다.

서툰 사람들은 공감 능력을 향상할 수 있지만 그러기 위해서는 감정을 읽는 것을 어려워하는 이유를 자각할 기회가 필요하다. 다른 사람들이, 순수한 마음을 갖고 있으나 공감 능력이 부족한 서툰 사람들의 상황을 헤아려준다면 그 역시 도움이 된다. 서툰 사람들이 필요성을 깨달아 공감 능력을 키우려 노력하고 주위 사람들이 인내심을 갖고 서툰 이들을 응원할 때, 서툰 사람들과 사회적으로 능숙한 사람들은 보기 드문 유형의 공감대를 형성할 수 있다.

상대의 눈을 똑바로 쳐다보지 않는 이유

초등학교 4학년 때 학교에서 열린 밸런타인데이 파티 이후, 내 감정 세계가 다른 아이들의 그것과 크게 다르다는 것을 깨달았다. 파티 전날 부모님은 나를 홀마크 매장에 데려가 밸런타인데이 카드를 고르게 했다. '당신은 내 밸런타인!' '너무너무 사랑해요!' 같은 메시지가 적힌 카드들을 보고 나는 적잖이 당황했다. 나는 다른 카드를 고를 수 있게 다른 상점에 데려가달라고 부모님에게 부탁했다. 부모님은 어떤 카드를 찾는지 물었고, 나는 이렇게 답했다. "감정 표현이 과하지 않은 카드요."

나는 결국 상대적으로 감정 표현이 과하지 않은 카드들을 골랐다. 하지만 '보내는 이'와 '받는 이' 칸을 채우고 나니, 그 카드들이 전달하는 모든 감정이 여전히 불편하게 느껴졌다. 강제로라도 마음을 진정시키기 위한 방편으로, 감정 표현이 가장 강한 카드부터 가장 약한 카드 순으로 왼쪽에서 오른쪽으로 카드를 정렬했다. 그러고는 반 친구들이 어느 정도의 애정표현을 괜찮다고 여길지 고려해 친구들에게 어울리는 카드들을 짝짓기 시작했다.

물론 반 친구들 대부분은 가장 강한 애정표현이 적힌 카드조차도 문제삼지 않았을 것이다. 사람들이 일 년 중 364일 동안 '너는 내 친구야' '좋아해'라는 말을 하는 것처럼, 밸런타인데이에는 '너는 내 밸런타인이야' '사랑해'라는 말을 할 것이라는 사회적 기대가 있다. 이 하루 동안의 문화적 기대의 변화에 선뜻 적응하지 못한 채, 내 정서지능은 다람쥐 쳇바퀴 돌듯 제자리걸음을 했다. 결국 나는 그 문제를 직접 해결하기로 결심했다. 유성펜을 꺼내 가장 걱정되는 '사랑해' 같은 동사와 '너무너무' 같은 수식어를 지우기 시작했다. 경우에 따라 그러한 단어들을 '좋아해' '많이'처럼 강도가 약한 단어로 대체했다.

다음날 아버지는 카드에 받을 사람을 다 적었는지 물었고 나는 그렇다고 대답했다. 카드의 메시지를 대폭 수정한 것에 대해서는 한마디도 하지 않았다. 학교에서 반 친구들과 나는 칠판 앞에 걸려 있는 예쁘게 꾸며진 종이가방에 카드를 넣었다. 우리는 밸런타인데이의 달콤한 쿠키를 먹고 카프리선을 마시면서 카드를 펴보았다. 친구들한테서 받은 카드를 몇 장 읽다보니 나처럼 메시지를 고친 아이가 단 한 명도 없다는 사실을 깨달았다. 나는 상황을 완전히 잘못 이해했다는 사실을 너무 늦게 깨달은 적이 몇 차례 있었는데, 바로 이때가 그중 하나였다. 어색함을 피하기 위한 나의 과도한 노력은 오히려 역효과를 초래했다.

친구들은 남을 배려할 줄 알았기에 내가 일일이 고친 밸런타인데이 카드에 대해 아무 말도 하지 않았지만, '나는 너를 ~~너무너무~~ ~~사랑해~~ 좋아해'라고 적힌 카드를 읽으며 이상하게 생각했을 게 틀림없다.

사회성이 뛰어난 사람들이 감정 표현에 서툰 사람들의 행동에 당혹스러워하는 일은 당연하다. 서툰 이들은 때로는 너무 무심하게 굴고 때로는 너무 과민하게 반응하는, 명백한 모순을 드러내기 때문이다. 서툰 사람들은 로봇 같다고 할 수 있다. 그들은 자기 자신에 대해 무심한 태도를 갖고 있고, 다른 사람들이 심적으로 고통스러워하거나 아주 즐거워할 때 적절한 공감을 보일 가능성이 낮다. 서툰 사람들은 이러한 정서적 공감의 부족으로 인해 다른 사람들의 감정적 반응 아래에 깔린 특정 상황에 대해 무신경한 것처럼 보인다. 하지만 서툰 사람들은 정해놓은 일과가 제대로 지켜지지 않거나 그들의 일에 차질이 생기는 등, 다른 사람들에게는 사소하거나 일시적인 것으로 보이는 상황에 정서적으로 과민반응을 보일 수도 있다. 때로는 과민반응을 보이고 때로는 무신경하게 구는 서툰 이들의 모순되는 모습을 어떻게 설명할 수 있을까?

스위스 신경 마이크로회로연구소의 카밀라 마크램과 헨리 마크램은 서툰 사람들의 이례적인 감정생활을 설득력 있게 설명하는 한 가지 이론을 제시했다. 그들이 내놓은 '강렬한 세계 이론intense world theory'은 어울리고자 하는 의욕이 부족하고 반복 행동을 일삼으며 극심한 불안감을 드러내도록 사육한 쥐들을 대상으로 한 초창기 연구를 바탕으로 한다. 그들은 이 쥐들의 두뇌활동을 조사했고, 이를 통해 인지능력, 주의력, 그리고 감정과 관련된 뇌 부위가 과도하게 활성화될 때 반복 행동이 나타나고 사회성이 저하된다는 사실을 알아냈다.

이것은 카밀라와 헨리로 하여금 이 쥐들이 다른 쥐들보다 주변 환경을 더 강렬히 느끼는 건 아닌지 의문을 갖게 했다. 아마도 이 쥐들은 강한 지각 반응으로 인해 주위 환경을 지나치게 자극적으로 느끼며 극도의 불안감을 보였을 것이다. 다른 쥐들과 많이 어울리지 않았던 것은 자신을 둘러싼 환경에서 받는 자극을 줄이기 위한 노력이었을지도 모른다. 대신 이 쥐들은 사회적 상호작용으로 인한 자극을 최소화하는 데 도움이 되는 반복 행동에 몰두했다. 이 쥐들은 토요일 저녁에 복잡한 레스토랑이나 혼란스러운 나이트클럽에 가는 대신 집에서 넷플릭스 재방송 프로그램을 보거나 목도리를 뜨는 사람들에 비유할 수 있었다.

강렬한 세계 이론을 검토하는 과정에서 그들은 수많은 연구를 통해 심한 자폐증을 앓는 사람들이 이와 비슷한 현상을 보인다는 사실을 확인했다. 이를테면 사회성 및 의사소통 능력이 부족한 어린아이들은 얼굴과 눈같이 풍부한 감정을 담고 있는 자극물을 보면, 두려움과 불안감 같은 감정과 연관된 뇌 부위인 편도체가 과도하게 활성화되었다. 강렬한 세계 이론이 자폐증 환자들을 주된 조사 대상으로 삼긴 했지만, 이 이론은 서툰 사람들의 감정 처리 및 대처 방식과 논리적으로 일치하는 듯하다.

서툰 사람들과 어울릴 때 두드러지는 분위기를 생각해보자면, 종종 불안한 기운이 느껴진다는 것이다. 이 기운은 그들이 신경질적이고 화가 난 것처럼 보이게 만드는데, 보통은 당황한 것처럼 보인다. 그렇지만 서툰 사람들이 사회적 어울림 같은 자극에 매우 민감한 사람들이라는 점을 감안한다면, 그들이 풍기는 이례적인 분위기를 보다 쉽게 이해할 수 있다. 서툰 사람들에게 감정을 느끼는 일이란, 동공이 확장된 상태에서 눈부신 햇살 속으로 발을 내딛는 것과 같다.

이에 대처하기 위한 방안으로, 서툰 사람들은 격한 감정을 불러일으키는 상황을 회피함으로써 자극의 강도를 조금이라도 낮출 방법을 터득한다. 예를 들어 서툰 사람들이 상대방의 눈을 똑바로 쳐다보지 않는 것은 그들이 눈맞춤을 할 줄 몰라서도, 대화에 관심이 없어서도 아니다. 눈을 맞추지 않으면 얼굴 표정, 특히 눈 주위에서 전달되는 강한 감정 신호를 피할 수 있기 때문이다. 서툰 사람들은 불편한 상황이 벌어질 때 자신의 감정을 이야기하고 싶어하지 않을 수 있으며, 심지어 다른 이들의 칭찬도 몹시 부담스러워할 수 있다. 다른 이들과 어울림으로써 느끼는 심적 자극을 최소화하려는 이 모든 노력 때문에 서툰 사람들은 무심해 보일 수 있다. 다른 이들보다 감정 세계의 자극에 민감한 서툰 사람들에게 그 감정이 부정적이냐 긍정적이냐는 중요하지 않다. 엘리 같은 어린아이들도 어떤 종류든 강렬한 감정은 통제 불능 상태를 초래할 수 있다는 사실을 알고 있다.

서툰 사람들의 유감스러운 역설은 그들이 느끼는 감정 가운데 가장 강도 높은 감정이 서투름이라는 것이다. 이 강렬한 감정이 서툰 사람들의 마음을 쉽게 압도할 수 있다. 서투름을 느끼는 순간은 유리문에 코부터 부딪치는 것 같은 느낌이다. 이는 두려움에 정신이 아찔해지는 예기치 못한 순간이며, 이와 같은 감정의 범람은 사람들이 경험하는 첫번째 심리적 반응이다. 이는 자신이 거북스러운 상황에 처해 있다는 사실을 머리로 '생각'하기도 전에, 서투른 감정부터 '느낀다'는 것을 의미한다. 서투름은 무엇이 잘못되었고 어떻게 하면 사회적 실수를 바로

잡을 수 있을지 명료히 생각하는 것을 가로막는 거센 감정이다.

서투른 감정은 환경에 적응하는 것을 도와주는 기능을 갖고 있다. 그러나 그러한 기능을 활용하려면 서툰 사람들은 그 감정이 무슨 의미인지 파악해야 한다.

감정의 도피 반응과 투쟁 반응

찰스 다윈은 일찍이 인간 안에 감정이 프로그램화된 이유와 관련해서 몇 가지 중요한 과학적 통찰을 제시한 바 있다. 그의 가설에 따르면, 적자생존의 환경에서 사람들은 안전이나 안녕을 위협하는 상황에 재빨리 대응해야 했다. 포식 동물의 공격을 받거나 부족한 자원을 두고 싸울 때 사람들은 심사숙고하는 사치를 누릴 여유가 없었다. 감정은 의사가 망치로 무릎을 탁 치면 반사작용으로 다리가 튕겨 올라가는 것처럼 무의식적인 반사작용이다. 같은 반사작용의 방식으로, 분노와 같은 감정을 느낄 때 혈류량이 증가하고 근육이 긴장하는 생리적 반응이 즉시 일어나며 위협에 대응할 준비를 하게 된다. 부정적 감정을 거세게 느끼면 위협에 주의가 집중되고, 두려움은 도피 반응flight response의 촉매제 역할을 하는 반면 분노는 투쟁 반응fight response의 촉매제 역할을 한다.

서투름을 느끼면 숨이 가빠지고 근육이 수축하며 심장박동이 빨라지는 등의 강한 생리적 반응이 나타난다. 하지만 식량이나 안전이 위협받을 때 느끼는 분노나 두려움 같은 감정과 달리, 서투름은 사소한 사회적 기대를 제대로 충족하지 못할 때 일어나는 심적 반응이다. 지퍼를 제대로 올리지 않거나 친구 아내의 이름을 부르는 대신 옛 여자

친구 이름을 부르는 실수가 바람직한 일은 아니지만, 위험하거나 악의적인 것은 아니다. 그렇다면 상대적으로 무해한 사교상의 실수가 그렇게 거센 감정을 불러일으키는 이유는 무엇일까?

사람들은 사소한 사회적 규칙들을 너무 자주 위반하면 사회에서 추방당할 수도 있다는 것을 무의식적으로 알고 있다. 우리 마음속에는 사회적 기대를 충족하지 못할 때 경계경보를 울리는 매우 민감한 감정적 기폭장치가 있는데, 어딘가에 소속되고자 하는 욕구는 우리의 안녕과 행복에 매우 중요하기 때문이다. 조지메이슨대학교의 심리학 교수 준 프라이스 탱니는 폭넓은 연구 프로그램을 통해 사회적 실수를 저질렀을 때 그에 수반되는 '자의식적인' 감정들이 있으며, 그러한 감정들 각각이 서로 다른 기능을 수행한다는 사실을 발견했다. 자의식적인 감정에는 당혹감, 죄책감, 수치심이 있는데, 나는 여기에 서투름을 추가하고자 한다.

나는 당황했을 때 붉어지는 얼굴이 몹시 싫었다. 서툰 행동을 한 것도 충분히 곤혹스러운데, 설상가상으로 내가 얼마나 서툰지 공공연히 인정하듯 얼굴까지 붉어지니 싫을 수밖에 없었다. 캘리포니아대학교 버클리 캠퍼스의 매슈 파인버그와 그의 동료들은 '사람들이 친사회적 가치를 갖고 있다는 것을 다른 이들에게 입증하는 데 당혹감이 사회적 기능을 수행한다'는 생각을 테스트해보기 위해 일련의 연구를 실시했다. 친사회적 가치를 갖고 있다는 것은 다른 사람들의 행복에 마음을 쓰고 다른 사람에게 해를 입히거나 불편을 끼치지 않도록 노력한다는 것을 의미한다. 파인버그는 사람들이 가장 당혹스러웠던 순간을 이야기하면서 당혹감을 많이 드러낼수록, 다른 이들로부터 친사회적이고 믿을 만한 사람으로 평가받는다는 사실을 발견했다. 중요한 사실은 사람들이 당혹감을 적게 드러내는 이들보다 당혹감을 많이 드러내는 이들과 어울리길 더 좋아했다는 점이다. 다시 말해 당혹감을 보여준 사람들이 사회적으로 더 높은 평가를 받았다.

서투른 감정과 관련된 또다른 감정은 죄책감이다. 죄책감은 자신의 행동을 후회하고 사회적 실수를 저질렀을 때 상황을 바로잡으려는 욕구를 느끼도록 만든다. 이를테면 잘못했을 때 사과하고, 뭔가를 엎지르는 바람에 얼룩이 생겼을 때 깨끗이 닦아내며, 피해를 입혔을 때 보상하려 애쓰는 것은 죄책감 때문이다. 사회적 실수에 대한 이런 식의 대응은 자신이 잘못을 저지른 것을 알고 있고, 그에 대해 양심의 가책을 느끼며, 상황을 바로잡기 위해 노력하고 있다는 믿음을 다른 이들에게 심어준다. 서툰 행동을 딛고 일어서는 데는 당혹감과 죄책감 둘다 힘이 된다. 이 두 감정은 우리가 스스로 잘못을 '알고 있다'는 것을 다른 사람들에게 보여준다. 즉 그러한 감정들은 자신이 사회적 규칙을 어겼다는 것을 알고 있고, 다른 사람들에게 불편을 끼친 것에 대해 유감스러워하고 있다는 표시다.

문제는 서툰 사람들이 어떤 사회적 기대를 어겼는지 명확히 알지 못할 때도 있다는 점이다. 때때로 서툰 사람들은 자신의 행동이 잘못됐다는 것은 알지만, 정확히 어떤 사회적 기대를 충족시키지 못한 것인지 모를 수 있다. 서투른 감정의 기능 중 하나는 사회적 기대에 어긋나는 행동을 했다는 사실을 자각하고 '사회자본social capital'(여기서는 우정같이 사회생활을 해나가는 데 밑바탕이 되는 자본을 의미한다 —옮긴이)이 더 많이 소진되기 전에 문제를 해결해야 한다는 사실을 일깨우는 것이다. 그렇지만 특정 기대를 충족하지 못했을 때 그 반응으로 느끼는 당혹감과 죄책감과 달리, 서투름을 느끼는 것으로는 무엇이 잘못되었는지 정확한 진단을 내리기 어렵다.

서툰 행동을 한 사람이 당혹감을 드러내거나 상황을 바로잡으려는 노력을 기울이기 전에는, 다른 사람들은 그가 자신의 실수를 알고, 그것이 다른 이들에게 미칠 잠재적 영향을 인식하고 있는지 알 길이 없다. 서툰 이들은 보통 감정 표현을 많이 하지 않기 때문에, 다른 사람에게 불편을 주거나 타인의 감정을 상하게 할 때 양심의 가책을 느끼지 않는 것처럼 보일 수 있다.

당혹감은 후회하고 있다는 신호를 보내고, 죄책감은 사회적으로 입힌 손해를 바로잡도록 독려하며, 서투름은 기대에 어긋나고 있다는 경고를 울린다. 하지만 수치심은 사람들로 하여금 아무것도 하지 못할 정도로 자존감을 떨어뜨리고, 실수를 인정하거나 자신의 행위에 따른 결과를 바로잡는 일을 더 어렵게 만든다. 서투름을 느낄 때는 그에 대처하는 방법을 찾아낼 수 있지만, 서투름에 대해 수치심을 느끼기 시작하면 앞으로 나아갈 길을 찾기가 한결 힘들어진다. 감정이 반사작용이기는 하지만, 서툰 순간에 어떻게 반응하면 좋을지 새로운 틀에 넣어보려는 시도는 할 수 있다. 이를테면 '이 실수는 내가 나쁜 사람이라는 의미일까, 아니면 실수를 저지르는 수많은 사람 가운데 한 명일 뿐이라는 의미일까?'라고 자문하는 것만으로도 긍정적인 효과를 얻을 수 있다.

순간적인 사회적 실수가 지닌 의미를 정확히 이해하고, 그것으로 한 사람의 전반적 가치가 평가되지 않는다는 점을 받아들이다보면, 더욱 긍정적인 마음으로 유연하게 대처하기 시작할 가능성이 높다. 가끔 운이 좋다면, 순간적으로 얼굴을 붉히며 미안하다고 말하는 사소한 행동만으로도 다른 이들에게 호의적인 반응을 불러일으킬 수 있다. 심지어 가장 서툰 행동을 저지른 순간에도 말이다.

여섯 가지 감정의 의미와 그 감정에 반응하는 방법		
감정	감정의 의미	적절하게 반응하는 방법
분노	부당하다	만약 당신이 잘못한 경우라면 즉시 사과한다. 만약 오해라면 명확히 해명한다. 다른 사람이 잘못한 경우라면 "유감스럽지만 그건 부당한 행동이에요"라고 말한다.
괴로움	상황이 악화되고 있다	상대방의 감정 상태를 고려해 염려하는 마음이나 도와주고 싶은 마음을 드러낸다.
당혹감	부적절한 행동을 했다	경우에 따라 "별일 아니야"라며 사건을 축소하려는 노력을 기울일 수도 있고, "나도 그런 적이 있어"라고 위안할 수도 있다.
기쁨	예상보다 일이 잘 풀렸다	들뜬 마음에 재를 뿌리는 행동을 삼간다. 그냥 함께 즐거워해준다.
자부심	중대한 성과를 거뒀다	"그래, 그런데……"라는 식의 사족을 달지 않는다. 그냥 "나도 기뻐"라고 말한다.
바람	지금은 안 좋지만, 점점 나아질 것이다	상대방의 바람과 달리, 계속 나쁜 상태가 유지되거나 상황이 더욱 악화될 수 있다는 의견을 내보이지 않는다.

졸업사진에서 웃고 있는 사람이 더 행복한 삶을 산다고?

엘리의 부모는 엘리가 감정을 통제할 힘을 기르도록, 사회적으로 한

결 용인된 방식으로 불쾌감을 표현하도록 내가 도와주길 바랐다. 엘리의 부모는 아이들이 엘리의 분노발작에 겁을 낸다는 것을, 그리고 결과적으로 그녀가 폭발할까봐 두려워서 엘리와 친해지길 꺼려한다는 것을 알고 있었다. 그들이 겪은 것이 우울함이든 불안감이든 분노든, 상담소를 찾는 고객들은 보통 심리치료사가 자신의 부정적인 감정들을 완화해주길 바란다. 심리학자들이 치료를 부정적인 감정을 약화시킬 방법으로뿐 아니라 감정의 기능적 특성을 이용해 환자들이 긍정적인 결과를 이끌어낼 수 있도록 도와줄 기회로 본다면 어떨까?

엘리의 무관심한 태도와 사람을 무장해제시키는 귀여움은 마치 커튼처럼 그녀의 서투름을 가리고 있었다. 하지만 그녀는 서툰 사람들의 수많은 전형적인 특성 중 두 가지, 즉 스포트라이트형 시각과 감정조절장애를 갖고 있었다. 대상물을 그림으로 표현할 방법에 주의를 집중했기에 대부분의 어른들과는 다른 방식으로 형체와 모양, 색을 감상할 수 있었다. 어른들은 대개 쓰지 않는 방식으로 대상물을 표현했다. 이를테면 인물들이 유쾌하면서 의미 있는 각도로 서 있는 초상화를 그리기도 하고 옷의 질감을 생생히 살려내 대상물에 입체감을 불어넣기도 했다. 그렇지만 그녀는 형태처럼 특정 부분에 주의를 집중하는 바람에 큰 그림을 놓치곤 했다. 또 그녀는 자신이 원하는 것을 추구하느라 강렬해진 에너지 때문에 기대가 충족되지 않았을 때 쉽게 격분해 소리질렀다.

엘리와 나는 감정을 구분하고 각각의 감정을 관리하는 방법을 익히려 노력했다. 하지만 나는 긍정적인 감정들을 지렛대로 삼아 사회 상황에서 큰 그림을, 다시 말해 자신이 격분해 소리지를 때 그것이 다른 이들에게 끼치는 영향을 보게끔 그녀의 시야를 넓혀줄 수도 있다는 생각이 들었다. 긍정적인 감정 역시 적응을 도와주는 여러 기능을 갖고 있지만, 그것들은 부정적인 감정과 연관된 '투쟁—도피 반응'과는 매우 다르다.

코넬대학교의 앨리스 아이센과 노스캐롤라이나대학교 채플힐캠퍼스의 바버라 프레데릭슨 같은 감정 연구자들은 긍정적인 감정이 기분을 좋아지게 하는 것 이상의 역할을 한다는 사실을 발견했다. 프레데릭슨 교수의 '감정의 확장 및 구축 이론Broaden-and-Build theory of emotions'에 따르면 긍정적 감정은 폭넓은 사고를 하도록 도와주고, 이례적인 정보를 알아차릴 가능성을 높여주며, 더 많은 정보를 기억하도록 도와준다. 이렇게 사고가 확장되고 이용 가능한 정보가 늘어나면 창의적인 해결책을 찾을 기회도 그만큼 증가한다. 새로 찾아낸 정보나 머릿속에 기억하고 있는 추가 정보 덕분에, 정보를 모아서 만들 수 있는 조합의 수가 기하급수적으로 늘어나기 때문이다. 이러한 창의적인 통찰로 재정적·정치적 자원을 만드는 전문적인 성과를 거둘 수도 있지만, 복잡한 사회문제들을 해결해 사회자본을 형성할 새로운 방법들도 찾을 수 있다.

긍정적인 감정은 이런 방식으로, 특정 분야에만 관심을 기울이는 서툰 사람들의 성향을 변화시킬 수 있다. 독특한 방식으로 정보를 결합하는 능력을 바탕으로 창의력을 발휘하는 서툰 사람들에게는, 긍정적인 감정이 서로 다른 아이디어를 독특하게 조합하는 촉매제 역할을 할 수 있다. 이는 혁신적인 사고의 전형적 특징 중 하나다.

물론 여기에도 예외가 있긴 하지만, 창의적인 돌파구를 찾아낼 가능성이 가장 높은 이는 극심한 고통에 시달리는 예술가와 정반대로 사는 법을 알아낸 사람이다. 다시 말해 자신의 특별한 재능에 감사하는 사람, 자기 한계를 잊지 않는 사람, 더 나은 사람이 되기 위해 노력하는 사람이 그러한 돌파구를 찾을 수 있다. 그리고 그들의 상냥한 천성은 그들이 소속감을 느끼도록 돕는 사회적 자원을 구축한다.

긍정적 감정의 장기적인 혜택에 대한 증거는 캘리포니아대학교 버클리캠퍼스의 리 앤 하커와 대처 켈트너의 연구에서 찾을 수 있다. 하커와 켈트너는 긍정적 감정의 기질과 사회적 결과에 관한 흥미로운 연구를 실시했다. 그들은 30년 동안 이뤄진 밀스 종단 연구Mills Longitudinal Study의 자료들을 검토했다. 밀스 종단 연구에서는 1958년과 1960년에 밀스 칼리지를 졸업한 여학생 백 명을 추적 관찰했다. 하커와 켈트너는 흥미롭게도 '졸업앨범 사진에서 웃고 있는 여성들은 웃고 있지 않은 여성들과는 다른 삶의 결과를 얻었을까?'라는 상대적으로 간단한 질문을 통해, 긍정적 감정과 사회적 결과 사이에 상관관계가 있는지 그 답을 찾았다.

대학교 졸업앨범 사진 속에서 미소를 짓고 있는, 그리 중요해 보이지 않는 행동이 어떻게 인생에서의 많은 중요한 결과를 예측하는 잣대가 될 수 있을까? 잠시 같이 있을 뿐 아마 다시는 볼 일 없을 사진사 앞에서 사진을 찍으며 미소를 지을 이유는 없다. 그렇지만 어떤 이들은 회갈색 배경막 앞에 놓인 불편한 의자에 앉아 사진을 위해 진심 어린 환한 미소를 보였다. 그들은 아마도 웃으며 눈을 치우고, 길이 막히는 출퇴근길 차 안에서도 미소를 머금은 채 흥얼거리는 사람들일 것이다. 그들이 기분좋게 미소 짓는 데는 특별한 이유가 필요치 않다. 싱글벙글하는 것이 그들의 기질이다. 쾌활한 성격을 지닌 사람들은 나름대로 별스럽긴 하지만, 그런 열정적인 별스러움은 사람들의 마음을 자석처럼 끌어당기며 에너지를 불어넣는다. 사람들은 마음 깊은 곳에서 이 활달한 영혼들과 함께 차 안에서 흥얼거리고 싶다고, 혹은 함께 눈을 치우고 싶다고 느낀다.

하커와 켈트너가 찾아낸 바에 따르면, 졸업앨범 사진에서 웃고 있는 사람들은 웃고 있지 않는 사람들에 비해 긍정적 감정을 더 많이 느끼는 반면 부정적 감정을 덜 느끼며, 대인관계에서 보다 쾌활하게 행동하고, 우수한 업무처리 능력(생산적이라든지, 책임감이 강하다든지 등)을 보여줄 가능성이 높았다. 수십 년 뒤 그 여성 참가자들을 마흔세 살과 쉰두 살에 두 차례 더 평가했는데, 그때까지 그러한 상관관계는 사라지지 않았다. 졸업앨범 사진에서 웃고 있는 여성들은 여전히 긍정적 감정을 느끼는 성향이 더욱 강하고 부정적 감정을 느끼는 성향이 더 약하며, 업무 능력에서 더욱 높은 점수를 받았다. 또 그들은 결혼했을 확률, 그리고 만족스러운 결혼생활을 영위하고 있을 확률이 더 높았다.

이러한 연구결과들은 부정적 감정을 개선하는 데만 주의를 기울일 경우 중요한 발판을 놓칠 수 있음을 시사한다. 긍정적 감정은 단순히 부정적 감정의 쳇바퀴에서 벗어나도록 도와주는 그 이상의 역할을 할 수 있다. 긍정적 감정은 사회 상황에 대처할 참신한 방법을 찾아내고, 지속적으로 이용 가능한 사회적 자원들을 만들도록 돕는 새로운 통찰력을 길러주는 잠재력을 갖고 있다. 서툰 사람들은 무심해 보이는 경향이 있지만, 사랑하는 대상을 향해 기쁨과 열정도 얼마든지 표현할 수 있다. 긍정적 감정은 서툰 사람들에게 특히 유용한데, 이런 감정 덕에 시야의 폭이 넓어지고 더욱 넓어진 시각으로 세상을 볼 수 있기 때문이다.

이 장에서 살펴본 자료에 따르면, 서툰 사람들은 무심해 보이는 경향이 있지만 이는 세상의 자극에 민감한 그들이 거센 감정에 쉽게 휘말리는 것을 경계하기 때문일 수 있다. 엘리같이 쉽게 분노를 터뜨릴 수 있는 사람은 부정적 감정을 막무가내로 표출했다가 벌받은 경험 때문에 일반적으로 감정을 표현하길 두려워한다. 그렇지만 서툰 사람들은 긍정적 감정을 표현하는 것도 염려할 수 있다. 비디오게임 최고 레벨에서 놀라운 점수를 거둬 기뻐 날뛸 때, 미해결 수학 증명에 자신이 얼마나 매료되어 있는지 장황히 설명할 때, 그들은 다른 이들로부터 자신들이 언제 기뻐해야 하는지 잘 모르는 사람이 된 것 같은 느낌을 받을 수 있다.

나는 하루라도 빨리 엘리가 분노발작을 조절하도록 도와주고 싶었지만, 섣불리 도와주었다가는 그녀의 모든 감정을 억누르는 역효과를 일으킬 위험이 있기에 걱정도 되었고 두려움도 컸다. 이를테면 그녀는 이미 대부분의 사람들과 다른 시각으로 세상을 바라보고 있었고 그러한 세상에 대해 경이로운 환희를 느끼고 있었는데, 내 개입으로 그러한 감정이 억눌릴 수 있었다. 내가 알아본 바에 따르면, 어른들은 좋은 뜻에서 엘리에게 낙서하지 말라고, 주의를 기울이라고, 혹은 서두르라고 말하고 또 말했다. 그녀와 함께 생활하는 어른들은 엘리에게 하는 일에 주의를 집중하라고 끊임없이 타일렀다.

그런데 엘리는 누구보다 집중력이 강했고 현재 하고 있는 일에 푹 빠져서 다른 생각은 하지 못하는 아이였다. 다만 그녀는 이례적인 일들에 한정적으로 마음이 끌려, 예술적으로 질감을 표현한다든지 창의적으로 이야기를 상상한다든지 등 눈에 잘 띄지 않는 일에 몰두했다. 그녀는 어린 나이에도 불구하고 이미 그려진 선 안에 단순히 색칠하는 것보다 자신이 직접 새로운 선을 그리는 일에 더 관심을 보였고, 자신이 들은 옛날이야기를 그대로 되풀이하기보다 새로운 사건이 어떻게 전개될지 상상의 나래를 펴길 좋아했다.

마침내 나는 엘리가 상상에 푹 빠져 있을 때 분노발작을 일으킨다는 사실을 알아냈다. 어른들이 저녁을 더 먹으라며 꾸중하거나 그녀의 스케치북을 갑자기 빼앗을 때 엘리는 화가 치밀었다. 나는 그녀의 부모에게 그것이 영화에서 결정적인 장면을 보고 있는데 누군가 말을 걸거나 중요한 전화통화를 하고 있는데 누군가 방해하는 경우와 크게 다르

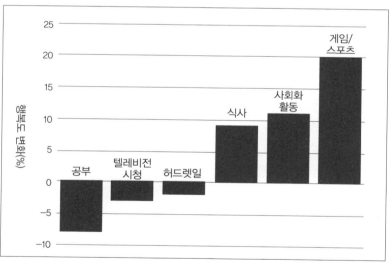

그림 4.1 긍정적 감정을 북돋우기 위해 무엇을 할 수 있을까? 사람들의 일상활동을 바탕으로 기분 변화를 추적하는 경험 표집법을 이용한 연구에서 칙센트미하이와 웡은 게임, 사교활동, 식사가 긍정적 감정을 북돋우는 활동임을 발견했다. 또한 그들은 다른 사람들과 함께 하는 활동이 긍정적인 감정과 지속적으로 연관된다는 사실을 알아냈다.

지 않다고 설명했다. 엘리가 이러한 방해에 좌절감을 느낀 것은 이해할 수 있지만, 그런 경우 분노발작을 일으키는 대신 짜증을 느낀 이유를 설명하는 방법을 배울 필요가 있었다.

왜 그런 표정을 짓는 걸까?

대기실 문을 열었을 때, 문 바로 앞에 서 있는 엘리를 보았다. 그녀는 "선생님은 화날 때 어떤 표정을 지으세요?"라는 질문에 대한 대답을 들으려고 꼬박 3일을 기다렸다.

엘리와의 약속날까지 3일 동안 친구를 만날 때마다 두 가지 질문을 했다. 내게 화난 표정이라는 게 있는지, 만약 있다면 구체적으로 어떤 표정인지 물었다. 사실 나는 좌절감이나 불안감 같은 부정적 감정은 쉽게 드러내지만 화는 좀처럼 내지 않는 편이었다. 그래서 언제 화가 났는지 구체적으로 떠올리기가 쉽지 않았다. 지인들도 대부분 내가 화내는 모습을 본 적이 없다고 했다. 그런데 그중 두 명이 나만의 화난 표정이 정말로 있다고 대답했다.

내 여자친구는 이렇게 말했다. "당신은 화날 때 화가 난 표정이라기보다는 당황한 표정을 지어요." 눈살을 찌푸리는 대신 눈을 동그랗게 뜬 상태에서 눈동자가 크게 흔들린다고 했다. 나를 당혹스럽게 한 행동을 상대방이 왜 바람직하다고 생각했는지 그에 대한 답을 찾는 사람처럼 말이다. 입술을 앙다물고 있기보다 오히려 입을 떡 벌린다고 했다. 이는 보통 믿을 수 없을 때 짓는 표정이었다. 내 사촌은 다른 사람들이 아마도 내 화난 표정을 어안이 벙벙한 표정으로 생각했을 거라고 말했다. 또한 나는 왜 화가 났는지 설명하지 않고 마치 화나지 않은 사람처럼 굴면서 화제를 딴 데로 돌리기에, 다른 사람들이 내 화난 모습을 알기가 더욱 어렵다는 사실을 깨달았다.

엘리에게 내 화난 표정을 지어 보였다. 그녀는 의아한 표정을 지었다. 그러고 나서 나는 겸연쩍은 표정을 지었다. 다른 사람의 감정을 잘 읽지 못하는 엘리가 내 화난 표정에서 이상한 점을 발견했다. 그녀는 "엄밀히 말해 그건 화난 표정은 아니에요. 하지만 선생님은 '웃는 상'이에요"라며 놀라울 정도로 재치 있는 피드백을 제공했다. 엘리는 뛰어난 정서지능을 발휘할 가능성이 엿보였다.

우리는 진료실에 들어가 바닥에 앉아서 커다란 스케치북 위에 크레파스로 자유롭게 그림을 그리기 시작했다. 엘리에게 나를 만나고 나서 분노발작을 일으킨 적이 있는지 물었다. 엘리는 고개를 숙이며 지난 3일 동안 세 차례 분노를 터뜨린 적이 있다고 했다. 그녀는 갑자기 풀이 죽은 듯했다. 그녀의 명랑한 기운이 완전히 사라지기 전에, 나는 나아진 점 한 가지를 말해주었다. 비록 분노를 조절하지는 못했지만, 적어도 자신의 감정 상태를 인지하기 시작했다는 점 말이다.

서툰 사람들은 다른 사람이 괴로워하는 것을 알아차리는 능력이 선천적으로 부족하다는 것을 궁극적으로 알게 되어도, 위협적이지 않은 여타 상황에서 끓어오르는 분노를 느낄 수도 있다. 이런 경우 서툰 사람들은 감정이 가는 대로 행동하지 않고, 그에 반하는 행동을 해야 하는 반직관적인 상황에 놓이게 된다. 서툰 사람들은 때때로 'A 상황에서 나는 B라는 감정을 느끼지만 대부분의 사람들이 C라는 감정을 느낀다면, B 대신 C라는 감정을 느끼는 것처럼 행동할 필요가 있다'는 논리를 따르는 2차적 반응secondary response을 일으켜야 한다.

그들은 사회적 기대를 충족하는 능력을 향상하면서 동시에 자기 자신에게 진실한지도 계속 점검해야 하므로 곤혹스러울 수밖에 없다.

당황한 것처럼 보이려고 일부러 얼굴을 붉힐 수 있는 사람은 거의 없다. 자신이 어떤 식으로 사회적 기대를 저버리고 있는지 깨닫지 못하면, 그러한 기대에 어긋난 행동을 바로잡는 데 필요한 조치를 취할 수 없다. 서툰 사람들이 자연스러운 감정 반응과 기대되는 감정 반응 간의 부조화에 대처할 실용적인 방법은, 표현으로 전하지 못하는 메시지를 "죄송해요, 그런 식으로 행동하지 말아야 했어요" 혹은 "기분 상하게 할 마음은 없었어요. 내 뜻은 그런 게 아니에요" 같은 '말'로 직접 전하는 것이다. 이것이 완벽한 해결책은 아니지만, 서툰 사람들이 사회적 기대에 어긋나는 행동을 했다면 이러한 말로 그들의 감정적 반응에서 누락됐을 세 가지 중요한 메시지를 전할 수 있다. 악의로 그런 게 아니고, 실수를 해서 미안하며, 문제점을 고치고 싶어한다는 메시지 말이다.

부정적 감정들의 영향을 줄이기 위해 서툰 이들이 할 수 있는 일들이 있다. 하지만 어떤 때는 감정이 부족하고 어떤 때는 감정이 넘쳐나는 서툰 사람들의 특성이 합목적적으로 쓰일 수 있을지 없을지 생각해보는 일은 흥미롭다. 서툰 이들의 감정 기능은 고장났다기보다 일반 사람들의 감정 기능과 다르며, 잠재적으로 특정 상황에 적응중인 것으로 봐야 한다.

신생기업이나 레스토랑 같은 사업이 실패할 가능성(전자는 5년 이내 90퍼센트, 후자는 3년 이내 60퍼센트)을 생각해보자. 혹은 과학계의 노력이 거듭된 실패로 이어지는 현실을 생각해보자. 그런 불안한 상황에 대해 이야기해주기만 해도, 다시 말해 대리경험을 제공하기만 해도 사람들이 그 세계에 발을 들여놓는 것을 충분히 만류할 수 있다. 성공할 가능성보다 실패할 가능성이 더 높은 부담스러운 일을 떠맡는 것을 어느 누가 좋아하겠는가? 매주 이런 사업들이 실패를 거듭하는 모습을 보면서 어느 누가 무너지지 않겠는가?

방안을 가득 채운 모든 감정을 흡수하기보다 일부만 받아들이는 게 도움이 될 때가 있을 것이다. 이를테면 특정 집단에서 공포나 사기 저하 같은 감정이 빠른 속도로 확산되고 있을 때, 그러한 감정에 상대적으로 덜 휘둘리는 사람이 있다면 그는 그 집단에 도움이 될 수 있다. 그렇다고 서툰 사람들만이 위험 부담이 큰 프로젝트를 맡을 수 있다거나 중대한 실패 앞에서 부정적 감정에 휘말리지 않는다는 건 아니다. 하지만 그들의 마음속에는 감정이 독특하게 프로그램화돼 있어서, 그들은 중요한 신제품 출시 계획이 실패한 뒤에도 공황 상태에 빠지지 않을 수 있고 신문에 악의적인 기사가 실려도 상대적으로 냉정을 잃지 않을 수 있다.

반대로 일부 서툰 사람들은 사소해 보이는 아주 작은 일이 제대로 되지 않을 때 몹시 화를 낸다. 그들은 어떤 상황에서 사소한 일이 원하는 대로 정확히 되지 않을 때 몹시 안절부절못하며 그릇된 판단을 내리거나 불필요한 고집을 부릴 수도 있다. 그렇지만 성공한 기술 기업의 CEO든 미슐랭에서 우수한 평가를 받은 레스토랑의 셰프든 획기적인 발전을 이뤄낸 과학자든, 세간의 이목을 집중시킨 성공 스토리에서 그들은 사소한 일들에 이례적인 주의를 기울였으며, 배가 침몰하는 것 같은 위기의 순간에도 놀라울 정도로 평정심을 잃지 않았다는 공통점을 갖고 있다.

5장

호감 가는 사람들의
마음 들여다보기

카슨은 원형극장 한가운데에 놓인 오래된 오크 의자 맨 위에 홀로 앉아서 세계적인 물리학자 몇몇이 자신을 둘러싸고 있는 것을 보았다. 몇 분 뒤 그는 응용수학 심포지엄에서 자신의 최근 연구를 발표하기로 되어 있었다. 이는 보통 저명한 선임 교수들에게 주어지는 명예였지만, 카슨은 스물다섯 살의 박사과정 대학원생으로 이미 물리학계에서 큰 관심을 받고 있었다. 최근 그는 주요 과학저널에 커다란 돌풍을 불러일으킨 논문을 발표했고, 세계 각국의 연구원들은 그의 연구를 좀더 자세히 알고 싶어했다. 사람들로 강당이 가득차기 시작하자 카슨은 무거운 중압감이 자신의 가냘픈 어깨를 짓누르는 것을 느꼈다.

그는 헝클어진 금발의 곱슬머리에 커다란 푸른 눈을 갖고 있었다. 그의 눈은 끊임없이 강의실 여기저기를 둘러보았다. 그는 세미정장을 입고 있었지만, 그의 옥스퍼드 셔츠와 바지는 길이가 항상 조금 길었다. 그는 늘 말썽을 부리기 직전인 청소년처럼 보였다. 그의 외모는 비록 소년 같았지만, 과학적 사고는 제 나이보다 더 성숙했다. 그는 사회성이 부족해서 무례하게 구는 경향이 있었다. 그는 예리한 관찰력과 자기 생각을 여과 없이 이야기하는 버릇 때문에, 대부분의 사람들이 보기에 제멋대로 행동하는 사람 같았다.

나는 대부분의 사람들보다 카슨을 더 잘 알고 있었다. 우리는 대학생 때 음악감상 수업에서 만났다. 그는 종종 수학적으로 음악을 해석하는 놀라운 능력을 보여주었다. 그의 비평은 통찰력 있으면서 예리했다. 하지만 쉬운 교양과목을 찾고 있던 학생들 입장에서 그의 비평은 보통 짜증나는 일이었다. 내 생각에 카슨은 선의를 갖고 있었지만 다른 이들에게 자신의 선의를 전달하는 능력이 부족했다. 대부분의 사람들은 카슨을 무례하다고 여기거나 심지어 악의적이라 보았는데, 나는 사람들이 왜 그런 판단을 내렸는지 알겠다. 카슨은 다른 사람들이 자신을 지나치게 무뚝뚝하다고 생각한다는 걸 알고 있었지만, 상대방이 무안하지 않게 빙 돌려 말하거나 사탕발림할 시간이 없다고 느끼는 것 같았다. 카슨은 무엇을 할 때 사람보다 일을 중시했다. 그렇지만 이런 식으로 세상에 접근하는 방식 때문에 25년간 외톨이 생활을 할 수밖에 없었다.

카슨은 물리학과 학과장의 열정적인 소개를 받고 강단에 서서 발표를 시작하기 위해 컴퓨터 키보드의 스페이스바를 눌렀다. 그는 천장부터 바닥까지 설치된 스크린에 영상이 제대로 투사되는지 어깨 너머로 확인했고, 붉은색 대문자로 적힌 발표 제목도 보았다. 이는 자신의 발표에 반발할 게 뻔한 청중들에게 선제공격을 가하기 위해 고른 제목이었다.

중력에 관한 당신의 모든 생각은 틀렸다!
EVERYTHING YOU THINK YOU KNOW
ABOUT GRAVITY IS WRONG!

그는 주위를 둘러보았고, 자신의 발표를 듣기 위해 이례적으로 많은 이들이 모였다는 사실을 처음으로 알아차렸다. 그리고 이 청중이 결코 쉽게 이길 수 있는 사람들이 아니라는 사실을 깨달았다. 대부분의 사람들은 이런 상황에서 불안감이 커지겠지만, 카슨은 두근거림을 느꼈고 이는 청중들의 기대를 보기 좋게 뛰어넘겠다는 굳은 결심으로 바뀌었다. 이것은 보기 드문 '킬러 본능'이지만, 특출한 재능과 세간의 이목을 집중시키는 야망을 모두 갖춘 카슨같이 특별한 사람들 사이에서는 흔한 본능이다. 이런 사람들은 핵폭발을 일으킬 가능성이 있다는 느낌, 즉 언젠가 잠재력이 폭발해 위대한 경지에 오르리라는 느낌을 주기에 다른 사람들의 마음을 금방 사로잡는다.

그렇지만 유감스럽게도 그날은 그의 잠재력이 폭발하는 날이 아니었다.

그가 발표를 한 때는 2002년이었는데, 당시에는 컴퓨터 백신 프로그램에 허점이 많았다. 바이러스가 운영체제를 장악해버리는 경우가 흔했고, 그중 트로이목마 바이러스는 특히 위협적이었다. 이 바이러스는 며칠 동안 컴퓨터 안에 조용히 잠복해 있다가 프로그램들을 파괴하거나 원치 않는 팝업 창들을 띄웠다. 나는 카슨이 사용한 컴퓨터가 트로이목마 바이러스에 감염되었던 것이 아닌가 한다.

그가 가설 부분을 발표하려 할 때, 트로이목마의 첫번째 공격이 가해졌다. 인터넷 익스플로러 팝업 창들이 자동으로 열리기 시작했다. 창에 발가벗은 여자 사진이 떴다. 그녀의 간호사복은 깜짝 놀란 표정을 한 환자 머리 위에 걸쳐져 있었고, 밑에는 '외설스러운 간호사'라는 문구가 적혀 있었다. 몇 초 뒤 또다른 팝업 창이 열렸다. '이국적인 아시아인들'이라고 적혀 있었다. 그러고는 '삼자 동거'라고 적힌 세번째 창이 열렸다. 네번째, 다섯번째, 그후로도 계속 새로운 창들이 열렸다.

카슨은 사회적 신호를 포착하는 능력이 뛰어나지 않았다. 하지만 그런 그조차도 청중들의 비언어적 신호에 일어나는 집단적인 변화를 느꼈다. 펑크록 가수 같은 학부생부터 고지식하기 그지없는 선임 교수에 이르기까지, 모두가 입을 떡 벌린 채 눈을 커다랗게 뜨고 이맛살을 찌푸리고 있었다. 감정을 표현하는 방식이 얼마나 비슷비슷한지 새삼 확인할 수 있었다. 팝업 창이 계속 열리자, 어떤 이들은 의자에 폭삭 주저앉기 시작했고 또 어떤 이들은 허리를 꼿꼿이 세운 자세로 고쳐 앉았다. 카슨은 자신의 어깨 너머로 일곱번째 창이 열리는 것을 보았다. '발정난 여학생들'이라고 적혀 있었다.

카슨은 감당하기 힘들 정도로 밀려드는 감정들 때문에 몇 초 동안 꼼짝하지 못한 채 서 있었다. 잠시 후 그는 마우스패드가 있는 쪽으로 몸을 숙여 창을 닫으려고 미친듯이 노력했다. 그렇지만 힘도 부족했고 시간도 너무 늦었다. 그는 마치 히드라의 목을 베려 기쓰는 사람 같았다. 그가 창을 하나 닫으면 두세 개의 창이 더 열렸다. 점점 더 빠른 속도로 터지는 폭죽처럼 외설적인 창들이 수없이 뜨자, 카슨의 절박감은 체념으로 바뀌었다. 그런데 갑자기 프로젝터 화면이 꺼졌다.

카슨은 강단 왼편을 바라보았다. 그의 지도교수이자 물리학과의 위엄 있는 명예교수가 카슨의 컴퓨터와 프로젝터에 연결된 케이블을 손에 쥐고 있었다. 모두가 알다시피, 카슨의 지도교수는 어리석은 짓을 눈감아주는 사람이 아니었다. 그의 노려보는 눈빛은 카슨이 자신을 똑바로 쳐다보길 요구하고 있었다. 카슨의 지도교수는 그를 뚫어지게 쳐다봤지만, 다른 이들은 카슨이나 청중 누구도 쳐다보지 않으려 애썼다. 만약 당신이 그 원형극장에 앉아 있었다면, 거북스러움을 느끼지 않을 수 없었을 것이다.

교수는 단 한마디 질문만 던졌다. "아직도 이해하지 못했는가?" 이는 카슨이 들었던 그 어떤 질문보다도 도움이 되는 질문이었고, 카슨이 더 호감 가는 태도로 주변 세상과 교류하는 길잡이 역할을 하게 될 물음이었다.

서툰 사람들의 마음이론

자신을 온전히 이해해주는 사람을 찾았을 때의 기분은 말로 다 표현할 수 없다. 그런 사람은 당신의 기이한 점을 이해할 뿐 아니라 오히려 높이 평가한다. 당신의 부적절한 농담에 아무도 웃지 않을 때 그는 깔깔대며 웃어준다. 또 그는 당신이 고양이를 무척 아낀다는 사실을 알고 고양이 생일에 축하 카드까지 챙겨 보내는 보기 드문 사람이다. 누군가 당신을 온전히 이해할 때, 그 사람은 당신의 눈으로 세상을 바라보고, 당신의 기쁨과 슬픔을 마치 자신의 것처럼 느끼며, 때로는 당신보다도 먼저 당신의 생각을 알아차린다. 당신을 온전히 이해하는 사람은 당신이 가장 호감을 느끼는 사람이기도 하다. 당신의 좋은 점과 나쁜 점, 그리고 기이한 점을 모두 알면서도 당신을 사랑하기로 마음먹은 사람이기 때문이다. 반대로 우리는 사람들이 우리의 마음을 오해할 때 상처받을 수도 있고 기분이 상할 수도 있다. 십대 자녀와 부모는 서로를 오해할 가능성이 가장 높은 전형적인 두 그룹이다. 어느 시점에 이르면 대부분의 부모는 십대 자녀에게서 "엄마 아빠는 이해 못해!"라는 소리를 듣게 된다.

사람들이 당신을 온전히 이해할 때, 심리학자들은 그들이 정확한 '마음이론theory of mind'을 정립했다고 한다. 마음이론이란 다른 사람이 어떻게 생각하고 느끼는지(마음)에 대해 체계적인 틀(이론)을 개발하는 것을 의미한다. 서로에 대해 깊이 알아갈수록, 상대방에 대한 마음이론은 보통 더 정확해지고 복잡해진다. 덕분에 사람들은 다양한 상황에서 상대방이 어떻게 느낄지 혹은 무슨 생각을 할지 예측할 수 있다. 마음이론은 책이나 영화에서 등장인물이 어떤 사람인지 파악하는 과정과 비슷하다. 독자들은 옷차림, 습관, 또는 압박에 대한 반응 등 등장인물이 어떤 사람인지 보여주는 세부 사항들을 통해 그가 어떤 성격과 신념을 갖고 있는지 추론한다. 이를테면 파워포인트로 발표할 때 논쟁적인 제목을 빨간 글씨로 적는, 뭔가 숨기는 듯한 눈빛을 가진 사람은 독자들에게 성격이 예민하거나 공격적이라는 인상을 줄 수 있다.

실생활에서 갖가지 일을 겪는 과정에서 맞닥뜨리는 사람들에 대한 시각을 정립하고 그들의 성격과 가치관을 보다 깊이 이해하기 위해 그들의 마음을 읽으려 노력하는 것은 인간의 본성이다. 우리는 모두 자신이 만나는 사람들 각각에 대한 사례연구를 하는 과학자라 할 수 있다. 우리는 상대방이 친구가 될 가능성이 높은지 아니면 적이 될 가능성이 높은지에 대한 이론을 정립하기 위해, 지속적으로 그 사람의 행동을 관찰한다.

사회성이 뛰어난 사람들은 종종 자신이 어떤 식으로 결론을 도출하는지 인지하지 못할 만큼 매우 빠른 속도로 마음이론을 정립한다. 놀랍게도 그들은 순식간에 수십 개의 사회적 신호를 분류할 수 있다. 그러고 나서 그 신호들을 재빨리 유형별로 모아 상대방이 행복한지 화났는지 초조해하는지 직관적으로 간파한다. 그들은 하루에도 수차례 상대방에 대한 마음이론을 정립하고 그의 기분에 맞춰 대처 방식을 달리한다. 월요일 오전 회의에 참석한 지 몇 초 내에 그들은 상사가 초조한 상태인지 느긋한 상태인지 판단할 수 있고, 이 판단을 토대로 휴가 신청을 해도 될지 여부를 가늠할 수 있다.

카슨은 '공부하는 뇌' 덕에 재빨리 관련 자료를 골라내 기존의 물리학 이론이나 알고리즘에 접목할 수 있었다. 그는 필기도구나 계산기 없이도 이런 복잡한 계산을 했는데, 그에게는 자연스러운 일이었다. 하지만 그는 적절한 사회적 신호를 골라내고 그러한 정보를 조합해 다른 사람이 무슨 생각을 하는지 간파하는 데는 서툴렀다. 이는 카슨만의 문제가 아니다. 서툰 성격적 특성을 지닌 사람들이 마음이론을 확립하는 데 어려움을 겪는다는 것을 수많은 연구를 통해 확인할 수 있다. 뉴사우스웨일스대학교의 콜린 파머Colin Palmer와 동료들은 일반인

중 성인 2천 여 명을 선별해 서투름과 마음이론 간에 어떤 관련성이 있는지 조사했다. 파머는 사회생활에 서툰 사람일수록 다른 사람들의 의도, 생각, 느낌에 대한 마음이론을 정립하는 데 어려움을 겪을 가능성이 높다는 사실을 발견했다.

서툰 사람들의 사회적 신호처리 과정을 감안할 때, 그들이 마음이론을 정립하는 데 어려움을 겪는다는 것은 그리 놀랍지 않다. 하지만 그들은 이러한 어려움 때문에 사회생활에서 길을 잃고 헤매는 듯한 느낌을 받을 수 있다. 마음이론을 제대로 정립하지 못하면, 동일한 사람을 만나고 또 만나도 그 연속성을 쉽게 이어나가지 못한다. 다른 사람의 사회적 마음이 어떻게 작동하는지에 대한 체계적 이해의 틀을 형성하는 속도가 느릴 경우, 특정인과 수차례 만남을 거듭해도 만날 때마다 낯선 느낌이 들 수 있다.

사회성이 뛰어난 사람들은 이용 가능한 사회적 신호에서 식별 가능한 패턴을 찾아냄으로써, 상대방이 무슨 생각을 하고 어떤 감정을 느끼는지 즉각 알아차린다. 중학교 2학년 대수학 문제로 사고실험을 해보자. 다음은 나란히 적힌 오른쪽 숫자들을 합해 왼쪽의 x값을 구하는 문제다.

$(x=3+2+1)$

$(x=6)$

'$x=3+2+c$'처럼 방정식의 오른쪽에 미지수가 있을 경우 이 문제는 풀 수 없다. 마찬가지로 서툰 사람들은 사회 상황 속 여러 미지수 때문에 사회생활에 어려움을 겪는다. 그들은 사람들의 얼굴을 보며 몇 가지 중요한 사회적 신호를 찾아야 한다는 사실을 잊어버리는 바람에 이 신호들을 놓칠 가능성이 있다. 또는 다른 사람들이 무슨 생각을 하는지, 어떤 감정을 느끼는지에 대한 미스터리를 풀려고 할 때 그들의 어조에서 자연스럽게 신호를 포착하지 못해 그러한 신호를 놓칠 수도 있다. 하지만 '6=3+2+c'처럼 누군가 x값을 알려준다면, 역으로 계산해 이 문제를 풀 수 있다.

두번째 문제는 c값이 미지수이기에 모든 값이 어떻게 맞물려 있는지 첫번째 문제만큼 깔끔히 정리되지 않는다. 하지만 x값을 알 경우에는 조금만 생각하면 그 문제를 풀 수 있다. 마찬가지로 서툰 사람들은 다른 사람들의 마음을 헤아리고자 할 때 사회적 신호를 조합하는 데 시간이 더 걸린다. 그들은 중요한 사회적 신호를 놓칠 수도 있는데, 사회적 신호가 그들의 마음속에 나란히 적혀 있지 않기 때문이다. 다행히 연구원들이 사람들 간의 사회활동을 지배하는 '미지의 요인x-factor'들을 알아냈고, 덕분에 서툰 이들은 사회성이 뛰어난 사람들과 동일한 결론에 도달할 수 있는 기회가 생겼다. 물론 결론에 도달하는 과정 자체는 약간 다르지만 말이다.

호감 가는 사람들의 마음이론

만약 당신이 독심술을 부릴 수 있다면, 가장 호감 가는 사람의 마음에서 과연 무엇을 발견할 수 있을까? 첫번째 과제는 올바른 타깃을 선정하는 일일 것이다. 호감 가는 사람과 인기 있는 사람은 분명 다르기 때문이다. 발달심리학자들은 얼마나 많은 사람들이 특정인을 협조적이고 유쾌한 사람으로 인식하느냐를 기준으로 호감도를 정의한다. 반면 인기도는 얼마나 많은 사람들이 특정인을 영향력 있고 힘센 사람으로 인식하느냐를 기준으로 정의한다. 연구원들이 중고등학생들 사이의 사회적 인식을 분석한 결과, 호감도와 인기도 간에는 약간의 관련성밖에 없는 것으로 드러났다.

인기 있고 호감 가는 사람들 모두 사회성이 뛰어난 경향이 있지만, 인기를 중요하게 생각하는 사람들은 사회적 지위를 높이거나 사회적 계층에서 그들의 자리를 지키기 위해 마음을 읽는 기술을 사용한다. 반면 호감 가는 사람들은 공정하고 조화롭게 행동하기 위해 마음을 읽는 기술을 사용할 가능성이 더 높다. 다시 말해 인기에 좌우되는 사람들은 특정 상황에 접근할 때 '그것이 어떤 측면에서 내게 도움이 될까?'를 생각하는 반면, 호감 가는 사람들은 '내가 어떤 도움을 줄 수 있을까?'를 생각한다.

인기를 중요시하는 사람들은 단기적인 사회적 이득에 주목하는 경향이 있다. 하지만 영향력을 키우는 과정에서 사회자본 잠식이 수반될 수밖에 없다. 이들은 험담, 조작, 사적이익을 위해 타인을 깎아내리기 등 사회자본을 좀먹는 전술을 구사할 가능성이 높다. 호감 가는 사람들이 항상 인스타그램에서 팔로워를 가장 많이 거느리는 것은 아니고, 또 동창회에서 늘 킹이나 퀸으로 뽑히는 것은 아니지만, 행복하고 자존감이 높으며 진한 우정을 나눌 가능성이 높다. 인기도는 지속 가능한 사업계획 없이 최신 유행의 고위험 기업들에 투자해 경제적 안정을 이루려 하는 것과 같은 반면, 호감도는 우량주에 분산투자해 경제적 안정을 도모하려는 것과 같다.

호감 가는 이들이 지속 가능한 유대관계를 형성할 가능성이 더 높다고 한다면, 그들이 어떻게 생각하고 느끼는지 머릿속을 들여다볼 가치가 있다. 퍼듀대학교의 토머스 베른트Thomas Berndt는 사람들이 어떻게 우정을 쌓고 유지해나가는지 연구하는 데 많은 시간을 쏟았다. 우정에 관한 연구 보고에서 그는 호감 가는 사람들은 우정에 대해 독특한 시각을 갖고 있으며, 이것이 사회적 인식 및 행동에 영향을 끼치고 있다고 설명한다. 페이스북이나 인스타그램에서 '#우정friendship'을 검색해보면 어떤 특성을 지닌 사람들이 좋은 친구가 되는지를 훈훈한 시선으로 보여주는 수백 개의 밈meme(동물이나 사람 사진에 웃기는 말들을 붙여 만든 재미있는 이미지—옮긴이)을 쉽게 찾을 수 있다. 하지만 경험을 바탕으로 한 대답은 아주 간단하다. 호감 가는 사람이란 공정함, 친절함, 충직함이라는 세 가지 핵심 가치를 삶의 원동력으로 삼는 사람이다.

공정함은 아이들이 자라면서 제일 먼저 익히는 사회적 기대 중 하나다. 차례대로 번갈아가면서 게임을 하는 것이든, 만족감을 비슷하게 느끼게끔 장난감을 공유하는 것이든, 공정함이란 모두가 동등한 대우를 받아야 한다는 인식을 담고 있다. 한 아이가 두 번 연달아 게임을 하거나 가장 좋은 장난감을 독점하다시피 한다면, 아이들은 울음을 터뜨리거나 성질을 부린다. 동등한 대우를 받으리라는 기대가 충족되지 못한 게 못마땅하기 때문이다. 어른이 되어서도 번갈아 설거지를 한다든지, 텔레비전 리모컨을 독점하지 않는다든지 등 '구체적인' 일에서 사람들은 여전히 공정함을 기대한다. 어른이 되면 공정함이 더 복잡해질 수 있다. 다른 사람과 함께 나눠야 하는 대상이, 자신에게 공감해준 사람에게 공감으로 답하거나 과거 자신을 용서했던 사람을 용서하는 일같이 '추상적' 개념일 수 있기 때문이다. 어른들은 자신의 공감이나 사려 깊은 행동이 보상받지 못한다는 생각이 들 때 친구나 직장 동료, 애인에게 염증을 느끼게 된다.

아이들은 궁극적으로 인간관계가 '하나를 주고 하나를 받는' 관계 이상이라는 것을 이해한다. 그들은 '내가 네 등을 긁어줄게. 하지만 내가 또 등을 긁어주길 바란다면, 네가 먼저 내 등을 긁어줘야 해'라는 사고방식 속에 내재한 한계를 깨닫기 시작한다. 아이들은 "너 먼저 가" 혹은 "네가 가장 좋은 장난감을 갖고 놀아"라고 말함으로써 공정함을 넘어 솔선수범을 보이기 시작한다. 그들은 이러한 사소한 희생이 상대방과 한걸음 더 가까워지고, 자신이 다른 사회 구성원들의 행복에 기여하고 있다는 메시지를 은근히 전할 길임을 배운다. 친절한 아이들과 어른들은 대부분의 사람들이 공정하리라 믿기에, 누군가를 사귈 때 처음부터 마음의 문을 활짝 연다. 친절한 사람들은 모든 이가 자신이 속한 집단에 이바지할 길을 적극적으로 모색할 때, 구성원 모두가 더 많은 혜택을 누리게 된다는 인과응보식 믿음을 갖고 있다.

공정하게 행동하는 수준을 넘어 자신을 희생하면서 솔선수범하는 이를 볼 때, 사람들은 고마움을 느낀다. 그리고 그런 고마움 덕분에 솔선하는 이에게 마음이 끌리게 되고, 그런 감정은 친절한 행동에 보답하도록 동기를 부여한다. 노스캐롤라이나대학교 채플힐캠퍼스의 사회학자 세라 앨고어Sara Algoe는 고마움을 느낀 사람들이 그에 대한 보답을 할 때 자신이 받은 것 이상으로 갚아주려는 경향이 있다는 사실을 발견했다. 아마 공정함을 잃지 않기 위해 더 많이 주는 것이겠지만. 받은 것 이상으로 돌려주는 것 역시 친절함을 베푸는 일이다. 친절에 보답할 때 상대방은 감사함을 느끼고, 이러한 감정이 또다시 친절을 베풀도록 동기를 부여하므로 감사하는 마음과 친절한 행동은 선순환한다.

친절함은 호감 가는 사람들의 세번째 특징인 충직함을 낳는다. 우정이 존재하는 사회적 시장은 출입이 자유로운 '열린 시장'이다. 사람들은 편의에 따라 자유롭게 인간관계를 맺을 수도 정리할 수도 있다. 그러나 충직한 사람들은 관계를 정리하는 게 자신에게 더 유리할 때도 우정을 지켜나간다. 직장생활에서 최악의 상황에 직면하든, 남자친구한테 실연을 당하든, 친구들에게 따돌림을 당하든, 삶에서 내리막길을 걷고 있다면 아무리 잘난 사람도 자존감을 상실할 수 있다. 그런데 스스로 자존감이 떨어지는 것을 느낄 때도, 당신에 대한 평가를 바꾸지 않는 친구들이 있다. 심지어 우정을 돈독히 하려 더 많은 노력을 기울이는 친구들도 있다. 단기적 시각에서는 비논리적으로 보인다. 사람들 각각이 우정에 쏟는 노력의 양이 같지 않기 때문이다. 하지만 우정을 지켜나가는 충직함 이면에는 때로 눈에 보이지 않는 논리가 존재한다.

충직한 친구들은 당신에 대한 믿음을 갖고 있다. 그들은 당신이 자기들 삶에 독특한 기여를 하리라 믿는다. 돈이나 권력, 사회적 지위 같은 외적 요인 때문에 당신을 소중히 여기는 것이 아니다. 그들은 당신이 시련을 이겨내리라 믿으며, 역경을 딛고 일어나 더 나은 사람으로 거듭나리라 믿는다. 또 현재의 당신만이 아니라 미래의 당신에 대한 믿음도 갖고 있다. 충직한 친구, 즉 당신이 어떤 사람인지 알고 그런 당신과의 우정을 지키기 위해 흔들림 없이 장기적으로 시간과 노력을 투자하는 사람을 얻는 일보다 삶에서 중요한 일은 많지 않다.

다른 사람의 마음을 읽는 초능력을 갖고 있다면, 호감 가는 사람들

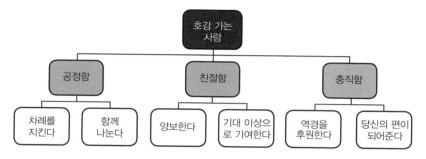

그림 5.1 우정의 대표적인 특성

의 마음이 세 가지 친사회적 가치인 공정함, 친절함, 충직함을 중심으로 구성된다는 것을 알 수 있을 것이다. 호감 가는 사람은 다른 사람을 평가할 때 이 세 가지 핵심 가치를 사용하며, 또 스스로 이 가치에 부합하는 행동을 하려 한다. 물론 우정에 대한 이 실증적인 접근방식은 답을 찾는 하나의 방법에 지나지 않으며, 다른 문화나 종교에서는 다른 일련의 가치를 우정의 특성으로 꼽을 수도 있다. 그렇지만 이 세 가지 친사회적 가치관은 어느 문화에서든 종교적·영적 전통을 초월하는 듯하다.

이 세 가지 핵심 가치는 다른 사람들이 무슨 생각을 하고 어떤 감정을 갖고 있는지 알고 싶어하는 서툰 사람들에게, 그 문제를 역으로 풀어나갈 방법을 제공한다. 다시 말해 서툰 사람들은 개별적인 신호들을 조합해 다른 사람들의 의도나 숨은 뜻을 알아내는 대신, 호감 가는 이들이 세 가지 잣대로 자신들을 평가하고 공정함, 친절함, 충직함을 구현하고자 특정 행동을 한다는 가정을 문제풀이의 출발점으로 삼을 수 있다.

하지만 모든 사람이 호감 가는 사람이 되고 싶어하지는 않는다. 권력이나 탐욕 때문에 특정 행동을 하는 사람들도 있고, 다른 사람의 선의를 이용하려 하는 사람들도 있다. 이는 주의깊게 고려할 필요가 있는 몇몇 복잡한 문제를 만들어낸다.

악당들은 사회성이 뛰어나다

어느 연령대에나 약자를 괴롭히는 악당들이 있다. 놀이터의 전형적인 악당들은 줄서서 기다리는 아이들을 밀어내고, 점심값을 빼앗고, 약자가 가진 차이점을 대놓고 놀려 댄다. 청소년 시절 이런 아이들은 사회적으로 약한 또래를 공공연히 모욕하기도 하고, 자신보다 힘센 또래에 대해 나쁜 소문을 퍼뜨리기도 한다. 심지어 어른이 되어서도 정당한 몫 이상을 챙기려 하고, 자기 이익을 위해 다른 사람을 교묘히 이용하며, 자신보다 힘없는 사람들을 괴롭히는 악당들이 있다. 직장 내 괴롭힘 연구소Workplace Bullying Institute가 실시한 설문조사에 따르면, 근로자의 35퍼센트가 직장에서 괴롭힘을 당한 적이 있으며 15퍼센트는 직장 내 괴롭힘을 목격한 적이 있다고 한다. 여기서 괴롭힘은 협박, 모욕, 업무방해 같은 행위를 포함한 반복적인 학대를 의미한다.

다양한 연령대의 악당을 조사한 결과에서 가장 당혹스러운 점은 그들이 무식하지 않다는 것이다. 수많은 연구결과에 따르면, 그들은 사람의 마음을 읽는 능력이 보통 사람보다 뛰어나고, 뛰어난 사회성을 이용해 다른 사람들을 조종함으로써 이기적인 목표를 이뤄나간다. 파도바대학교의 잔루카 지니Gianluca Gini와 동료들은 악당들이 정말 도덕적 추론 능력이 떨어지는지, 즉 옳고 그름을 제대로 구분하지 못하는지 조사했다. 그들은 아홉 살에서 열세 살 사이의 700명이 넘는 어린이 표본을 대상으로 악당, 약자, 악당에 맞서 약자를 대변하는 약자 지킴이는 도덕적 추론 능력에 어떤 차이가 있는지 살펴보았다. 악당들은 약자 지킴이들만큼 건전한 도덕적 추론 능력을 갖고 있었고, 두 집단 모두 도덕적 추론 능력에서 약자들보다 높은 점수를 받았다. 그렇지만 악당들은 연민을 느끼는 정도가 매우 낮았고, 약자들이 치를 감정적 대가보다 사적이익을 우선시함으로써 비도덕적인 행위를 합리화할 가능성이 훨씬 높았다.

악당들은 뛰어난 사회성을 이용해, 보복할 가능성이 낮은 사람들을 표적으로 삼는다. 153개의 연구에 대한 메타분석을 통해 워싱턴대학교의 클레이턴 쿡Clayton Cook과 캘리포니아대학교 리버사이드캠퍼스에 있는 그의 동료들은 성별, 인종, 낮은 자존감과 열악한 가정환경 등 악당들의 표적이 되는 수십 가지 위험 요소를 살펴보았다. 많은 요소가 괴롭힘을 당할 위험과 관련이 있었지만, 가장 큰 위험 요소는 사회성 부족과 또래 사이에서의 낮은 지위였다. 사회성이 부족하고 또래 사이에서 지위가 낮은 서툰 아이에게, 이는 불행한 상황이 아닐 수 없다. 또래 아이들이 악당들을 좋아하지 않는다고 해도, 악당들은 종종 상당한 사회적 힘과 영향력을 행사하고, 사회적 역학관계를 정확히 간파하며 상황에 맞춰 카리스마를 발휘하는 경향이 있기 때문이다.

서툰 아이들은 일반적인 사회적 기대를 충족하는 데 이미 어려움을 겪고 있기에, 악당들이 파놓은 교묘한 함정에 빠지지 않고자 하는 일이 전적으로 혼란스러울 수 있다. 또 서툰 아이들은 괴롭힘을 당하고 있다고 강력히 주장하지 못할 수 있다. 악당들이 의도적으로 옳고 그름의 경계를 모호하게 만드는 교묘한 방법으로 괴롭히기 때문이다. 서툰 아이들은 자신이 부당한 취급을 받고 있는지 잘 모를 수 있고, 그에 어떻게 대처해야 하는지는 더더욱 모를 수 있다.

운좋게도 괴롭힘의 희생자들에게 자신의 편에 서주는 약자 지킴이가 있다면, 그가 치른 사회적 대가를 알아주는 게 중요하다. 텍사스대학교 메디컬센터의 라쉬미 셰트기리Rashmi Shetgiri는 초등학교 6학년부터 고등학교 1학년까지의 학생 354명을 조사했고, 그 결과 약자 지킴이들이 악당들에게 괴롭힘을 당할 위험이 크게 증가한다는 것을 발견했다. 이는 또래 아이들이 괴롭힘을 당하는 약자들의 편에 몇 차례 서다보면, 그들도 결국 괴롭힘을 당하는 위치에 놓인다는 것을 시사한다. 따라서 약자들은 약자 지킴이들이 자신의 사회자본을 선별적으로 쓸 수밖에 없는 입장이라는 점을 반드시 고려해야 한다. 이는 약자 지킴들이 약자를 지키는 데 수반되는 사회적 대가를 끝없이 감수하리라 생각해서는 안 된다는 뜻이다. 서툰 아이들은 스스로 사회성을 기르고, 또래 사이에서 자기 위치를 끌어올릴 방법을 찾아야 한다. 물론 말이 쉽지 행하기는 어려운 법이다. 또 형평성을 맞추고 고마움을 표하기 위해, 서툰 이들은 호의를 베풀어준 약자 지킴이들에게 보답할 방법이나 적어도 감사를 표할 나름의 방법들을 모색할 필요가 있다.

어른이 된다고 악당들이 사라지는 건 아니다. 과거 악당이었던 사람 가운데 바뀌는 이들이 일부 있기는 하지만, 악당이었던 아이들이 악당인 어른으로 성장하는 경향이 있음을 말해주는 연구들이 점점 많아지고 있다. 그들은 직장에서 근로자를 교묘히 조종하는 관리자나 정신적 폭력을 행사하는 배우자, 혹은 원하는 것을 손에 넣기 위해 도둑질을 하거나 물리적 폭력을 가하는 범죄자가 될 수 있다. 가장 심각한 유형의 어른 악당은 누군가에게 해를 끼치는데 아무런 양심의 가책도 느끼지 않으면서, 다른 사람의 호의를 악용해 사적이익을 취하려 호시탐탐 기회를 노리는 소시오패스다. 전체 인구 중 약 1퍼센트가 소시오패스 진단을 받을 가능성이 있다. 하지만 친사회적이라기보다 이기적으로 분류될 수 있는 이는 10~15퍼센트에 이른다. 어떤 사람들은 자기밖에 모르고, 탐욕스러우며 권력에 굶주린 경향이 있다. 이들은 서슴없이 정당한 몫 이상을 챙기려 한다.

물론 친절을 베풀고 신의를 지키고자 하는 이는, 누군가를 신뢰함에 있어 신중을 기할 필요가 있다. 악당들의 행동이 감당하기 버거운 결과를 초래할 수 있기 때문이다. 그렇다고 인간의 본성을 지나치게 비관하거나 의심해서도 안 된다. 심한 괴롭힘을 당한 서툰 아이들의 경우에는 특히 그렇다. 만성적 괴롭힘에 시달리는 아이들이 어쩌다 다른 이들에게 신물을 느끼게 되는지, 혹은 어떻게 자신을 보호할 요량으로 먼저 공격적인 태도를 취하게 되는지 이해하는 건 어렵지 않다. 하지만 그러한 태도가 전반적으로 굳어지면 좋은 사람들과 어울리기가 어려워진다. 서툰 사람이든 그렇지 않은 사람이든 한편으로는 자신을 보호하면서, 다른 한편으로는 타인에게 이용당할 위험을 감수하면서 지속적으로 친절을 베풀고 신의를 지켜나갈 방법을 찾아내기란 결코 쉽지 않다.

자신을 보호하는 일과 능동적으로 친절을 베푸는 일 사이의 균형을 잡으려고 노력할 때, 사람들은 서로를 알아가는 과정에서 어느 정도 친절을 베풀고 이타심을 발휘할지 신중히 따져봄으로써 감수해야 할 위험을 최소화할 수 있다. 이러한 접근법은 친절하고 충직한 사람들이 스스로를 보호하는 동시에, 잠재적 친구들에게 이타심을 발휘하고 고마움을 표현하는 선순환을 일으킨다.

감정은행계좌의 잔고가 마이너스일 때

워싱턴대학교의 존 가트맨과 동료들은 수십 년 동안 부부들과 초등학생들의 긍정적인 행동 및 부정적인 행동들을 관찰했다. 인간관계를 연구하는 많은 연구원은 분노나 갈등 상황에서 입을 다물거나 무반응을 보이는 일 같은 부정적인 행동에 초점을 맞추지만, 사람과 사람 사이의 행동을 이해하려면 부정적인 행동과 긍정적인 행동의 비율에 주목해야 한다. 상대방에게 잘생겼다는 기분좋은 말을 하는 것, 상대방이 그날 거둔 사소한 성과를 귀기울여 들어주는 것, 좋아하는 컵케이크를 선물해 동료를 흐뭇하게 해주는 것 같은 사소한 행동도 긍정적인 행동이 될 수 있는 것으로 드러났다.

가트맨은 사람들이 긍정적인 행동과 부정적인 행동을 마음속으로 세고 있다는 것을 발견했다. 그는 부정적인 행동 대 긍정적인 행동의 이러한 비율을 '감정은행계좌emotional bank account'를 통해 설명한다. 다른 사람들과 우호적인 관계를 유지하려면, 부정적인 행동 대 긍정적인 행동의 비율을 1:4 또는 1:5 정도로 맞춰야 한다. 친구를 만나서 반갑게 인사를 나눴고, 그의 외모를 칭찬했으며, 감자튀김을 나눠먹었고, 그의 걱정에 깊이 공감하는, 네 가지 긍정적인 행동을 했다고 해보자. 그러고는 오늘이 친구의 생일인 것을 잊어버리는 부주의한 실수로 그의 마음을 상하게 했다고 해보자. 이날의 상호작용으로 그의 마음속에 당신 이름으로 개설된 감정계좌는 잔고가 '0원'이 되었을 것이다. 초반에 네 가지 긍정적인 행동을 하지 않았더라면, 감정계좌 잔고가 마이너스가 되었을 수도 있다. 따라서 잔고가 0원이 된 결과는 그리 나쁘지 않다. 감정은행계좌의 잔고가 마이너스가 되면 이자가 발생하므로, 잔고가 마이너스가 아닌 상태에서 헤어진 것을 다행으로 생각해야 한다.

가트맨은 그날 하루가 끝난다고 마음속 감정계좌가 사라지지 않고 그다음 만남으로 이월된다는 사실을 발견했다. 당신이 누군가의 마음속에 마이너스 잔고를 남긴 상태로 헤어졌다면 이는 언짢은 소식이겠지만, 잔고가 플러스인 상태에서 헤어졌다면 이는 반가운 소식이다. 마이너스 잔고로 헤어질 경우 상대방이 마음을 갉아먹는 분노를 품을 수 있고, 이 때문에 기본적으로 이자비용이 점점 증가해 '정서적 부채'가 점점 늘어날 수도 있다. 다행인 것은 플러스 잔고인 상태에서 헤어질 때에는 신뢰가 점점 더 쌓일 수 있으며, 이는 예금에 이자가 붙는 것과 같다는 것이다.

여기서 취할 수 있는 한 가지 전략은 가급적 실수를 피하는 것이지만, 실수를 저지르지 않으려고 노력하는 데 초점을 맞추다보면, 불쾌할 뿐 아니라 도움도 되지 않는 불안감을 끊임없이 유발할 수 있다. 감정은행계좌 개념을 지렛대로 삼는 가장 좋은 방법은, 긍정적인 행동을 입금해 조금씩 잔고를 늘려나가는 것이다. 매일 맞닥뜨리는 수백 가지 신호와 수십 가지 사회 상황을 실패의 기회로 보기보다는, 발상의 전환을 통해 기대 이상의 기여를 할 기회로 일상 상황을 활용하도록 하자. 영웅적인 성과를 거둬야만 커다란 기여를 할 수 있다고 생각하는 이들도 있다. 하지만 일상적인 긍정적 기여의 경우 커다란 기여뿐 아니라 사소한 기여로도 거의 같은 효과를 거둘 수 있다.

　다른 사람에게서 뭔가를 얻어내기보다 조금이나마 도움이 될 방법을 고민하는 사람이 될 때, 감정은행계좌에 잔고가 쌓인다. 그리고 시간이 지남에 따라 이런 플러스 잔고는 신뢰를 강화하고 결국 당신이 좋은 사람이라는 믿음을 일궈낸다. 이때 영리하게 도움을 주는 게 중요하다. 할아버지가 생일 카드에 10달러 지폐를 끼워주면 대개 매우 감사해하지만, 1만 달러짜리 수표를 넣어주면 대부분 몹시 부담스러워할 것이다. 상대방에게 고맙다고 말한다든지 뷔페에서 사람들이 줄 서 있을 때 먼저 먹으라며 양보한다든지 하는 사소한 행동으로 티나지 않게 조금씩 잔고를 늘릴 수 있다. 또 직접 사람을 만나 호의를 베풀어 잔고를 늘리는 대신 보완책으로 휴대전화를 통해서도 잔고를 늘릴 수 있다. 누군가 중대한 시험을 앞두고 있을 때 친절한 응원 메시지를 보내거나 저녁식사 후 "재미있었어요. 함께해줘서 고마워요"라는 메시지

절친한 친구	교사 및 부모
1. 내 마음을 알아준다.	1. 내가 당황하고 있을 때 상황 설명을 해준다.
2. 다른 사람들이 내 편을 들어주지 않을 때 내 편을 들어준다.	2. 내 질문에 대답해주려 애쓴다.
3. 실수를 저질렀을 때 나를 용서해준다.	3. 공정한 대우를 해준다.
4. 정신적으로 힘들어할 때 기분을 풀어준다.	4. 더 잘하고 싶어할 때 도움을 준다.
5. 외로울 때 함께 있어준다.	5. 잘했을 때 칭찬해준다.

표 5.1 절친한 친구와 교사 및 부모가 힘을 북돋우는 행동 다섯 가지. 이는 노던일리노이대학교 연구원들이 제공한 자료로, 1600여 명의 초등학생과 중고등학생으로부터 데이터를 수집한 것이다. 학생 모두 절친한 친구의 우정과 충직함을 가장 힘을 북돋우는 요소로 꼽았다. 또 잘한 일에 대한 교사 및 부모의 칭찬과, 조언을 구했을 때 받은 성실한 조언을 가장 힘을 북돋우는 행동으로 인식했다.

를 보낼 수도 있다.

서툰 사람들은 사소한 사회적 기대를 충족하지 못하는 경향이 있기에 감정은행계좌의 잔액이 조금씩 줄어들기 쉬운 게 현실이다. 서툰 이들은 버스에서 자리에 앉으려고 몸을 돌리다가 가방으로 친구의 머리를 친 것을 알아차리지 못할 수 있고, 생일인 친구를 위해 깜짝 파티를 준비했는데 눈치 없이 그 사실을 말해버릴 수도 있다. 일부러 혹은 악의로 그렇게 행동한 게 아니라고 해도, 그러한 행동 때문에 감정계좌의 잔액이 줄어든다. 사람들이 아무 말도 하지 않더라도, 그 순간 마음속에서는 자동으로 약간의 출금이 이뤄진다.

이처럼 예상치 못한 혹은 우연한 출금 때문에, 서툰 이들은 긍정적인 행동을 통해 상대방의 마음속에 조금씩이라도 계속 입금을 함으로써 감정은행계좌의 잔고가 마이너스가 되지 않도록 혼신의 노력을 기울여야 한다. 이는 매달 조금씩 사회 보험료를 내는 것과 같다.

	기대를 충족한다	기대를 충족하지 못한다
주의를 기울인다	호감 가는 사람	서툰 사람
개의치 않는다	교묘히 조종하는 사람	악의적이거나 제멋대로인 사람

표 5.2 다른 사람들이 기대를 충족한 것, 혹은 충족하지 못한 것을 선의로 인식했을 경우와 악의로 인식했을 경우

서툰 이들은 사소한 사회적 기대를 충족하지 못하는 자신들의 어설픔이 평가 잣대가 되도록 수수방관해서는 안 된다. 서툰 사람들도 그렇지 않은 사람들도 나이가 들수록 표면적인 특성에는 주의를 덜 기울이는 대신 공정하고 친절하며 충직한 태도를 잣대로 사람들을 평가하

게 된다. 당신이 타인에게 도움되고자 최선을 다하고 있다고 선한 이들이 느낀다면, 그들은 약간의 서투름은 기꺼이 눈감아줄 것이다. 가족관계에서든 친구 사이에서든 남녀 사이에서든 보다 큰 선善에 기여할 방법을 찾는 것이야말로 지속 가능한 사회자본을 축적할 최선의 전략이다.

"아직도 이해하지 못했는가?"

카슨의 지도교수는 손에 프로젝터 코드를 잡은 채 카슨을 뚫어지게 쳐다보며 카슨이 "아직도 이해하지 못했는가?"라는 질문에 응답하길 기다렸다. 카슨은 이렇게 대답했다. "아직 이해하지 못했습니다. 이유를 모르겠습니다. 죄송합니다." 이는 카슨이 지도교수의 신의를 저버리지 않기 위해 말할 수 있는 전부였다. 카슨의 지도교수는 현명한 사람이었다. 몇 년 동안 그는 재능은 있지만 사회생활에 서툰 학생들을 지도하면서 서툰 것과 이기적인 것의 중대한 차이를 터득했다. 카슨의 지도교수가 학생들의 서툰 행동으로 곤란을 겪지는 않았지만, 그는 카슨의 자기중심적인 사소한 행동들을 서툰 행동이 아니라 고의적이고 이기적인 행동이라고 평가했다. 카슨은 학계에서 주목받는 스타가 되겠다는 야망에 모든 초점을 맞춘 탓에, 주변 사람들에게 도움을 주는 일에 거의 관심을 기울이지 않았기 때문이다. 카슨의 지도교수는 그가 다른 학생들을 도와줄 마음이 없으며, 학과사무실에서 일하는 사람들에게 무뚝뚝하게 군다는 사실을 알고 있었다. 그래서 팝업 창이 끊임없이 열린 사고를 계기로 지도교수의 마음속에 카슨 명의로 개설되어 있던 감정은행계좌의 잔고는 바닥을 드러냈다.

지도교수가 카슨의 마음속에 자리하는 선량함을 알고 있었다고 할 수는 없지만, 그는 카슨의 거슬리는 행동들이 일종의 방어기제라는 것은 알고 있었다. 학창시절부터 카슨은 서툰 아이였고 종종 괴롭힘을 당하던 외톨이였다. 많은 서툰 아이처럼 카슨은 다른 아이들과 어울릴 방법을 알아내려 최선을 다했지만, 그러한 노력에도 불구하고 그들이 자신에게 무엇을 바라는지 이해하지 못했다. 그런 상황에서 어른들은 선의를 담아 누구나 하기 마련인 "그냥 그런 아이들한테 신경쓰지 마라" "그 아이들은 커서 햄버거나 만들고 있겠지만 너는 언젠가 크게 성공할 거야" 같은 조언을 하곤 했다. 그렇지만 악당들이 무슨 말을 하든 신경쓰지 않는 식의 대처 방식은 효과를 발휘하지 못할 때가 많다. 악당들은 끊임없이 약자들을 괴롭히기 때문이다. 그리고 악당들보다 네가 더 낫다는 식의 위로는 '그들 대 나'의 대립적 사고방식을 심어준다. 서툰 아이에게 다른 아이들보다 네가 낫다고 말하면, 서툰 아이들은 우수한 성적을 거두거나 전문가로서 인정받는 지위에 오르는 것을 더 나은 사람이 되는 길로 생각하게 된다. 또래보다 전문적으로 더 우수한 성과를 거둔다고 해서 서툰 이들이 의미 있고 행복한 삶을 찾을 수 있는 건 아니다. 궁극적으로 행복을 찾을 수 있는 가장 좋은 방법은 특정 집단에 기여함으로써 그 집단의 일원으로 인정받고, 다른 사람들이 공평한 대우를 하지 않을 때도 공정성을 잃지 않으려 끈기 있게 노력하는 사람이 되는 것이다.

카슨은 대학에서 몇 가지 사건을 계기로 인생에 전환점을 맞았다. 우선 추첨운 덕분에 그는 매우 친절한 학생과 방을 같이 쓰게 되었다. 그는 카슨의 지적 능력과 예리한 재치를 진심으로 높이 평가했다. 또 카슨이 일하는 연구소에서 나이 많은 대학원생 집단이 그를 감싸주었다. 그곳에서 그는 자신의 이야기를 따분해하기보다 넋을 잃고 들어주는 사람들과 물리학에 대해 맘껏 이야기를 나눌 수 있었다. 카슨은 대학에서 위협을 덜 느끼게 되었고, 그 결과 '그다워'지며, 훨씬 더 호감 가는 사람이 되었다.

하지만 카슨은 곧 대학원생으로서 엘리트 프로그램에 참여하게 되면 경쟁이 심한 환경에 놓일 수밖에 없다는 것을 알게 되었다. 그곳은 서로 잡아먹고 잡아먹히는 세계였다. 나이든 학생들은 카슨의 잠재력을 알아챘고 그중 일부는 그를 음해할 음모를 꾸미기 시작했다. 그들은 카슨의 성공이 학교에서 자신들의 위치를 위협할 수 있다고 생각했고, 그러한 불안감을 행동으로 표출했다. 괴롭힘을 겪고 모욕당하던 카슨의 어릴 적 악몽이 재현됐다. 그는 서둘러 예전처럼 마음에 방어벽을 쳤다. 이런 방어적인 태도로 그는 연구에 온전히 몰입할 수 있었지만 주변 사람들과는 거리가 멀어졌다. 카슨에게 연구는 중요했고 그가 성공을 위해 열심히 노력해야 했던 것은 사실이지만, 눈앞에 보이는 이익에만 초점을 맞춘 근시안적 시각과 지나친 야망 때문에 그는 완전히 '비호감'으로 전락했다.

카슨의 지도교수는 응용수학 심포지엄에서 카슨이 자신을 당혹스럽게 할 의도가 없었다는 것을 알고 있었지만, 이 실수가 카슨의 평판에 중대한 결과를 초래하리라는 것도 알고 있었다. 같은 학과 사람들 대부분의 마음속에 있는 카슨 명의로 개설된 감정은행계좌에서 잔고가 마이너스라는 점을 감안할 때, 이 일은 카슨에게 감당하기 힘든 타격이 될 게 분명했다. 카슨이 동료들에게 사회적으로 존경받는 친절한 사람이었다면, 팝업 창 사건을 목격한 사람들은 그 거북스러운 순간을 일시적인 사고로 보고 백신 프로그램 오류 탓으로 돌렸을 것이다. 그렇지만 카슨은 아무런 사회적 완충장치도 갖추고 있지 않았다. 그의 지도교수는 카슨이 호감 가는 사람이 되기 위해 의도적인 노력을 기울이지 않는다면, 전문가로서의 잠재력을 온전히 발휘하는 데 필요한 사회적 유대를 형성할 수 없으리라는 점을 알고 있었다.

팝업 창 사건 이후, 카슨은 자신이 무엇을 이해하지 못했는지 철저히 되짚어보았다. 그 결과 그는 물리학은 이해했지만 사람은 이해하지 못했음을 깨달았다. 모처럼 그는 다른 사람들의 눈으로 세상을 보려 노력했고, 무엇을 이해하지 못하는지 물었을 때 다른 대학원생은 과연 뭐라고 대답할지 고민해보았다. 전적으로 좋은 의도에서 카슨은 학과를 중심으로 사회과학 조사를 시작했고, 소수의 또래 학생들에게 대학원에서 무엇을 이해하지 못했는지 물었다. 동급생 일부는 고급 통계를 이해하지 못한 적이 있다고 말했고, 몇몇 외국인 학생들은 영어 뉘앙스를 이해하지 못한 적이 있다고 답했다. 이는 아마도 그들에게 좌절감을 주었겠지만, 고급 통계가 어려웠던 학생들은 과외를 받았고, 영어가 모국어가 아닌 학생들은 리포트를 작성하는 데 추가적인 도움을 얻고자 글쓰기 교실을 찾았다. 카슨은 기숙사에서 자신이 한 인터뷰를 바탕으로 이론을 세우던 중, 동급생들은 이해하지 못한 것을 알아내기 위해 노력했지만, 자신은 다른 이들과 잘 지낼 방법을 찾기 위한 어떤 노력도 기울이지 않았다는 사실을 깨달았다.

카슨은 자신이 어떤 태도를 갖고 있는지 열심히 조사했다. 우선 그는 지도교수실을 찾아갔다. 그곳에서 그는 또 한 차례 사과했고, 자신이 이해하지 못한 것이 정확히 무엇인지 '가감 없이 진솔한' 조언을 구했다. 지도교수는 카슨이 대학원 연구와 전문가활동에서 뛰어난 성과를 거둘 수 없었던 이유를 상세히 설명했다. 설명인즉 과학은 단독 작업이 아니라 공동작업이라는 것이었다. 카슨은 그의 조언을 꼼꼼히 받아 적었다. 지도교수는 위대한 과학적 발견 가운데 많은 연구가 공동연구에서 나왔으며, 때때로 과학자들은 매우 다른 시각을 지닌 사람들에게 마음의 문을 활짝 열 필요가 있다는 것을 일일이 사례를 들어 설명했다. 카슨은 상세한 피드백과 구체적인 사례들에 공감했고, 교수실을 나서며 지도교수와의 마음의 거리가 한층 좁혀졌다는 것을 느꼈다. 그는 대학원에서의 성공이 의미하는 바에 대한 시각을 바꾸리라 마음먹었다.

카슨은 학업에서 우수한 성적을 거둠으로써 사회적 관계도 좋아지길 바랐지만, 99.99퍼센트의 사람들이 논문 발표 기록이나 전문 자격증의 권위를 바탕으로 호감도를 판단하지 않는다는 것을 깨달았다. 물리학이 그의 적성에 맞았기에 그가 그런 환상을 품었던 일은 충분히 이해할 수 있다. 그러나 그는 짬을 내어 동료의 실험을 도와준다든지 동료가 마라톤 경주에 참가할 때 응원하러 간다든지 하는 사소한 행동이, 전문가로서의 지위나 힘보다 사람들의 마음에 더 큰 영향을 끼친다는 사실을 깨달았다. 사람들을 사귐에 있어 그의 달라진 접근방식, 다시 말해 다른 사람부터 도와주고 자기 이익은 그다음에 챙기려는 의지가 상식처럼 보일 수도 있다. 하지만 이는 어떤 사람들은 평생 깨닫지 못하기도 하고 심지어 가끔은 훌륭한 사람들조차 잊어버리는 시각이다.

나는 캠퍼스에서 우연히 카슨을 만났다. 당시 카슨은 박사과정 졸업을 앞두고 있었다. 대학교 졸업 후 나는 그를 만난 적이 없었다. 그는 여전히 서툰 모습을 보였지만 자신의 학과사무실을 구경시켜주었을 때 사람들은 대체로 그를 좋아했고, 그에게 큰 호감을 갖는 사람들도 있었다. 사람과 사람 사이에 존재하는 우정의 끈과 관련해 카슨이 이해하게 된 것은 다른 사람들보다 더 높이 날아오를 때가 아니라, 장기적으로 중요한 친사회적 가치관을 형성할 때 사람들의 마음을 자석처럼 강력하게 끌어당긴다는 점이다. 그는 공정하고 친절하며 충직한 사람이 되겠다고 마음먹고서 더욱 실력 있는 사람이 되었고, 덕분에 커다란 영향력을 지닌 이들을 자신의 궤도로 끌어당길 수 있었다.

2부

|

세상은 나날이 복잡해지고, 사람들은 갈수록 서툴러진다:

현대사회의 변화는 어떻게 모든 이의 서투름을 심화시키는가

6장

서툰 아이 키우기

중학교 3학년까지 나는 학업성적이 부진했고 육상팀의 약 3.2킬로미터 경주에서 항상 평균 이하의 성적을 거뒀다. 내 사회성 발달은 수확체감의 법칙(어떤 자원을 투자해 거둘 수 있는 이익이 점점 줄어드는 현상─옮긴이)이 적용되는 지점에 이르러 있었다. 3학년 2학기가 끝나갈 무렵 가족 식사 자리에서 부모님이 중대한 결정을 내린 사실을 알렸다. "이건 우리 둘이 함께 상의해서 내린 결론이다." 부모님은 어떤 결정이 협상의 여지가 없는 명령일 경우 늘 이런 식으로 말을 꺼냈다. 부모님은 나를 중학교 친구들이 진학하는 곳과 다른 고등학교로 보내기로 결정했다. 사춘기 아이들이 흔히 그러듯 나는 반감부터 드러냈지만, 마음속으로는 환경 변화가 기분전환의 계기가 되리라는 것을 알고 있었다.

전문성과 성숙함이 성공적인 학교생활의 열쇠가 아니라는 사실을 깨닫고 나서, 나는 고등학교 생활을 위해 어떤 준비를 해야 할지 결정하지 못했다. 나는 여느 서툰 아이들과 같은 사회적 열망을 품고 고등학교 생활을 시작했다. 약자를 괴롭히는 악당들에게 빌미를 제공할 만한 일은 가급적 피하고, 믿을 만한 친구 몇 명을 사귀고 싶었던 것이다. 다행히 고등학교 생활은 내 바람보다 훨씬 순조롭게 풀렸다. 시작부터 몇 가지 행운을 붙잡았기 때문이다. 어릴 적 친구 가운데 한 명은 열다섯 살 즈음 신장이 190센티미터가 넘더니 고등학교 미식축구팀의 실력 있는 러닝백이 되었다. 우리는 로커를 함께 쓰는 사이였고 그는 매우 좋은 친구였다. 그는 나를 감싸고돌았고, 공격수로 뛰는 그의 친구 몇몇도 나를 보호해줬다. 나는 '로커에 내동댕이쳐질 위험이 항상 있는, 아무런 사회자본도 축적하지 못한 비쩍 마른 아이'에서 '친구들에게 보호받으며 사회자본을 빌려온 비쩍 마른 아이'로 갑자기 운명이 바뀌었다. 이는 고등학교 기준에서 커다란 발전이었다.

나의 고등학교 생활은 사회적 측면에서는 순풍에 돛을 단 듯했지만, 학업에서는 여러 교과목에서 계속 부진을 면치 못했다. 비교적 품행이 단정하지만 C학점을 받는 나 같은 학생보다 더 심각한 문제가 많았기에 선생님들은 나를 크게 신경쓰지 않았다. 그런데 화학을 가르치는 제트 선생님은 내 부진한 성적에 날카로운 관심을 보였다. 그는 학생들이 자신의 동유럽계 성^姓을 잘못 발음하는 것을 참을 수 없으므로 수업 첫날 그냥 '제트' 선생님이라고 부르라 했다. 소문에 따르면 제트 선생님은 25년 동안 고등학교에서 화학을 가르치며 늘 똑같은 옷차림으로 다녔다고 했다. 그는 스웨터 조끼에 풀먹인 셔츠와 카키색 바지를 입고 광이 나는 갈색 옥스퍼드화를 신고 다녔다. 그는 항상 시간을 정확히 지켰고, 비디오를 보여주며 연습문제를 풀게 하는 수업은 결코 하지 않았다. 또한 콜로라도주에서 그는 자신의 연령대에서 실력 있는 철인3종경기 선수였다. 경멸적 표현을 활용해 자신을 소개하는 게 흔치 않던 시절부터 그는 자칭 '너드'였다. 그는 서툰 사람이었지만 자신과 학생들에게 탁월함에 대한 엄격한 기대를 가지고 있었고, 그러한 기대에 가려서 서툰 성격적 특성이 눈에 잘 띄지 않았다. 그의 기대는 대부분의 고등학생에게 무리한 요구로 느껴졌다.

어느 날 제트 선생님이 부모님한테 전화를 걸었다. 내가 화학 수업에서 꾸준히 C+를 받았음에도 불구하고 그는 "화학에서 부진한 성적을 거둘 위기에 처해 있다"고 말했다. 내가 좋은 성적을 거두고 있지는 않았지만, 그렇다고 낙제를 받을 상황도 분명 아니었다. 제트 선생님은 내가 제대로 잠재력을 발휘할 때까지, 화학 숙제에서 내가 못 푼 문제들을 학교에 남아서 풀고 가야 한다고 말했다. 나는 몹시 화가 났다. 방과후 친구들과 어울릴 시간을 뺏기는 일은 상상도 할 수 없었다. 내 사회성이 점점 좋아지고 있는 상황에서, 제트 선생님의 방과후 수업은 학교를 마치고 아이들과 어울릴 중요한 기회를 침해할 게 분명했다.

숙제에서 틀린 문제를 고치기 위해 제트 선생님의 방과후 수업에 처음으로 참여했을 때, 다른 어떤 학생도 이런 처벌을 받지 않았다는 것을 깨달았다. 문제를 풀기 위해 칠판 앞에 섰지만 분노로 손이 부들부들 떨리는 바람에 분필을 제대로 잡기 어려웠다. 여러 값을 입력해 화학반응식을 적는데, 분필 조각들이 마치 불꽃처럼 칠판에서 튀었다. 그러다가 실수를 저질렀고, 제트 선생님은 "부주의한 실수야"라는 말로 나를 멈추게 했다. 나는 고개를 옆으로 삐딱하게 기울인 채 입을 떡 벌리며 이맛살을 찌푸렸다. 얼굴이 벌겋게 달아오르는 것을 느낄 수 있었다.

어느 금요일 오후, 방과후 수업 때문에 산장에서 친구들과 주말을 보낼 기회를 놓쳤다. 고등학생 입장에서 이런 사회적 기회를 놓친 일은 세상이 무너지는 것과 같다. 나를 데리러 학교로 온 아버지는 내 화난 표정을 보았다. 그는 내가 무슨 생각을 하는지 정확히 알았다. '제트 선생님이 방해하지 않았으면 이런 일은 없었을 텐데……' 아버지는 내가 다니는 고등학교의 교감선생님이었고, 제트 선생님과 몇 년 동안 알고 지낸 사이였다. 아버지는 내가 제트 선생님의 의도를 이해할 수 있도록, 약간의 상황 설명을 해줄 필요가 있다고 판단했다. 아버지는 이렇게 물었다. "제트 선생님이 엄마 아빠도 없이 자란 건 알고 있었니?"

이는 몰랐던 사실이었다. 제트 선생님 수업을 듣는 학생들은, 그가 화학을 열성적으로 가르치는 자칭 '너드'라는 것 말고는 그에 대해 아무것도 몰랐다. 아버지는 제트 선생님이 동유럽에 있는 한 고아원에서 자랐으며 세 살 즈음에 미국인 가정으로 입양되었다고 설명했다. 양부모가 약 2년 뒤 그를 계속 키울 수 없다고 하는 바람에, 그는 어린 시절 내내 위탁가정을 떠돌아야 했다. 그가 열세 살이 되었을 때, 어느 나이든 부부가 그를 영구 입양했다. 그들은 둘 다 성공한 과학 교수로, 제트 선생님을 사회부적응자가 아니라 과학적 재능을 지닌 조숙한 소년으로 보았다. 그가 학교 수업을 지루해하는 것도 그 때문이므로, 그들은 그에게 커다란 에너지를 긍정적인 방향으로 이끌어줄 체계가 필요하다고 생각했다.

제트 선생님의 양부모는 삶에 체계적으로 접근할 방법을 제시해주었는데, 이는 그가 절실히 필요로 하던 것이었다. 그는 저녁식사 시간에 양부모가 들려주는 과학적 발견이나 전설적인 과학자들에 대한 소소한 이야기를 매우 좋아했다. 고등학교를 졸업할 무렵 제트 선생님은 반에서 1등을 도맡아 했고, 주州 대표 장거리 달리기 선수로 활약했으며, 해군사관학교 입학허가도 받아놓은 상태였다. 과학 전공으로 대학을 졸업하고 그는 군부대의 주요 프로젝트 담당 엔지니어로 활동하면서 장교로 빠르게 승진했다. 복무기간이 끝나갈 무렵 그는 해군에서 고속승진을 이어갈 수도 있었고, 민간 방위산업체들의 고액 연봉 제의를 받아들일 수도 있었다. 하지만 그는 그 두 가지 길 대신, 교사자격증을 따서 수업시간에 최소한의 의무만 다해 낙제만 겨우 면하려는 아이들에게 자극제가 되어주기로 마음먹었다.

제트 선생님에 대한 이야기를 들려주고서 아버지는 내가 방과후 수업을 받는 이유를 이렇게 설명했다. "제트 선생님이 엄하게 구는 이유는 네 미래를 염려하기 때문이란다. 네가 화학을 좋아하지 않는 건 알고 있다. 과학적 방법이나 통계에 흥미가 없다는 것도 알고 있다. 그렇지만 제트 선생님은 과학이 더 나은 삶으로 가는 길이라고 믿고 있다는 걸 네가 알아주면 좋겠다. 이것이 너를 도와주는 제트 선생님 나름의 방법이란다." 나는 몇 주 동안 제트 선생님에 대해 아버지가 들려준 이야기를 곰곰이 생각했다. 덕분에 방과후 수업에 대한 반감이 줄어들었을 뿐 아니라, 제트 선생님 같은 사람은 어떻게 그토록 높은 자리에서 그렇게 많은 일을 이뤄냈는지에 궁금해졌다. 교육계의 오래된 질문인, 우수한 성과가 선천적 기질nature에 기인한 것인지 아니면 후천적 교육nurture 덕분인지 궁금했다. 제트 선생님의 현재 모습에 타고난 기질과 입양가족이 각각 얼마나 많은 영향을 미쳤는지 알고 싶었다. 그로부터 몇 년 뒤 심리학과 대학원생이 되고 나서, 나는 그것이 이분법적으로 답할 문제가 아니라는 것을 알게 되었다. 오히려 그 답이 유전적인 영향과 살아가는 과정에서 기질을 바꿔주는 사람들 사이의 활발한 상호작용에 있다는 것을 깨달았다.

"부모님은 정말 서툴러요": 서투름의 유전성

심리치료를 받으러 온 십대들은 종종 이런 말을 한다. "그런 면에서 부모님은 정말 서툴러요." 여기서 '그런 면'이란 야구장에 갈 때 아버지의 옷차림을 의미할 수도 있고, 담임선생님을 찾아가 아이의 학교생활에 개입하는 어머니의 교육 방식을 가리킬 수도 있고, 자녀의 친구들이 집에 놀러왔을 때 멋져 보이려는 부모의 노력을 말할 수도 있다. 이러한 이야기를 들으면 나는 반바지에 검은색 양말을 신은 아버지의 옷차림이나 친구들에게 '요 녀석들'이라는 표현을 쓰는 어머니의 태도가 정말 서툰 행동임을 인정한다. 하지만 그러고는 이렇게 묻는다. "부모님 입장에서는 네가 어떤 행동을 할 때 그런 생각을 하실 것 같니?"

십대에게 상대편 입장이 되어 자신을 돌아보게 하는 이런 식의 질문을 하는 것은 위험할 수 있지만, 그들이 그러한 상황을 반긴다는 사실을 발견했다. 아이들은 다소 즐거운 마음으로 부모님이 분명 거북스러움을 느꼈을 순간들을 떠올렸다. 이를테면 십대 아이가 예상치 못하게 장시간의 생생한 섹스 장면이 있는 영화를 골랐을 때처럼 말이다. 상담 치료가 끝나갈 즈음 우리는 보통 가족의 일원으로 살아가는 일이 본질적으로 서투름을 동반할 수밖에 없다는 결론을 내리곤 했다.

가족 간에 서투름을 느끼는 순간들이 있는 것은 당연하지만, 가족구성원 각각에 거는 기대와 관련해 현대 가정이 겪는 독특한 어려움들이 있다. 캘리포니아대학교 버클리캠퍼스의 앨리슨 고프닉Alison Gopnik은 아동 발달 분야에서 선도적인 연구자다. 그녀는 심리과학협회 발표 때 가족에게 거는 기대의 변화에 대해 통찰력 있는 개요를 제시했다. 대부분의 인류 역사에서 가족구성원들은 서로 가까이에 살거나, 경우에 따라서는 한집에서 생활하면서 확대가족망에 속해 있었다. 아이들은 부모뿐 아니라 삼촌, 숙모, 조부모, 형제자매, 사촌들의 보살핌을 받았다. 동시에 그들은 보통 자기보다 어린 동생이나 사촌을 돌봐야 했기에 자라면서 아이를 돌보는 방법을 익혔다. 하지만 1900년대 후반 확대가족망이 점차 줄어들면서, 아이들은 다른 아이를 적극적으로 돌볼 가능성이 낮아졌고 학교나 직장에서의 경험을 통해 '어른이 되는 방법'을 익힐 가능성이 높아졌다.

수많은 지식인은 현대 가족이 갖는 기대의 흥미로운 변화를 짚어냈다. 과거 부모들은 자녀의 생계를 책임지고 안전한 환경을 제공해야 했다. 그러나 부모들에 대한 기대가 바뀌어, 이제 그들은 자녀가 교실이나 운동장에서 눈에 띄는 성과를 거두도록 발달 상황을 적극적으로 관리해야 한다. 지금의 아이들은 지속적인 관리 감독을 받고 있으며, 자유시간도 매우 조직적으로 짜여 있다. 이는 부모가 자녀의 삶에 일정 정도 관여하고 있으며, 자녀의 성취에 부모의 개인적 이해관계를 개입시키는 역사상 유례없는 일이 벌어지고 있다는 의미다.

이런 적극적인 양육 방식은 아이의 안전과 정서적 행복감에 크게 기여하는 측면이 있다. 그렇지만 보호가 지나칠 경우 아이에게서 자유로운 실험이나 시행착오를 통해 배워나가고 탐구심을 키울 기회를 빼앗을 수 있다. 아이의 '직무' 중 일부는 사회적으로 부적절하거나 어리석은 행동을 하며, 그러한 행동이 초래할 결과를 배우고 그 과정을 고쳐나가는 책임을 지는 것이다. 즉, 아이로 산다는 것은 잘못을 저지르고 그 결과를 파악하여 궤도를 수정하고 또다시 그러한 과정을 되풀이하는 걸 말한다.

부모의 간섭이나 과도한 관여로 자연스러운 발달 과정에 차질이 생길 경우, 가족구성원 간에 상호작용하기가 난처해질 수 있다. 부모는 '쿨cool'해 보이려 하고 아이는 어른스러워 보이려 하면, 결국 부모에게 가질 수 있는 기대와 아이에게 가질 수 있는 기대, 그 사이의 경계가 애매해진다.

사회화 과정이 제일 먼저 일어나는 곳이 바로 가정이다. 인간의 아기는 스스로를 보호하고 영양을 공급받으며 움직이는 데 있어서, 다른 생명체의 아기들보다 훨씬 오랫동안 보호자들에게 의지한다. 인간의 아기는 육체적 욕구를 충족하고, 복잡한 사회생활을 해나갈 법을 배우며, 자신을 보호하기 위해 양육자에게 전적으로 의지한다. 양육자들은 아이들에게 친구를 사귀는 방법, 다른 이들과 협력하는 방법, 갈등을 해소하는 방법을 가르친다. 양육자들이 아이들에게 다양한 사회 상황에서 어떻게 행동해야 하는지 직접 지도하기도 하지만, 아이들은 양육자가 사회적 상호작용에 어떻게 대처하는지 보면서 이를 자연스럽게 배우기도 한다. 사회성이 뛰어난 사람이 될지 사회생활에 서툰 사람이 될지 여부에 양육자들이 직간접적인 영향을 미치기는 하지만, 생물학적 부모가 아이들의 사회성에 미치는 가장 큰 영향은 바로 유전이다.

워싱턴대학교 의과대학의 존 콘스탄티노John Constantino와 리처드 토드Richard Todd는 일곱 살에서 열다섯 살 사이의 쌍둥이 788쌍을 표본으로 선정해, 서툰 성격적 특성의 유전가능성을 조사했다. 일란성 쌍둥이들이 이란성 쌍둥이들보다 서로 유전적으로 더 비슷하다. 이것은 특정 특성을 평가하는 테스트에서 일란성 쌍둥이들이 이란성 쌍둥이들보다 더 비슷한 점수를 받을 경우, 연구원들이 특정 특성에 유전이 영향을 끼친다고 추론할 수 있게 한다. 콘스탄티노와 토드는 '사회적 반응성 척도Social Responsiveness Scale'라 불리는 사회성 결여 검사에서 일란성 쌍둥이들이 이란성 쌍둥이들보다 더 많은 유사성을 보일지 조사하고 싶었다. 그들은 유전적 영향에 관심이 있었지만 교사와 친구 같은 사회환경이 사회성 부족에 얼마나 많은 영향을 끼치는지도 궁금했다.

콘스탄티노와 토드는 사회성 결여 검사에서 일란성 쌍둥이들이 이란성 쌍둥이들보다 서로 훨씬 더 비슷하다는 결과를 얻었다. 그들의 분석 결과를 보면, 남자아이들의 서투름은 유전가능성이 52퍼센트이고 여자아이들의 서투름은 유전가능성이 39퍼센트에 달했다. 그들은 환경적 요소들과 관련해서도 남자아이와 여자아이 사이의 차이점을 발견했다. 가정환경이 여자아이의 서투름에 미친 영향은 43퍼센트인 반면 남자아이의 서투름에 미친 영향은 25퍼센트로, 가정환경은 남자아이보다 여자아이에게 더 큰 영향을 끼쳤다.

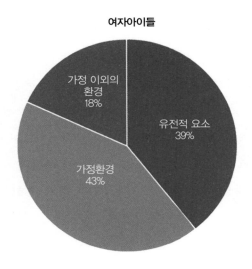

여자아이들

가정 이외의
환경
18%

유전적 요소
39%

가정환경
43%

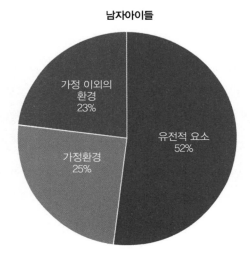

남자아이들

가정 이외의
환경
23%

유전적 요소
52%

가정환경
25%

그림 6.1 유전적 요소, 가정환경, 가정 이외의 환경이 남자아이 및 여자아이의 사회성에 끼치는 영향

이 연구뿐 아니라 다른 연구들도 서툰 성격적 특성이 유전될 수 있다는 사실을 보여준다. 그러나 서투름이 100퍼센트 유전되는 것도, 100퍼센트 환경의 영향을 받는 것도 아니라는 점에 주목할 필요가 있다. 이는 대부분의 행동유전학 연구원이 흥미롭게 생각하는 결과다. 그들의 목표는 성격은 유전되므로 우리가 할 수 있는 게 아무것도 없다고 말하려는 것이 아니다. 오히려 어떤 환경이 개인의 유전적 약점은 줄이고 유전적 강점은 극대화할 수 있는지 언젠간 알아내리라는 희망을 가지고, 무엇이 유전적 영향이고 무엇이 환경적 영향인지 찾아내려는 것이다.

서툰 아이들의 양육자, 교사, 또는 여타 멘토는 이러한 행동유전학 연구결과를 통해 어떤 아이들은 다른 아이들보다 선천적으로 서투른 성격이 강하다는 것을 알 수 있다. 뿐만 아니라 가정환경과 가정 이외의 환경이, 아이의 서투른 성향이 발현하는 방식에 상당한 영향을 끼친다는 것도 알 수 있다.

여기서 문제는 양육자들이 어떻게 하면 서투른 성격이 잠재적으로 초래할 부정적인 결과를 최소화하고, 강점을 극대화하는 환경을 조성할 수 있느냐는 것이다. 향후 이 책에서는 서툰 아이들이 사회 상황을 충분히 고려하도록 지도하고, 자신의 독특한 시각을 적극적으로 활용하도록 독려할 수 있다는 사실을 살펴볼 것이다. 그러기 위해서는 세상을 바라보는 서툰 아이들의 독특한 방식에 맞춰 이러한 접근방식을 '재단'해야 한다. 그 과정에서 서툰 아이들의 충동과 그 충동을 억누르는 사회규범들을 부과하려는 양육자들의 노력 간에 '소모전'이 벌어질 수 있다. 우선 이러한 전쟁이 어떤 식으로 전개될지 생각할 시간을 갖기 위해, 20세기 가장 영향력 있는 이론 중 하나의 최신 버전을 살펴보도록 하자.

서투른 충동과 사회적 기대 사이의 소모전

1905년 지크문트 프로이트는 『성욕에 관한 세 편의 에세이Three Essays on the Theory of Sexuality』를 통해 혁신적인 심리 발달 이론을 발표했다. 1900년대 초에는 아기가 합목적적인 사고를 할 수 없다는 생각이 지배적이었다. 따라서 부모가 아기의 기본적인 생리적 욕구는 충족해줘야 하지만, 유아기를 넘어서기 전까지 심리적 욕구에 대해서는 크게 걱정할 필요가 없다는 조언이 일반적이었다. 프로이트는 이러한 통념에 이의를 제기했고, 부모와 아기가 상호작용하는 방식이 상당 기간 동안 아기의 정신건강에 지속적인 영향을 끼친다고 주장했다. 그는 유아기를 인격 형성기, 즉 아기의 자연적인 충동과 아기에게 사회적 요구를 부과하려는 양육자의 노력 간에 마찰이 빚어지는 시기로 보았다.

프로이트는 쾌락을 추구하는 아기의 자연적 욕구를 원초아Id라고 불렀고, 양육자의 압력으로 인해 사회규범을 따르고자 하는 심리 기제를 초자아Superego라고 불렀다. 그리고 그는 '나는 ~을 하고 싶어'라고 말하는 강한 본능을 지닌 원초아와 '너는 ~를 해야 해'라고 말하는 강한 통제력을 지닌 초자아 사이에, 중재자인 자아Ego가 존재한다고 보았다. 그는 양육자와 아이가 일련의 단계를 거치며 겪는 기본적인 갈등을 구체적인 사례들을 들어 설명했다. 상황이 낯설게 돌아가기 시작하는 게 바로 그때부터다.

프로이트는 아기가 태어나서부터 약 18개월까지 받는 주된 자극은 수유에 있다고 주장했다. 배고플 때 젖을 먹는 경험은 만족감을 주거나, 프로이트의 표현에 따르면 쾌감을 불러일으킨다. 그는 엄마가 쾌락을 추구하는 아이의 욕구를 적절히 조절해야 하며, 이것이 바로 수유에서 시작된다고 보았다. 수유량이 너무 많거나 너무 적을 경우 아기는 입 주변에서 만족감을 느끼는 구강기 단계에 고착(특정 단계의 쾌락에 집착하는 현상─옮긴이)된다. 수유량 부족으로 구강기에 고착된 아기는 자라서 소극적인 성격을 띠게 되는 반면, 지나치게 모유에 탐닉한 아기는 다른 사람들을 교묘히 조종하는 성격을 지니게 된다. 프로이트는 연필을 깨물거나 손톱을 물어뜯거나 입을 이용한 여타활동을 하는 경향을 신경증의 두드러진 증상으로 보았다.

프로이트는 부모와 아이의 기본적 갈등이 수유량이 부족한가 과도한가에 있는 구강기 단계가 지나고 나면, 그다음에는 배변훈련 문제를 놓고 신경전을 벌인다고 했다. 기저귀를 차는 아기는 화장실을 찾을 때까지 대소변을 참을 필요가 없다. 원하면 언제든 배출하는 혜택을 누리며 이때에는 상쾌함을, 심지어 쾌감까지도 느낀다. 양육자가 사회적 제재를 가하려는 초자아적 사고를 하기 전까지, 이 제한 없는 배출은 즐거움 그 자체다. 그러다가 양육자는 아이에게 언제 어디서 대소변을 봐야 한다고 요구하기 시작한다. '사기로 만든 커다란 구멍' 위에 앉아서 볼일을 보라는 것이다. 아이의 눈에 그것은 빙그르르 돌며 온갖 것을 미지의 심연 속으로 빨아들이는 괴물처럼 보인다. 당신이 아이의 입장이라면, 그런 말도 안 되는 사회적 요구를 받아들이고 싶지 않을 것이다. 아이들은 이러한 요구에 맞서 두 가지 전략 중 하나, 다시 말해 '보유 전략' 혹은 '배출 전략'으로 저항한다.

'항문 보유형anally retentive' 아이들은 변기에 앉아서 부모를 쳐다보며 아무것도 하지 않는다. 그들은 고의로 변기에 몇 시간씩 앉아 있으면서 반항한다. 그에 반해 '항문 배출형anally expulsive' 아이들은 부모를 똑바로 쳐다보며 대소변으로 온몸을 더럽힌다. 이러한 아이들은 부모가 어쩔 수 없이 배변을 저지하도록 만듦으로써 원하는 바를 달성한다. 두 가지 모두 부모를 뒤흔드는 효과적인 방법이다. 프로이트는 항문 보유형 아이가 자라서 지나치게 조심스럽게 행동하는, 일종의 강박증을 지닌 어른이 된다고 생각했다. 반면 항문 배출형 아이는 충동적으로 행동하는, 즉 문화 규범의 각종 제약에도 불구하고 그릇된 결정을 서슴없이 내리는 위험 감수형 어른으로 성장한다고 보았다.

나는 정숙함을 표방했던 빅토리아 시대의 위엄 있는 분위기 속에서 살았을 프로이트의 모습을 상상하길 좋아한다. 비엔나 도심에서 열린 우아한 저녁파티에 참석한 그를 상상해본다. 파티에 참석한 손님들이 그에게 말을 걸며 무슨 일을 하는지 정중하게 묻는다. 그러자 그가 성심리학적 쾌락 이론에 대한 이야기를 아무런 여과 없이 쏟아놓기 시작하면서, 성심리학적 쾌감이 좌절될 경우 아이가 어떤 식으로 구강기 단계에 고착되거나 항문 배출형 성격을 띠게 되는지 설명한다. 강한 초자아를 지닌 이들로 가득찬, 고루함이 물씬 풍기는 응접실의 어색한 분위기는 분명 재미있는 구경거리가 되리라. 손님들은 속으로는 접시 위의 브라트부르스트bratwurst(돼지고기로 만든 독일식 소시지 —옮긴이)를 어떤 식으로 먹을지 혹은 어떻게 식후 담배를 피울지 궁리하면서, 겉으로는 남의 시선을 의식하며 저녁 시간 내내 점잖을 피울 것이다.

구강기 단계 및 항문기 단계와 관련해 프로이트가 제시한 구체적 사례 가운데 일부는 터무니없어 보이지만, 그의 핵심 사상은 아동 발달에 관한 혁신적인 시각을 제시하고 있다. 연구원들은 프로이트가 주장한 수유와 구강기 고착 사이의, 혹은 배변훈련과 규율에 대한 집착 사이의 상관관계를 뒷받침할 근거를 찾아내지 못했지만 프로이트의 핵심 사상을 뒷받침할 근거는 찾아냈다. 그들에 따르면, 어렸을 적 부모와 자녀 사이의 갈등을 어떤 식으로 해결해나갔느냐가 심리적으로 지속적인 영향을 미칠 수 있다.

구강기를 예로 들어보자. 아기들은 말을 할 수 없고 움직일 수도 없다. 따라서 그들은 자신의 욕구 가운데 상당 부분을 양육자의 손을 빌려 충족한다. 아기가 배고파서 울다가 양육자가 그에 응하지 않으리라는 것을 깨달으면 어떻게 될까? 반대로 과보호로 아이를 숨막히게 하는 부모, 아이에게 자립심을 기를 기회를 충분히 제공하지 않는 부모역시 아이의 발달에 부정적인 영향을 미칠 수 있다. 아기로서 모유를먹는 일이든, 어린이로서 여름 캠프에 가는 일이든, 아니면 청년으로서 대학에 가는 일이든, 아이는 일생 동안 관심과 자유 사이에서 균형을 잡아주는 부모가 필요하다.

오늘날 항문기 발달단계는 터무니없는 소리처럼 들리지만, 프로이트의 핵심 사상에서 다시 한번 유용한 시각을 찾을 수 있다. 유아에게배변훈련을 시켜보거나 이를 지켜본 사람이라면 누구나 그 과정이 정말 힘겨운 투쟁이라고 말할 것이다. 배변훈련 외에도 "때리지 마라" "얌전히 굴어라" "발로 차지 마라" "착하게 굴어라" "콧물 먹지 마라"는부모의 훈육을 둘러싸고, 매일같이 부모와 아이는 갖가지 주도권 싸움을 벌인다. 그렇지만 이는 부모가 아이에게 하는 (수천 가지는 아니라고 해도) 수백 가지 요구 가운데 일부일 뿐이다. 아이들은 공손하게 말하는 법, 차례를 기다리는 법, 제멋대로 하지 못할 때 성질을 부리고픈 욕구를 억누르는 법을 배워야 한다. 대부분의 부모는 이 사회적 기대를 가능한 한 빨리 자녀들에게 들이민다. 팀의 목표를 이루기 위해 다른 팀원들과 긴밀히 협력하는 사람, 또는 가치 있는 구성원으로서 인정받는 데 그러한 기대를 충족하는 능력이 중요하다는 사실을 알고 있기 때문이다.

아이의 초자아를 길러주려는 부모와, 원초아의 욕구를 충족하려는 아이 사이의 싸움은 모든 가정에서 힘든 일일 수 있지만, 어떤 가정에서는 더 많이 힘겨워한다. 서툰 아이는 부모에게 독특한 저항을 할 수 있다. 왜냐하면 그들은 지나치게 활발한 원초아나 과도한 요구를 하는 초자아, 혹은 두 가지 특성을 모두 가지고 있기 때문이다. 이로 인해 서툰 아이의 자아는 격렬한 세계에 압도되곤 한다. 이러한 저항에도 불구하고 서투른 가정에서 기본적인 상황은 다른 가정과 크게 다르지 않다. 다시 말해 부모는 아이가 자연스러운 관심사를 추구하도록 도와줄 방법을 찾는 한편, 다른 이들과 어울리는 데 필요한 체계를 제공할 방법을 모색해야 한다.

몰입의 즐거움과 서투름의 쾌락

제트 선생님의 유년 시절 이야기를 듣기 전까지, 방과후 수업을 할 때마다 선생님에 대한 나의 적개심은 점점 커져갔다. 나를 짜증나게 하는 그의 사소한 행동들이 눈에 거슬렸고, 그러한 행동들을 그가 벌 받아 마땅한 사람이라는 증거로 생각하기 시작했다. 그는 화학 문제를 푸는 일이 마치 즐거운 일인 양 흡족한 미소를 지으며 칠판에 풀이과 정을 적었다. 그 모습을 볼 때마다 속이 부글부글 끓었다. 화학 문제를 풀면서 미소를 짓다니! 그런 괴로운 일을 즐기는 사람이 있다니, 도대체 믿을 수가 없었다.

제트 선생님이 스스로 '너드'라고 자랑스럽게 말하기 전에도, 대부분의 학생들은 그가 서툰 사람이라고 짐작했다. 화학 문제를 풀면서 마음속 깊은 곳에서 우러나오는 기쁨을 감출 줄 모르는 모습이 결정적인 증거였다. 사회생활에 서툰 성격적 특성을 지닌 사람들은 관심 있는 일에 한번 몰두하면 완전히 빠져버린다. 다른 사람이 자신을 보는지도 모른 채 흥미로운 책을 읽는 책벌레나 바이올린을 연주하고 있는 명연주자를 보면, 사랑하는 일에 완전히 빠진 사람들의 어린아이 같은 즐거움을 엿볼 수 있다.

무엇인가에 완전히 몰두해 우수한 성과로 이어지는 때가 바로 심리학자 미하이 칙센트미하이가 말하는 '몰입flow' 상태다. 이는 활활 불타오르는 상태나 무아지경의 상태와 같다. 42.195킬로미터를 달려야 하는 마라톤 경기에서 40킬로미터 지점에 이르렀을 때 다른 선수들은 힘겹게 무거운 발걸음을 옮기지만, 몰입 상태에 있는 선수들은 힘들이지 않고 날아가듯 달린다. 몰입 상태의 발레리나는 공연 중 가장 어려운 부분도 놀라울 정도로 힘차고 우아하게 소화해낸다. 몰입 상태에 빠졌던 운동선수나 공연자에게 그때 무슨 생각을 했는지 물어보면, 보통 아무 생각도 하지 않았다고 대답한다. 몰입 상태에 있을 때는 어떤 식으로 기교를 부려야 하는지 생각하거나, 무엇을 해야 하는지 애써 떠올릴 필요가 없다. 그저 본능적으로 혹은 충동적으로 행동하기만 하면 된다.

충동적으로 행동하는 사람, 즉 원초아가 매우 강한 사람을 생각할 때 대부분이 전형적인 록스타를 떠올린다. 술에 빠져 살고 무분별한 섹스와 마약을 즐기는 록스타 말이다. 하지만 서툰 사람들이 우리가 흔히 생각하는 그런 해악을 과도하게 탐닉하는 경우는 그리 많지 않다. 대부분의 서툰 사람은 다른 비사회적 대상에 푹 빠지는 경향이 있다. 그들은 손가락에 물집이 잡힐 때까지 비디오게임을 하기도 하고, 이른 새벽까지 상상 속 생명체에 관한 글을 읽을 수도 있으며, 차고에서 개인용 컴퓨터 같은 발명품을 개발하는 데 정신없이 매달리기도 한다.

유전적으로 니코틴이나 알코올에 의존하는 성향이 강한 사람이 담배를 피우거나 술을 몇 잔 마실 때 더 큰 즐거움을 느끼는 것처럼, 서툰 사람들은 자신이 좋아하는 비사회적인 흥밋거리에 몰입할 때 강렬한 즐거움을 느낄 수 있다. 하지만 이러한 몰입에는, 다른 중요한 사회적 기대에 주의를 기울이지 못할 가능성이 높아진다는 기회비용이 따른다.

예를 들어 우리는 모두 머릿속이 복잡한 느낌을 안다. 상대방의 이야기에 귀기울여야 함에도 불구하고 정신이 산란해 집중할 수가 없다. 서툰 아이는 과제에 매달리거나 몽상에 잠길 때, 그 일이나 생각에 계속 집착하고 몰입한다. 뭔가에 집중할 때 누군가 말을 걸면 서툰 사람들은 '사회적 모드'로 기어를 바꾸기 어려워한다. 그들은 서툴지 않은 사람들보다 하던 과제나 몽상을 계속하려는 충동을 따를 가능성이 더 높다. 서툰 이들은 자신도 모르게 '무관심하다' '성가시다'는 뜻으로 명백히 해석될 만한 사회적 신호를 내보낼 수 있다. 이때 좋은 뜻에서 가벼운 대화를 나누고자 했던 사람이 마음의 상처를 입거나 불쾌감을 느낄 수 있는데, 그들이 그렇게 느끼는 것은 당연한 일이다.

서툰 아이들이 이런 식으로 다른 이들을 실망시키는 모습을 목격할 경우, 양육자들은 보통 깜짝 놀라서 그것을 바로잡으려 애쓴다. 그렇지만 이는 서툰 아이들이 충동을 제대로 다스리지 못하는 수많은 구체적인 사례 중 하나일 뿐이다. 서툰 아이들은 갖가지 특이한 방식으로 충동을 드러낸다. 이를테면 다른 사람의 틀린 문법을 바로잡거나 말하지 않는 편이 나은 단점을 지적하기도 한다. 서툰 아이들은 지나치게 무뚝뚝한 경향이 있다. 그들은 어떤 것은 모르는 척 넘어가고 민감한 사안은 섬세하게 다뤄야 하는, 마음과 마음을 나누는 과정으로 사회 상황을 생각하기보다 구체적 표현으로 나타낼 가능성이 높다. 서툰 아이들이 자신을 봐주러 온 십대 돌보미에게 "얼굴에 뭐가 났네"라고 직설적으로 말하거나, 영성체 때 신부님에게 "엄마는 포도주를 마실 때 훨씬 더 큰 잔으로 마신다"고 말하는 이유도 이 때문이다. 서툰 아이들은 그저 사실을 말했을 뿐이지만 그것이 사람들을 곤경에 빠뜨리거나 마음 아프게 할 수 있다는 것을, 서툴지 않은 아이들보다 더 늦게 깨닫는다.

물론 사교적 예의가 선천적으로 부족하다고 해서, 서툰 아이들이 사회성을 기르지 않아도 되는 '무임승차권'을 가질 수 있는 건 아니다. 서툰 아이가 사회적 실수를 저질렀을 때 부모는 너그럽게 봐달라는 식의 특별 대우를 요구해서는 안 된다. 부모가 할 수 있는 최선은 실수가 초래한 결과를 아이가 그대로 감당하도록 두는 것이다. 그러고는 어떤 행동이 부적절했는지 구체적으로 설명하고, 향후 어떻게 대처하는 게 더 나은지 진심 어린 조언을 해주는 것이다. 만약 서툰 아이가 자신의 충동을 다스리고 중요한 사회적 기대를 충족하는 법을 배우지 않는다면, 나이를 먹을수록 더 큰 사회적 대가를 치르게 될 것이다. 서툰 아이들이 생각을 어느 정도 걸러서 말하는 '여과장치'를 갖추도록 도와줘야 할 때, 양육자들은 그들에게 임의적으로 보이는 사회적 기대를 충족해야 하고 지나치게 퉁명스러운 말과 가혹한 행동을 삼갈 필요가 있다는 생각을 심어줘야 한다.

절망스러운 순간에 양육자들은 "자제 좀 해!"라며 서툰 아이를 꾸짖고 싶은 충동을 느낀다. 그렇지만 그들의 바람이 생각만큼 바람직하지 않을 수도 있으므로 뭔가를 요구할 때 좀더 신중을 기해야 한다.

대부분의 사람들은 '만약-그러면' 각본에 따라 행동한다

제트 선생님은 교실에서 엄격히 지켜야 하는 특이한 규칙을 많이 만들어놓았다. 이를테면 리포트는 각 페이지가 깔끔히 접히도록 45도 각도를 맞춰 스테이플러로 찍어야 했다. 또 제트 선생님이 수업시간에 종이가 바스락거리는 소리를 듣기 싫어했기에, 학생들은 수업 시작 전에 그날 배울 부분을 미리 펼쳐놓아야 했다. 제트 선생님이 1989년 머릿니가 퍼졌던 때처럼 또다시 머릿니가 퍼지길 원치 않았기 때문에, 학생들은 뒷벽에 머리를 기대고 앉지 못했다. 그는 학생들에게 이러한 규칙과 더불어 다른 많은 규칙을 철저히 지키도록 군대처럼 엄격하게 강요했고, 학생들 상당수가 이를 이상하게 여겼다.

제트 선생님은 본인 스스로도 많은 규칙을 정해놓고 엄격히 지켰다. 한번은 어느 무더운 오후 야구장에서, 다른 한번은 토요일에 식료품점에서 제트 선생님을 마주친 적이 있다. 제트 선생님은 격식을 차릴 필요가 없는 곳에서도 항상 똑같은 옷차림을 하고 있었다. 그는 잘 다려진 셔츠에 스웨터 조끼를 입고 반짝반짝 윤이 나는 갈색 구두를 신고 있었다. 매일 아침 제트 선생님은 시작종이 울리기 정확히 2시간 30분 전 학교에 도착해서 힘든 철인3종경기 훈련을 해냈다. 그리고 이를 모눈종이 공책에 꼼꼼히 기록하며 관리했다. 또 그는 칠판에 화학 문제를 풀 때 한 단계도 빼먹지 않고 풀이과정 전체를 정확히 적었으며, 줄을 바꿔가며 계산식 각각을 보여주려 노력했고, 심지어 쓱 보기만 해도 답을 알 수 있는 문제까지도 일일이 풀이과정을 적었다.

나는 수업시간에 바스락거리며 책장을 넘기기도 하고, 리포트에 스테이플러를 45도 각도로 찍지 않기도 해 제트 선생님의 신경을 건드렸다. 하지만 선생님을 가장 괴롭혔던 일은, 화학 문제 풀이과정을 한 단계 한 단계 꼼꼼히 적으라는 요구에 고집스럽게 저항한 것이었다. 나는 중요한 것은 최종 정답이라고 생각했기에 풀이과정을 모조리 적어야 하는 이유를 이해할 수 없었다. 물론 내가 조금만 덜 고집스러웠다면, 그리고 과제를 할 때 각 단계에 몇 분씩만 더 투자했더라면, '풀이과정 모호'로 감점된 문제들을 방과후 다시 푸는 데 훨씬 적은 시간을 보냈을 것이다. 그로부터 몇 년 뒤 교수가 되어 학생들의 리포트를 채점하면서, 제트 선생님이 한 학급의 모든 학생이 적은 문제의 풀이과정을 일일이 채점해야 했다는 사실을 깨달았다. 그 일은 틀림없이 지루했을 것이다. 나는 '어떤 부류의 사람들이 그런 지루한 일을 해내는 걸까?'라는 의문이 들었다.

서툰 사람들은 규칙과 체계를 사랑한다. 그들은 일정을 짤 때 보통 각각의 일을 언제, 어디서, 어떻게 해야 하는지 꼼꼼히 구체적으로 계획한다. 대부분의 사람들이 그날그날 일정을 짜길 선호한다면, 서툰 이들은 일정을 변경할 수 없게끔 빈틈없이 짜길 좋아한다. 서툰 사람들의 일정을 조금이라도 바꾸려 하거나 방해하려 해보라. 아마도 그들은 몹시 불안해하고 불편해할 것이다. 정해진 일과대로 생활할 수 없을 때의 서툰 사람들은 담배를 끊은 흡연자와 비슷하다.

프로이트는 서툰 사람들이 항문 보유형 성격을 갖고 있기에 정해진 일과를 빈틈없이 지킨다고 보았을 수 있다. 하지만 이는 지나치게 비관적인 시각이라 생각한다. 적절한 상황에서는 정해진 일과와 규칙을 따르는 서툰 사람들의 특성이 긍정적으로 작용할 수 있다. 이를테면 서툰 이들은 대부분의 사람들이 금방 싫증을 느끼는 반복 업무를 끈질기게 수행해야 하는 분야와 체계적인 절차가 무엇보다 중요한 분야에서 우수한 성과를 거둔다. 컴퓨터공학, 금융, 화학 같은 분야에 필요한 재능을 가진 서툰 이들에게 꼼꼼한 성격은 특히 도움이 될 수 있다. 이러한 분야에서는 규칙과 체계를 철저히 준수해서 필요한 기술을 완벽히 익히고, 커다란 대가를 치러야 하는 실수를 저지르는 않는 게 중요하다. 제트 선생님은 자신의 체계적인 성격을 정확히 이해했고, 그 덕에 어떠한 충동이 솟구칠 때마다 통상적인 일 처리 순서와 마음속에 정해놓은 규칙에 따라 이를 적절히 다스릴 수 있었다. 이는 그가 삶의 모든 측면에 적용한 '적응 기술'로써 그가 훌륭한 학생으로, 군 장교로, 엔지니어로, 화학 교사로 성공하는 데 중요한 역할을 했다.

일의 순서와 절차를 정해놓고 그에 집착하는 서툰 이들의 특성은, 신경증이라기보다 시스템을 지배하는 규칙을 찾으려는 열정으로 보는 게 더 나을 것이다. 배런코언 교수는 선형적 순서와 논리적 규칙에 대한 사랑을 '체계화 systemizing'라고 부른다. 그것은 특정 상황에서 예측할 수 있는 일을 찾고, 이를 바탕으로 상황이 어떻게 전개될지 원칙을 세우는 심리적 과정이다. 이러한 원칙의 가장 단순한 형태는 'A라는 사건이 발생하면, B라는 사건이 일어날 것이다'라고 할 수 있다. 서툰 이들의 체계화 성향을 이해한다면, 그들의 흥미와 그로부터 얻는 즐거움을 보다 쉽게 이해할 수 있다. '오늘 8.9킬로미터를 달렸으니 내일은 9.6킬로미터를 달려야지' '전자레인지에 1-0-0 대신 1-1-1을 누르면 보다 효율적으로 조리 시간을 설정할 수 있어'라는 생각은 사회성이 뛰어난 이들에게 그다지 즐겁지 않을 수 있다. 하지만 서툰 사람들은 이러한 종류의 체계적 질서에 묘한 흐뭇함을 느낀다.

체계화는 서툰 사람이 끈기 있게 철인3종경기 훈련을 하거나 전자레인지의 조리 시간을 1.5초 줄이는 데는 도움될 수 있지만, 너무 체계적으로 생각하는 것은 체계가 부족하고 예측 가능성이 떨어지는 현상을 이해하는 데는 부적합하다. 서툰 사람들은 극도로 체계적인 사고를 할 때, 소위 초체계화 hyper-systemization 상태에 있을 때 선형적 규칙들로 쉽게 이해할 수 없는 상황에 제대로 대처하기 어렵다. 초체계적인 시각으로 세상을 바라보는 이들에게, 사람보다 더 가변적인 것과 사회적 교류보다 체계적이지 않아 보이는 것은 없다. 배우들이 무슨 이야기를 주고받는지 경청해야 하는 영화관에서 팝콘처럼 소리 나는 간식을 먹는 이유가 뭘까? 자신을 홀대하는 사람과 사랑에 빠지는 이유가 뭘까? 꿈을 이룰 능력도 없으면서 서로에게 달콤한 꿈을 속삭이는 이유가 뭘까? 체계적인 사고를 지닌 서툰 이들에게 이는 당혹스러울 수밖에 없는 상황이다.

서툰 사람들은 사회적 정보의 체계적 패턴을 찾아내는 데 어려움을 겪기에, 사회 상황이 예측 불가능하고 혼란스럽게 생각될 수 있다. 그렇지만 보통 현실에서 사회 상황은 비교적 예측 가능한 각본대로 전개된다. 맥길대학교의 마크 볼드윈Mark Baldwin과 여타 인지심리학자들은 사람들이 사회 상황을 이해하기 위해 마음속으로 '만약—그러면if-then'이라는 각본을 준비한다는 사실을 발견했다. 이를테면 '만약 당신이 남성이라면, 그러면 여성에게 어떤 식으로 살아야 하는지 설교해서는 안 된다' '만약 남성인 당신이 지하철에 탄다면, 그러면 다리를 쩍 벌리고 앉아 두 자리를 차지하려는 충동을 자제해야 한다'라는 각본이 있다. 사회적으로 용인되는 '만약—그러면' 각본을 실행에 옮긴다면, 사회적으로 바람직하지 않은 '여자를 무조건 가르치려드는 남성우월주의자적 행동'이나 '쩍벌남 자세'를 막을 수 있다.

웹사이트 이면에서 실행되는 컴퓨터 프로그램 코드처럼, 사람들은 '만약—그러면' 각본에 따른 행동을 자각할 수 없다. 서툰 사람들이 그러한 각본을 잘 이해하지 못하는 이유도 여기에 있다. 사회는 모든 사람이 사회적 교류 이면에서 실행되는 '만약—그러면' 코드를 자연스럽게 이해하리라 가정하지만, 서툰 이들에게는 해당되지 않는 가정이다. 서툰 사람들은 사회 각본을 따르지 않고 나서 "아무도 내게 그러한 사실을 말해주지 않았어!"라고 말할 수 있다. 그것은 핑계가 아니라, 아무도 가르쳐주지 않아서 알 수 없었던 '만약—그러면' 각본에 대한 진심 어린 분노다. 사회성이 뛰어난 아이들은 사회 상황을 단순히 관찰하기만 해도 수천 가지의 '만약—그러면'이라는 각본을 저절로 터득하지만, 서툰 아이들이 그러한 각본을 이해하려면 보다 직접적인 지도가 필요하다.

만약 서툰 사람들이 기꺼이 사회 각본을 암기하고 조금이나마 융통성을 길러 자신과 다른 이들이 그 대본을 어떻게 행동으로 옮기는지에 대해 이해하고자 한다면, 그들은 여러 일상적인 사회 상황을 훨씬 더 쉽게 다룰 수 있다. 서툰 어린이들과 사회성이 뛰어난 어린이들 모두 정해진 일과가 있고, 부모들이 그 일과의 규칙들을 지속적이고 합리적으로 지도할 때 아이들은 잘 자란다. 제대로 기능하는 가정은 구성원 각각이 자신의 역할을 잘 알고 있고, 모두 자기 역할을 다할 것을 믿으며, 그러한 행동들이 모여 아름다운 조화를 이루는 능률적인 조직처럼 보인다. 일과를 명확히 정하고 엄격히 지키는 가정의 구성원들은 정각에 등교하고, 저녁식사 후 의견 다툼 없이 말끔히 치우며, 어려울 때 서로 선뜻 도움의 손길을 내민다. 양육에 관한 수많은 자기계발서가 서로 상충되는 온갖 조언을 제시하고 있지만, 수십 년에 걸친 발달심리학 연구의 믿을 만한 결과는 합리적인 기대를 착실하고 일관성 있게 충족하며 자란 아이들이 마음의 중심을 잃지 않는 건강한 어른으로 성장할 가능성이 가장 높다는 것이다.

물론 기름칠이 잘된 기계처럼 원활히 돌아가는 가정을 꾸리는 일은 말처럼 쉽지 않다. 잘 기능하는 가정에서도 부모가 아침에 일어나지 못하는 아이를 억지로 깨우는 경우든, 자녀에게 설거지를 다음날로 미뤄서는 안 되는 이유를 설명해야 하는 경우든, 고통과 갈등이 점점 심해질 때가 있다. 한쪽도 양보하려 하지 않는 싸움은 서툰 아이들이 동일한 유전적 기질을 일부 공유해, 그들의 생물학적 부모만큼 고집이 셀 때 특히 격해질 수 있다.

서툰 아이의 부모들은 다른 이들과 어울리는 과정이 중요하며, 상대방을 배려하는 사소한 말과 행동으로 인간관계를 한층 빛나게 할 사회 자본을 하나둘 늘려나갈 수 있다는 점을 아이들에게 납득시켜야 한다. 부모는 사회 상황에 기가 눌리는 서툰 아이들의 성향에 차분하게 공감하고, 다른 사람들과 어울리길 꺼리는 아이들에게 사회 상황에 자연스럽게 대처할 사회 각본을 가르칠 방법을 찾아야 한다. 아이가 사랑받고 존중받는 사람으로 성장하길 바라는 부모는, 아이들에게 각각의 사회 상황에 어떤 식으로 대처해야 하는지 일일이 가르쳐야 하는 수고스러운 상황에 직면할 수밖에 없다.

부모님의 질문	나의 대답
웬디스에 왜 왔지?	먹으러 왔어요
들어가서 어디로 가야 하지?	주문하려고 줄 서 있는 사람들 맨 뒤쪽으로 가야 해요
줄 맨 앞쪽에 이르면 무엇을 해야 하지?	주문을 해야죠
주문 준비는 어떻게 하지?	뭘 주문할지 고르고, 그에 맞게 돈을 준비해놓아요
점원에게 어떤 식으로 말할 거니?	우선 눈을 맞추고 잘 들리도록 큰 목소리로 말하며 마지막에 '~해주세요'라는 말을 붙일 거예요
주문한 다음에는 어떻게 할 거니?	돈을 지불하고, 기다렸다가 거스름돈을 받고, '감사합니다'라고 말해요
주문한 다음에는 어디에 서 있을 거니?	다른 사람이 주문할 수 있도록 옆으로 비켜설 거예요

표 6.1 웬디스에 들어가기 전, 마음의 준비를 하는 훈련

"자, 이제 마음의 준비를 해야지"

어린 시절 기억 중 여전히 생생한 한 가지는, 계속 되풀이됐던 어떤 사건이다. 이 일이 처음 일어난 곳은 웬디스Wendy's 주차장이었다. 부모님은 스테이션 왜건을 주차하고 나서 뒷좌석에 앉은 나를 쳐다보며 "자, 이제 마음의 준비를 해야지"라고 말씀하시곤 했다. 아버지의 군복무 경력 때문일지도 모르겠지만, 어린 시절 이런 마음의 준비는 훈련 담당 부사관이 발맞춰 걷지 못하는 훈련병에게 추가 훈련을 시키는 것과 느낌이 다르지 않았다. 부모님은 일련의 체계적인 질문을 준비했고, 그것을 바탕으로 내가 어떻게 다른 사람들과 어울릴지에 대한 소크라테스식 대화가 오갔다.

마음의 준비 훈련은 레스토랑이나 식료품점, 생일 파티나 교회 행사에 가기 전 도시 곳곳의 주차장이나 집에서 사적으로 이뤄졌다. 반복 훈련은 필요한 만큼 계속되었다. 운이 나쁘면 점원과 2분 동안 할 이야기를 차 안에서 10분간 연습하는 날도 있었다. 부모님은 레스토랑에서 주문하거나 대중교통을 이용하는 등의 흔한 사회 상황이 체계적인 훈련을 통해 내게 '제2의 천성', 즉 아주 간단하고 자연스러운 일이 되길 기대했다. 이런 반복훈련은 사소한 일에 지나치게 얽매이는 것처럼 보일 수 있고, 당시 나는 소크라테스식 대화에 열성적으로 참여하지 않았지만, 사회생활에 서툰 내게는 이런 세밀한 지도가 필요했다. 부모님도 나 못지않게 마음의 준비 훈련을 좋아하지 않았지만 내가 사회생활의 암묵적인 규칙들을 습득하는 데 그러한 과정이 필요하다고 생각했고, 궁극적으로 부모님의 생각은 틀리지 않았다.

내가 원만한 사회생활을 하도록 부모님은 '처음 세 가지' 사회적 신호에 내 주의를 집중시키는 전략을 구사했다. 앞에서 설명한 것처럼 이런 방식으로 '빅 3', 즉 세 가지 주된 기대를 제시했고 그러한 사회적 기대를 '만약—그러면'이라는 틀에 넣었다. 이를테면 '만약 웬디스에 간다면, 그러면 그곳에서 식사를 한다' '만약 그곳에서 식사를 한다면, 그러면 무엇을 주문할지 알아야 한다' '만약 주문을 한다면, 그러면 돈을 지불할 준비를 한다'라는 식이었다. '만약'은 사회적 기대를 가리키고 '그러면 ~한다'는 실행해야 하는 행동을 의미했다. 나는 웬디스 입구를 향해 걸어가면서 마음속으로 '빅 3'를, 즉 '맨 뒤에 줄을 선다, 무엇을 주문할지 결정한다, 돈을 준비한다'를 되뇌었다. 돈을 준비했으면 그다음에 해야 하는 세 가지 행동에 대한 각본, 즉 '눈을 맞춘다, 잘 들리도록 큰 목소리로 말한다, '~해주세요'라는 말을 붙인다'를 떠올렸다.

세 가지 사회행동을 묶어서 하나의 보다 큰 절차로, 이를테면 레스토랑에서 주문하는 절차로 바라보기 시작했다. 그리고 궁극적으로 영화관이나 야구장 매표소에서 필요한 대화를 나누는 데 이러한 절차를 일반화했다. 이 모든 상황에서 '~해주세요' 또는 '고맙다'고 말하는 것이 원활한 의사소통에 필수적인 예의나 존중을 어떤 식으로 전달하는지 이해하기 시작했다. 이러한 통찰이 사회생활에 서툴지 않은 이들에게는 상식처럼 혹은 극히 단순하게 보일 수 있지만, 내게는 전적으로 반직관적인 일이었다.

지속적으로 시간과 노력을 투자해 흔한 사회 상황을 헤쳐나가는 데 필요한 사회적 규칙을 터득하자 사회성이 향상되기 시작했다. 결과적으로 사회 상황에 자신감 있게 대처해나가면서 향후 있을 만남을 두려워하는 사회불안 증상이 줄어들었고, 보다 침착하고 자신감 있게 다른 이들을 만나게 되었다. 누군가를 만날 때 처음 몇 걸음을 '자동으로' 뗄 수 있게 되자, 사회 각본에 없는 예기치 못한 문제에 대처할 심적 여유뿐 아니라 찬사나 유머 같은 사회생활의 윤활유를 추가할 수 있는 기회도 생겨났다.

서툰 아이들에게 '만약―그러면'이라는 언어로 사회적 기대를 제시할 경우, 부모들은 체계화를 즐기는 아이들의 특성을 이용할 수 있다. 서툰 아이들이 '만약―그러면'의 개별적인 접근 틀을 익힐 경우, 여러 기대를 연결 짓기 시작하고 사회적 각본 속에 섞여 있는 이 규칙들을 따르면 어떤 이득을 얻을 수 있는지 보게 된다. 부모들이 그들의 서툰 아이들로 하여금 사회 각본을 체계적으로 행동에 옮김으로써 실질적으로 어떤 결실을 맺을 수 있는지 확인하게 하는 단계에 이르게 하면, 즉 사람들이 그들의 말에 보다 친근하게 답할 수 있고 그들과 더 오랫동안 이야기를 나누고 싶어하게 되면, 그때는 서툰 아이들이 사회생활의 규칙들을 익히고자 두 팔을 걷어붙이는 전환기를 맞게 될 것이다.

이런 사회성 훈련은 서툰 아이들에게 몹시 값질 수 있지만, 그런 훈련이 제대로 이뤄지는 경우를 본 적이 거의 없다. 사회생활에 필요한 기술을 배우기 어려워할 뿐 아니라 그에 흥미를 느끼지 못하는 아이들을 설득하는 일은 결코 쉽지 않다. 하지만 어떤 부모들은 남의 눈을 의식해서, 치료 목적의 사회성 훈련을 받는다는 것을 아이에게 뭔가 문제가 있다거나 자녀교육이 제대로 이뤄지지 않음을 인정하는 의미로 생각하기도 한다. 핀터레스트에 완벽한 부모의 모습을 올리며 자랑하길 즐기는 시대에, 부모들은 자녀 양육이라는 힘든 일을 얼마나 잘해내는지 보여줘야 한다는 중압감에 시달린다. 내 부모님이 쉽게 우유를 따르거나 레스토랑에서 자신 있게 주문하는 다른 아이들을 보며, 자녀에게 치료 목적의 사회성 훈련을 시키는 일에 대해 남의 시선을 다소 의식했을지라도 이는 충분히 이해할 만하다.

부모들이 서툰 아이들을 지도해야 하는 필요성을 부끄러워하지 않는 게 중요하다. 아이들은 그러한 망설임을 금방 알아차리기 때문이다. 사회 상황에 어떤 식으로 대처해야 하는지 아이에게 마음의 준비를 시키는 일은, 옆집 부모가 읽기 능력이 부족한 아이나 수학을 어려워하는 아이에게 공부를 가르치는 일과 다르지 않다. 부모가 서툰 아이의 부족한 사회성을 모르는 척 넘어간다면, 아이는 사회 상황을 순조롭게 헤쳐나가고 다른 이들과 의미 있는 관계를 형성하는 데 꼭 필요한 구체적인 기술을 배우고 그로 인해 뜻깊은 변화를 이뤄낼 기회를 잃어버리게 된다.

성격심리학자들은 서툰 아이의 특이한 기질을 우려하는 부모들에게 도움이 되는 시각을 보여준다. 다시 말해 성격적 특성 상당수가 항상 좋은 것도, 항상 나쁜 것도 아니라는 것이다. 서툰 아이의 강박적 사고나 틀에 박힌 일과가 어떤 상황에서는 문제가 될 수 있지만, 또다른 상황에서는 강점이 된다. 어떤 경우에는 산만해 보이는 아이가 창의적 성과를 가져다줄 특이한 뭔가를 찾아낼 수 있고, 또다른 경우에는 고집스러운 아이가 불굴의 의지를 발휘할 수도 있다. 하지만 서툰 아이들이 자신만의 사고방식을 이해하고 특이한 흥미를 발산할 배출구를 찾으려면, 다른 아이들보다 더 많이 여기저기에 부딪혀보아야 한다. 상황이 잘 풀리면, 그들은 굳세고 절도 있으며 집중력 강한 어른으로, 자신의 독특한 시각을 효율적으로 전달할 수 있는 어른으로 성장할 것

부정적 역할을 하는 경우	서툰 사람들의 성격적 특성	긍정적 역할을 하는 경우
비사교적이다	관심의 폭이 좁음	집중해서 파고든다
공감 능력이 부족하다	비사회적 문제에 주의를 집중함	특이한 세부 사항을 간파한다
행동을 통제하지 못한다	강박증	불굴의 의지를 보인다
경직되어 있다	동일한 것을 되풀이하려는 성향	절제된 생활을 한다

표 6.2 서툰 사람들의 성격적 특성이 긍정적 역할을 하는 경우와 부정적 역할을 하는 경우

이다.

나는 부모님이 시키려 했던 마음의 준비 훈련에 저항했지만, 그들은 내게 구체적 기술을 연마할 체계적인 방법을 가르쳐주고자 불굴의 노력을 기울었다. 덕분에 내가 사려 깊고 신중한 사람이라는 것을 다른 사람들에게 보여줄 수 있게 되었다. 또 부모님은 그러한 기술을 몸소 보여주었다. 이것은 중요한 일이었다. 부모는 자녀에게 중요한 친사회적 가치관을 심어줘야 할 뿐 아니라, 자녀가 공정하고 신중한 성인이 되도록 돕기 위해 친사회적 의도를 전달하는 구체적 행동들을 보여줄 필요도 있기 때문이다.

자신을 더 맛있게 요리한다는 것

어린 시절 제트 선생님은 고아원과 위탁가정 여기저기를 떠돌아다 녔기에 예측 가능하다고 할 만한 것도, 안정적인 일상이라 할 만한 것 도 거의 없었을 것이다. 유전적으로 보통 아이보다 규칙적인 일상을

더 많이 필요로 하는 아이에게, 이는 특히나 불안한 성장과정이었을 것이다. 어느 날 방과후 화학 수업시간에 제트 선생님에게 화학을 그렇게 사랑하는 이유를 물었다. 선생님은 잠시 생각하더니 양부모님 이야기를 들려주었다. 보기 드물게 그가 약한 모습을 보인 순간이었다.

선생님의 이야기를 들으면서 그가 양부모님에게 얼마나 감사하고 있는지, 또 그분들을 얼마나 존경하는지 느낄 수 있었다. 그의 양부모는 엄격하지만 공정하고 사려 깊은 양육자였다. 그들은 그에게 어떤 기대들을 충족해야 하는지 명확히 설명함으로써 반항적인 에너지를 분출할 방법을 알려주고, 그 열정을 과학에 쏟을 수 있도록 도와주었다. 제트 선생님은 양부모가 가르쳐준 체계적인 접근방식과 그의 열렬한 관심에 보내준 응원을 흐뭇한 마음으로 떠올렸다. 오랫동안 물속에 있던 소년에게 그것은 산소와 같았다. 부모님이 일 문제로 상의할 때 십대들은 보통 흥미를 느끼지 못하지만, 제트 선생님의 경우에는 그러한 화제가 자신의 과학적 흥미에 꼭 들어맞았다. 결과적으로 그는 과학적인 문제에 접근하는 부모님의 체계적인 방법이 사회 예절을 지키는 그들의 방식에, 이를테면 상대방이 친절을 베풀었을 때 감사편지를 쓰는 방식에, 혹은 친구에게 힘든 일이나 즐거운 일이 생겼다는 소식에 전화를 걸어 위로하거나 기쁨을 함께 나누는 방식에 비슷한 영향을 끼친다는 것을 깨달았다.

화학은 정밀한 학문이다. 제트 선생님은 화학 문제의 풀이과정을 한 단계 한 단계 정확히 밟으면, 예측 가능한 결과를 얻을 수 있다는 점을 사랑했다. 사소한 실수로도 예측 불가능한 결과가 나올 수 있기에 화학 문제를 푸는 사람은 풀이과정의 각 단계를 정확히 밟아야 한다. 선생님과 이야기를 나누고 나서, 과학과 그것을 이루는 체계적인 사고가 물속에 가라앉지 않기 위해 평생 버둥거리며 살아온 아이에게 '구명보트'였다는 것을 깨달았다.

모든 서툰 아이가 이런 특별한 환경에 직면하지는 않지만, 제트 선생님의 가정생활을 통해 서툰 아이들이 가족들로부터 무엇을 필요로 하는지 알 수 있다. 그의 부모님은 아이의 충동이나 에너지를 약화하려 애쓰기보다 에너지를 분출할 출구를 어떻게 만들어줄지 고민했다. 그들은 그에게 충족해야 하는 다양한 기대를 명확히 설명하고, 그들이 만든 규칙과 일 처리 방식의 합당한 근거를 제시하며, 그러한 기대들을 지키도록 강제하는 데 있어 공정함을 잃지 않으려 노력했다. 과학은 그들이 제시한 출구 가운데 하나였지만, 그들은 그가 다른 학문에도 마음의 문을 열길 바랐다. 또 매학기 그가 고른 과외활동 가운데 적어도 한 가지 활동에 적극적으로 참여하길 원했다.

프로이트는 일반적으로 청소년기 후반에 사람들의 성격적 특성이 완전히 정해진다고 생각했다. 20세기 심리치료 분야에 만연했던 이러한 결정론적 시각은, 부모들이 아이의 평생을 망치는 일이 없게 조심하도록 하는 자극제 역할을 했다. 하지만 이제 성격 연구원들은 성격적 특성이 성인의 삶에 영향을 끼치는 방식이 프로이트의 주장과 다소 다르다는 것을 안다. 즉 서툰 성격적 특성이 유전적 영향인 것은 사실이지만, 그러한 특성이 장점 혹은 약점으로 발현되는 방식에는 환경이 평생 동안 커다란 영향을 끼친다는 것이다. 서툰 성격적 특성이 발현되는 방식은 일종의 요리 대결 리얼리티 프로그램과 같다. 참가자들은 요리에 꼭 집어넣어야 하는 기본 재료를 제공받지만, 재량껏 다른 재료를 추가로 쓸 수 있고 요리 방법도 마음대로 고를 수 있다.

대부분의 사람들은 청소년기 후반 즈음 성격적 특성이 결정되지만, 이 규칙에도 예외는 있다. 나이가 들수록 점점 수다스러워지는 사람이 있는가 하면 점점 운둔적으로 변하는 사람도 있다. 또 점점 상냥해지는 사람도 있는가 하면 점점 무례해지는 사람도 있다. 연구원들이 이러한 변화가 일어나는 이유를 여전히 조사하고 있지만, 많은 성격심리학자들은 어떤 사람들의 성격이 시간이 지날수록 더 좋아지거나 나빠지는 그럴듯한 원인으로 인간관계의 변화를 꼽았다. 우리는 항상 특정 형태로 '이미 조리가 끝난 음식'처럼 보일 수 있다. 그러나 새 학기에, 새로운 직장에서, 혹은 새로운 사교 모임에서 새로운 사람들을 만남으로써 자기 안의 심리적 재료들을 다시 섞어 기존보다 더 맛있게 자신을 조리할 기회를 얻을 수 있다.

제트 선생님의 경우에는 양부모의 영향이 인생의 전환점이 되었다. 그들은 그에게 자신들의 삶의 방식을 그대로 따르도록 강요하는 대신, 그가 어떤 사람인지 신중히 고려해 그의 성격에 맞는 일과를 짜고 요구사항을 마련했다. 그는 항상 에너지가 넘쳤고, 특정 일과를 상대적으로 엄격히 지켰으며, 평범한 하루 일과 이외의 사회 상황에서 다소 서툰 모습을 보였다. 하지만 그는 타고난 기질상의 긍정적인 에너지를 발산했던 분출구 방향으로 자신의 개성과 능력을 돌리는 방법을 이미 알고 있었다. 제트 선생님이 모든 사회 상황에서 카리스마를 발휘하거나 편안한 모습을 보여줄 수 있는 사람은 아니었지만, 다른 사람들을 어떤 식으로 대할지 고민에 고민을 거듭했기에 아이들은 그를 깊이 존경했고 자라서 선생님처럼 되고 싶어했다.

나는 화학에서 A학점을 받지는 못했지만 실력이 훨씬 향상되었다. 보다 중요한 것은 제트 선생님이 가르쳐주려 했던 심오한 교훈을 마침내 이해하게 되었다는 점이다. 선생님은 내가 과정이 중요하다는 사실을, 과학적 문제든 사회적 문제든 사람들이 보고 싶어하는 것은 문제해결 과정이라는 사실을 이해하길 바랐다. 그는 내 에너지가 넘친다는 것을 알았고, 이를 제대로 다스리지 않을 경우 산만하고 부주의한 사람이 될 수밖에 없다고 생각했다. 나는 넘치는 에너지로 인해 때때로 사람들을 당혹스럽게 만들었고, 그는 내가 그러한 행동을 한 이유를 사람들에게 설명하지 못한다면 커다란 대가를 치르리라는 것을 알았다.

어릴 적 나는 결과에만 집착했기에 인사를 건넨다든지, 어떻게 지내냐고 묻는다든지 하는 사소한 일을 건너뛰었다. 이것이 사회생활에서 바람직한 결과를 달성하는 데 중요한 디딤돌인데도 말이다. 어떤 사고 과정을 거쳐 특정한 결론에 도달했는지 설명하지도 않고 갑자기 화제를 바꿀 때도 있었고, 누군가와 이야기를 나누다가 자리를 뜰 때도 있었다. 이러한 맥락 없는 행동 때문에 사람들은 내가 그들과 어울리길 지루해한다거나 관심 없어한다는 인상을 받았다. 사실은 악의 없이 특정 행동을 한 것이며, 그 이유를 그들에게 설명하지 않은 것뿐인데 말이다.

제트 선생님은 화학의 과정과 절차를 신뢰하도록 가르쳤다. 화학 문제를 한 단계 한 단계 올바르게 풀어나가는 자신의 능력을 신뢰하게 되면, 궁극적으로 처음의 기본 원소들로 새로운 해법을 도출하는 방법을 찾을 수 있다. 하지만 충동적으로 행동하거나 각 단계를 꾸준히 밟아나가지 못할 경우, 성급히 신뢰할 수 없는 결론을 내리게 된다. 이처럼 화학 문제를 푸는 행위는 믿음을 길러나가는 과정이다. 각 단계를 밟아나가는 자신의 능력을 신뢰하고, 다른 사람들에게 그 과정을 기꺼이 보여주고, 풀이과정에 따라 구성 원소들에서 다른 결과가 도출될 수 있다는 것을 믿어야 한다. 서툰 사람들의 경우 사회생활이 이런 종류의 믿음에 좌우된다. 사회생활에서 사소한 부분들에 주의를 기울이면 구성 원소들의 합 그 이상의 '사회적 화학작용'을 일으킬 수 있다는 믿음을 가져야 한다. 그래야 비로소 눈을 맞추고, 상대방의 기분에 따라 적절한 반응을 보이며, 기분좋은 말투로 이야기하는 것이 어떤 식으로 좋은 첫인상 같은 추상적인 결과를 낳는지 반복적으로 확인할 수 있다.

나는 선천적으로 사회생활에 서툰 사람이지만 후천적 노력으로 사회성이 크게 향상했다. 부모님과 제트 선생님 같은 멘토들은 내게 맞는 소프트웨어를 설치하는 방법을 발견했다. 이 소프트웨어를 사용하면 내 머릿속의 특이한 하드웨어를 토대로 대부분의 사회 상황에서 써먹을 수 있는 응급처치법을 찾을 수 있었다. 부모와 교사는 서툰 아이에게 사회적 기대를 명확히 제시하고, '만약―그러면'이라는 규칙이 가정이나 교실의 더욱 큰 가치와 어떤 관련이 있는지 정확히 설명해야 한다. 현대사회에서 자녀들이 사회생활을 시작할 준비를 할 때 부모들은 특히 이 점을 명심해야 한다. 급변하는 기술 및 정보화시대의 한가운데서 어떤 행동이 예의바른 것인지 그 답을 찾기가 그 어느 때보다 힘들기 때문이다.

7장
친구를 사귀는 데
서툰 사람들

브룩은 살면서 한 번도 테니스 라켓을 잡아본 적이 없었다. 하지만 마르티네스 코치는 그를 훌륭한 선수가 될 재목으로 보았다. 농구팀의 날쌘 포인트가드이자 야구팀의 공격적인 유격수로서, 브룩은 스포츠에 대한 놀라운 열정뿐 아니라 범상치 않은 수준의 정신력과 높은 기개까지 보여주었다. 마르티네스 코치는 그의 그런 면에 깊이 감명받아, 그를 자신이 이끄는 학교 테니스 대표팀으로 데려가고 싶었다. 그곳은 상당히 강한 정신력을 요하는 곳이었다.

연습 첫날 학생들 대부분은 바지 안쪽 길이가 13센티미터 정도인 흰색 반바지에 하얀 테니스화를 신고 있었다. 브룩에게 이는 편안한 차림이 아니었다. 그는 헐렁한 농구 반바지를 입고, 코트에 길게 긁힌 자국을 남기는 검은색 하이톱을 신었다. 그는 양손으로 포핸드와 백핸드를 구사했는데, 마치 강속구를 받아칠 준비를 하는 타자처럼 스윙하기 전 두 주먹을 어깨 뒤쪽으로 휙휙 돌렸다. 브록은 또한 다듬어지지 않은 거친 성격을 가지고 있었다. 그는 경기중 사나운 눈빛으로 사람들을 쏘아보고 남다른 방식으로 욕설을 늘어놓아 관중들을 깜짝 놀라게 했다. 그는 전형적인 테니스 선수처럼 보이진 않았지만 분명 당당히 경기를 펼칠 수 있었다. 어느 누구도 그렇게 저돌적으로 경기장을 누비며, 엄청난 체력 소모에도 불구하고 그토록 많은 샷을 날리고, 그렇게 격렬히 공을 치는 사람을 본 적이 없었다.

첫 주 연습이 끝나고, 마르티네스 코치는 브록과 나를 테니스 복식 경기 파트너로 짝지어주기로 마음먹었다. 이 결정을 들었을 때 브록은 분명 고개를 뒤로 젖히며 짜증 섞인 표정을 지었을 것이다. 나는 강한 정신력이나 스포츠에 대한 뜨거운 열정을 가진 사람이 결코 아니었을 뿐 아니라, 그의 격한 성격에 다소 두려움을 느꼈다. 과연 우리 두 사람 사이에서 공통점을 찾을 수 있을지 의심스러웠다.

연습할 때 보면 그는 쉽게 다가갈 수 있는 사람이 아니었다. 그런데 초등학교나 중학교 때 그를 알았던 사람들 모두가 그를 좋아하는 것을 보면 이상한 일이 아닐 수 없었다. 그는 인기 있는 아이들과 몰려다녔지만, 인기를 얻거나 유지하려는 특별한 노력을 기울이진 않았다. 그는 멋진 옷이나 멋진 차에는 그다지 관심이 없었고, 대신 학업에 열중했다. 그는 사람들이 동일 집단의 아이들에게 일반적으로 거는 기대 가운데 상당수를 충족하지 못했다. 그는 학교에서 너드로 통하는 아이들 못지않게 학업에 몰두했다. 엄밀히 말해 브록은 너드 아니면 사회적으로 서툰 아이로 분류되어야 했다. 하지만 다른 학생들에게 브록을 어떻게 생각하는지 물었다면, 그들은 분명 "정말 멋진 녀석이에요"라고 답했을 것이다.

둘째 주 연습 기간 동안 나는 연습을 거의 하지 못했다. 비록 잘 치지는 못해도 가까스로 몇 차례 공을 받아치기는 했었는데, 이젠 그마저도 제대로 할 수 없었다. 나는 압박감에 숨이 막혔다. 결국 코치 선생님은 다른 아이들이 연습하는 동안 내게 운동장 달리기를 시켰다. 코치 입장에서 그것은 현명한 조치였다. 계속 연습했다가는 내 자존감에 더 큰 상처가 날 수 있었기 때문이다. 그렇지만 나는 스스로가 부끄러웠다. 운동장으로 쫓겨날 만큼 연습을 제대로 따라가지 못하는 아이는 나밖에 없었다.

코치 선생님은 다른 아이들을 해산시키고 나서 내가 운동장을 돌고 있다는 사실을 잊어버린 채 퇴근했다. 그는 집으로 가다가 그 사실을 깨닫고 학교로 차를 돌렸다. 혼미한 상태로 휘청거리며 운동장을 도는 나를 발견한 그는 미안해하며 이제 그만 달려도 된다고 말했다. 그는 몇 마디 격려의 말을 건네며 내일은 새로운 하루가 될 거라고 말했다. 이런저런 생각을 하며 로커룸을 향해 한참을 걸었다. 운동장에서 로커룸으로 가는 언덕길을 오르다가 테니스장 출입구 앞에 선 브록을 보았다. 그의 옆에는 테니스공으로 가득한 바구니가 놓여 있었다. 그는 무미건조한 말투로 이렇게 말했다. "파트너, 우리 조금 더 연습하자."

십대 소년들 사이에는 원초적인 '적자생존' 심리가 존재한다. 이러한 심리는 상대적으로 평온한 도시 근교 지역에서도 쉽게 찾을 수 있다. 남자아이들은 사회집단에서 가장 약한 아이와 엮이기를 꺼려한다. 그런 아이들과 엮이는 것만으로도 사회집단 내 치열한 서열 싸움에서 불리해질 수 있기 때문이다. 브록은 그날 내가 팀의 최대 '구멍'이라는 것을 이해하기에 충분한 사회적 능숙함을 지녔지만, 자신의 사회자본을 보호하는 데 별 관심이 없었다. 비록 자의에 의해 나와 파트너가 되지는 않았지만, 부모님의 가르침 덕에 그는 그런 상황에서 어떤 선택을 해야 하는지 판단의 잣대 역할을 할 가치관을 가지고 있었다. 이를테면 '누군가 최악의 상황에 처한다면, 그때가 바로 그 사람을 가장 많이 도와줘야 할 때다' 같은 가치관 말이다.

우리는 약 45분 동안 말없이 테니스를 쳤다. 나는 공을 점점 잘 치기 시작했고 마침내 자신감 있게 공을 치고 있었다. 마지막에 브록은 "자신감을 잃지 마, 우린 해낼 거야"라고 말하고 서둘러 집으로 향했다. 나는 45분 만에 대부분의 사람들이 브록을 좋아하는 이유를, 그를 잘 아는 사람들이 '멋진 녀석'이라 평가하는 이유를 알게 되었다. 그는 공정함, 친절함, 충직함에 큰 비중을 두는 사회생활 이론을 정립했고, 그렇게 함으로써 다른 많은 사소한 사회적 기대는 건너뛸 수 있었다. 브록은 다른 호감 가는 사람들만큼 많은 사회적 기대를 충족하지 않는 것을 걱정할 필요가 없었다. 그는 상대적으로 적은 행동으로 우정에 막대한 영향력을 발휘할 수 있었기 때문이다. 이는 내게 값진 교훈이었고, 극적인 변화를 겪고 있는 사회환경에서 그 어느 때보다 중요한 가르침이었다.

친구는 몇 명이면 충분할까?

아이들이 새로운 학교에 처음 등교할 때, 중학생들이 여름 캠프에 참가할 때, 십대들이 대학교에 진학할 때, 그들 모두가 새로운 친구들을 사귈 걱정을 한다. 다른 사람들과 잘 어울릴 수 있을까 걱정하는 것은 인간의 본성이지만, 많은 학교와 사교 단체는 의도적으로 개개인이 소속감을 느끼도록 돕기 위해 다양한 기반을 만든다. 학교에서 하는 다양한 과외활동, 집단 프로젝트, 심지어 캠프에서 유대감을 강화하는 활동들은 상호작용을 촉진하고, 잠재적으로 우정을 꽃피우는 데 도움이 되는 사회적 기반을 제공한다. 이는 뜻깊은 노력이다. 교우관계가 좋은 학생들이 학교에서 더 우수한 성적을 거둘 뿐 아니라 중퇴할 가능성이 더 낮기 때문이다. 그리고 장기적으로는 그들의 개인적·직업적 성공에 필수적인 사회자본을 축적하는 방법에 대한 평생의 교훈을 배울 수 있기 때문이다.

그렇지만 성인기에 접어들면, 사회환경이 예전 세대의 그것만큼 짜임새 있지 않다는 사실을 깨닫게 된다. 이로 인해 서툰 사람들과 서툴지 않은 사람들 모두에게 새로운 친구를 찾고 우정을 쌓는 일은 예전보다 더 어려울 수밖에 없다. 어른이 된다고 해서 우정의 중요성이 줄어들지 않기에, 이는 걱정스러운 추세가 아닐 수 없다. 시카고대학교의 존 카시오포John Cacioppo와 스테퍼니 카시오포Stephanie Cacioppo는 사회관계에 관한 연구결과들을 고찰한 끝에 진한 우정을 나누는 사람들이 숙면을 취하고, 우울증 및 심혈관계질환에 걸릴 가능성이 훨씬 적으며, 만성적으로 외로움에 시달리는 사람들보다 26퍼센트 정도 더 오래 산다고 주장했다.

우정은 가족, 직장 동료, 사랑하는 사람들로부터 얻는 이점들에 더해 사회생활에 필수적인 요소다. 하지만 요즘 성인들은 친구를 사귀는 일을 어렵고 거북스럽게 생각한다. 이 장에서는 서툰 이들뿐 아니라 서툴지 않은 사람들 모두에게 있어 현대사회의 우정이 어떻게 달라졌는지 살펴보고, 전통적인 사회제도의 몰락과 사회적 기대의 다양화, 그리고 격식을 중요시하지 않는 태도가 사회적 유대에 어떤 영향을 끼치는지 알아볼 것이다. 또한 사회성 부족과 우정의 상관관계를 조사한 몇몇 연구결과도 간략히 훑어볼 것이다. 하지만 친구를 사귀는 것을 모두가 더 힘들어하는 데는 사회적 영향이 크다.

사회생활이 극적인 변화를 겪고 있다는 현대적 견해는 2000년 『나 홀로 볼링Bowling Alone』이라는 책을 통해 소개되었다. 이 책의 저자 로버트 퍼트넘Robert Putnam은 하버드대학교 공공정책 분야 교수로, 『나 홀로 볼링』에서 대규모 설문조사를 통해 찾아낸 증거를 제시했다. 그에 따르면 1960년대 이후 미국에서 시민 참여도가 줄어들고 고립감이 심화되었다. 사회에서 소속감을 느끼는 게 더 어려워졌다는 퍼트넘의 메시지는 공감을 불러일으켰고 학계와 정책입안자들, 일반 대중의 폭넓은 관심을 끌었다.

이 책의 제목은 1980년부터 1993년 사이에 볼링을 하는 사람의 수는 10퍼센트 증가한 반면, 볼링 시합 참여도는 40퍼센트가량 줄어들었다는 연구결과에서 유래했다. 퍼트넘이 내린 결론 중 일부는 논쟁을 일으켰지만, 사람들이 종교, 정치, 친목단체 같은 전통적인 제도에 등 돌리고 있다는 결론은 많은 이들의 적극적인 지지를 받았다. 이는 한때 사회적 유대감을 가능하게 했던 구조가 사라짐을 의미했다.

『나 홀로 볼링』이 출간된 지 16년이 지난 지금, 전통적인 사회제도에 참여하는 일은 훨씬 더 줄었다. 이러한 커다란 사회 변화는 상대적으로 잘 알려지지 않은 새로운 사회 영역을 만들어냈다. 따라서 과거 20년 동안 사회 변화가 사회적 유대를 형성하는 방식과 이러한 관계를 다루는 방식에 어떤 영향을 끼쳤는지 살펴보는 일은 가치 있다. 요즘 친구를 사귀는 일이 더 거북하게 느껴진다면, 당신만 그런 감정을 느끼는 게 아니라는 사실이 조금이나마 위안이 될지도 모른다.

'사람들은 친구가 몇 명 있을까? 시간이 지남에 따라 친구 수는 달라질까?'라는 간단한 질문을 통해 절친한 친구를 찾는 일이 더 어려워졌는지 아닌지 조사하는 일은 흥미롭다. 독일 막스플랑크 인간개발연구소의 코르넬리아 브르주스Cornelia Wrzus와 동료들은 서로 다른 연령대에 속하는 사람들에게 몇 명의 친구와 가족이 있는지 조사한, 277개의 각기 다른 연구를 바탕으로 이 질문에 대한 몇 가지 답을 제시했다. 그들이 살펴본 결과에 따르면, 사람들은 열 살에서 스물네 살 사이에 가장 큰 사회집단을 형성한다. 보통 십대는 아홉 명 정도의 친구들과 정기적으로 만나지만 서른 살이 되면 그 수가 일곱 명 정도로 줄어들고, 나이가 들수록 친구 수는 점점 더 감소한다. 정기적으로 만나는 가족의 수는 시간이 지나도 큰 변화를 보이지 않았고, 모든 연령대가 일곱 명 정도의 가족과 정기적으로 만난다고 했다.

소속욕구를 충족하기 위해 서너 개 정도의 믿을 만한 관계가 필요하다면, 보통 서른 살에 친구와 가족이 각각 일곱 명 있는 사람은 친밀한 관계를 많이 확보한 것처럼 보일 수 있다. 하지만 사람들과 정기적으로 만난다고 해서 꼭 그 사람들과 긴밀한 유대감을 느끼는 건 아니다.

얼마나 많은 친구가 있느냐가 유대감과 어느 정도 관련있긴 하지만, 유대감에 더 큰 영향을 미치는 것은 그 관계에서 얼마나 많은 만족감을 느끼느냐는 것이다. 나를 제대로 이해해주고 열렬히 응원해주는 한 사람과의 관계는, 그러한 기대에 못 미치는 열 사람과의 관계보다 훨씬 큰 심리적인 영향을 끼친다. 자신을 숭배하는 팬들에 둘러싸인 유명인들이나 끊임없이 회의에 참석하는 CEO들이, 사람들과의 지속적인 상호작용에서 종종 고통스러울 정도로 외로움을 느끼는 이유도 이 때문이다.

영국의 정신건강협회는 2010년 보고서를 통해 얼마나 많은 사람들이 외로움을 느끼는지에 대해 몇 가지 단서를 제공했다. 이들은 다양한 연령대에 걸쳐 2천 명 이상의 사람들을 대상으로 설문조사를 실시했고, 응답자 가운데 11퍼센트가 '종종' 외로움을 느낀다고 대답했다. 이는 주목할 만한 결과이지만, 그렇다고 외로움이 만연해 있다고 말할 정도는 아니다. 그런데 다른 사람들이 얼마나 외로움을 느끼는지 묻자, 그들의 대답이 달라졌다. 응답자 가운데 37퍼센트가 친한 친구나 가족이 '매우 외로워한다'고 답했고, 48퍼센트는 '일반적으로 사람들이 점점 더 외로움을 느낀다'는 데 동의했다. 외로움에 따라다니는 부정적인 이미지 때문에 일부 사람들은 자신의 외로움에 대해서는 줄여 말하지만, 다른 사람들의 외로움에 대해서 굳이 줄여 말할 필요가 없는 것이다.

외로움을 느끼는 전체적인 비율이 상당히 높고 우려되는 수준이지만, 흥미롭게도 지난 이삼십 년에 걸쳐 십대 및 젊은층에서 외로움을 느끼는 비율은 사실상 감소했다. 퀸즐랜드대학교의 매슈 클라크[Matthew

Clark와 동료들은 미국 대학생들 사이에서 외로움을 조사한 48가지 연구결과를 분석했고, 외로움 점수가 1978년에서 2009년 사이에 줄어들었다는 사실을 발견했다. 2차 연구에서 그들은 30만 여 명의 고등학생 대표 표본으로부터 수집한 데이터를 분석했고, 외로움을 느끼는 정도가 1991년에서 2012년 사이에 조금씩이긴 하지만 계속 줄어들었다는 사실을 발견했다.

십대와 젊은층 사이에서 외로움이 줄어드는 일반적인 추세에도 불구하고, 클라크와 동료들은 몇 가지 이례적인 결과들도 찾아냈다. 1991년에서 2012년 사이에 고등학생들은 도움이 필요할 때 손 내밀 데가 있다고 말할 가능성뿐 아니라, 친구들과 보통 사이좋게 지낼 수 있다고 생각할 가능성도 줄어들었다. 이러한 조사결과는 애리조나대학교의 밀러 맥퍼슨Miller McPherson과 동료들이 실시한 또다른 연구결과와 일치한다. 그에 따르면 1400여 명의 미국 거주민 대표 표본에서 중요한 문제를 의논할 상대가 없다고 대답한 사람들의 수가 1985년에서 2004년 사이에 세 배나 증가했다.

전반적으로 우정과 관련된 이러한 결과들을 통해 일반적인 십대와 성인은 그들이 사귀는 친구 수에 만족하며, 그 정도 인원이면 외로움을 막기에 충분하다는 것을 알 수 있다. 그렇지만 외롭지 않다는 것이 어떤 사람과의 우정에 만족한다는 의미는 아니다. 사회집단의 크기가 달라지지 않았음에도 불구하고, 사람들은 친구들과의 진정한 유대감이 점점 옅어진다고 느낄지도 모른다. 사회학자들과 심리학자들은 우정에서 이런 문제가 조금씩 심화하는 이유를 중점적으로 연구했다. 그들의 연구결과 덕에 새로운 우정 풍속도를 반영한 사회 지도를 그리는 것은 물론 우정을 쌓을 기회가 어디에 있는지도 찾을 수 있다.

미지의 사회 상황에 대처하는 가장 확실하고 안전한 방법

사회심리학자들은 사람들이 서로 친구가 되는 이유를 알아내기 위해 수백 가지 가능성을 연구했다. 몇 십 년간 정교한 이론들을 검증한 끝에 이는 세 가지 요소, 즉 물리적 근접성, 유사성, 호혜적 호감으로 압축되었다. 다시 말해 우리는 물리적으로 가까운 거리에 있는 사람, 자신과 닮은 사람, 적당한 시점에(이를테면 상대방이 마음의 준비가 됐을 때) 좋아하는 마음을 전하는 사람과 친구가 되는 것이다. 이는 상식적인 이야기처럼 들리지만, 많은 이들이 이러한 원칙을 실행에 옮기기를 어려워한다.

20세기 대부분의 기간 동안 사회제도 덕에 사람들은 교회, 사무실, 또는 사교 모임으로 모여들었다. 이러한 집단에 속한 사람들은 종교, 기업문화, 혹은 사회조직에서 전파된 비슷한 가치관과 관심사를 공유할 가능성이 높았다. 어떤 집단의 일원이 된다는 것은 서로에게 동질감을 느끼며 형제자매로, 동료로, 친구로 묶인다는 것을 의미했다. 특정 집단에 들어갈 자격을 갖춰 회원이 되면, 사람들은 이러한 사회 기관 덕에 물리적으로 가까워지고, 서로 비슷해지며, 말 그대로 소속감이 강화된다는 것을 발견했다.

1960년대 이러한 사회 풍속도에 첫번째 중대한 변화가 일어났다. 각종 사회제도에 대한 믿음이 사라지고 사람들의 참여율이 급감하기 시작한 것이다. 2014년 퓨리서치센터의 폴 테일러Paul Taylor와 동료들은 1981년에서 1996년 사이에 태어난 밀레니얼 세대가 특히 '탈사회제도

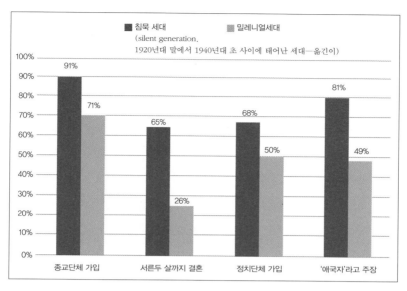

침묵 세대
(silent generation,
1920년대 말에서 1940년대 초 사이에 태어난 세대—옮긴이)
■ 밀레니얼세대

그림 7.1 세대 간의 사회제도 참여도 및 태도상의 차이

선언'을 한다는 보고서를 내놓았다. 테일러와 동료들은 밀레니얼 세대가 더 나이 많은 성인들에 비해 어느 정치단체에도 가입하지 않고 어느 종교도 믿지 않을 가능성이 높을 뿐 아니라, 서른두 살까지 결혼 제도에 얽매이지 않을 가능성이 훨씬 더 높다는 것을 발견했다.

일부 전문가들은 전통적인 사회조직에 참여하는 밀레니얼 세대가 줄어드는 원인을 게으름이나 도덕성 약화 탓으로 돌렸다. 그렇지만 사회제도에 회의를 품게 된 것에 대해 밀레니얼 세대를 탓하기는 어렵다. 그들은 대형 은행들의 기만적인 대출 관행으로 2009년 미국 경제 체제가 무너지다시피 하는 모습을 보았다. 서브프라임 모기지를 받은 중산층 가정들이 파산을 피하려 발버둥치는 동안 파산한 은행의 CEO

들은 퇴직금으로 수백만 달러를 챙기는 현실을 목격했다. 그들은 또한 일부 종교 기관이 성차별주의나 동성애 혐오주의 시각에 맞서기를 주저하는 모습을 보았는데, 이는 밀레니얼 세대의 포용적 태도에 상충했다. 대서특필된 천주교 신부의 성범죄 스캔들 파문은 종교 기관에 대한 신뢰도를 한층 더 떨어뜨렸다.

물론 그렇다고 집단이나 기관을 싸잡아 비난하는 일은 부당하다. 대규모 조직이나 종교 기관에는 '썩은 사과'보다 좋은 사람들이 훨씬 더 많다. 하지만 일부 조직의 행위는 엄청난 파급효과를 일으켰다. 밀레니얼 세대가 가장 강력한 불신을 드러냈고 전통적인 사회조직에 참여하는 일이 줄어든 것은 사실이지만, 세대를 불문하고 사회조직에 대한 신뢰가 줄어들고 참여율이 낮아진 것 또한 사실이다.

정당의 강령에, 교회의 사명에, 조직의 성명에 의문을 제기할 가능성이 낮을수록 구성원들은 어떻게 행동해야 할지 덜 혼란스러워했다. 사람들은 어떻게 입어야 하는지, 언제 말해야 하는지, 심지어 어떤 말을 해야 하는지 등 구체적인 행동에 있어 자신이 속한 기관의 규정에 따라 처신하면 그만이었다. 기관의 요구를 이해하는 일이 상대적으로 더 쉽지만, 일단 한번 기관의 요구에 반대하거나 그러한 요구를 협상할 자유를 꿈꾸기 시작하면 각종 요구사항을 충족하고자 하는 욕구는 급감하게 된다. 엄격한 복장규정을 따르고, 허락된 경우에만 말하고, 허락된 때에 "예, 알겠습니다" "즉각 처리하겠습니다" 같은 정해진 대답만 해야 하는 직장에 기꺼이 합류할 밀레니얼 세대를 찾기란 매우 어려울 것이다.

결국 기업들은 정장을 입어야 한다는 규정을 버리고 근로자들에게 속마음을 툭 털어놓도록 독려하기 시작했다. 실리콘밸리의 일부 기업들은 "예, 알겠습니다"라고 대답하는 근로자들 대신 현재 상태에서 벗어나기 위해 도전장을 내미는 사람들을 높이 평가하게 되었다. 성당에서는 차분한 오르간 연주와 성가 대신 전자 기타 연주와 모던한 음악이 울려퍼지기 시작했다. 새로운 교황은 성당 신자들과 셀카를 찍어 SNS에 올리기까지 했다. 대규모 기관에서 문화의 방향키를 돌리는 일은 커다란 유람선이 방향을 트는 것과 같다. 따라서 모두가 새로운 방식과 수정된 기준에 맞춰 행동하는 방법을 찾아내는 동안, 기관도 개인도 문화적으로 불확실한 상태에서 서툰 행동을 되풀이할 수밖에 없다.

대부분의 사람들은 기관의 엄격한 통제에서 벗어나는 자유를 선호할 것이다. 그렇지만 이러한 자유는 개인적인 결정이 사회적으로 용납되는 일인지 아닌지 불안감을 불러일으킨다. 자유를 추구하고자 하는 사회적 욕구와 기관이 정해놓은 기준을 따르고자 하는 사회적 욕구 사이의 역설은, 프로이트의 충동적인 '원초아'와 규칙을 엄격히 준수하려는 '초자아' 간 대립의 '사회학적 버전'이라 할 수 있다. 우리의 '사회적 자아'는 그 사이에 낀 채로 끊임없이 변하는 사회적 기준을 충족하는 동시에 나다움을 지킬 방법을 찾아내려 애쓴다.

사회 풍속도에서 또다른 중대한 변화는 다양성을 인정하는 포용적인 시각이 비교적 빠른 속도로 확산하고 있다는 점이다. 밀레니얼 세대가 그러한 변화를 주도해왔지만, 연령에 상관없이 모든 세대가 자신과 피부색이나 성적 취향이 다른 사람들에게 마음의 문을 활짝 열고 있고, 양성평등을 적극적으로 지지하고 있다. 퓨리서치센터는 무작위로 성인 표본을 추출해 동성애자라는 이유로 교사가 해고된 것에 대해 어떻게 생각하는지 물었다. 그 결과 1987년에 51퍼센트가 해고에 찬성했지만, 2007년에는 찬성률이 28퍼센트로 떨어졌다. 동성결혼에 대한 전반적인 지지율은 지난 30년 동안 35퍼센트에서 55퍼센트로 증가했다.

또 퓨리서치센터는 인종차별주의적인 시각이 보다 포용적인 시각으로 바뀌고 있다고 보고했다. 백인 응답자들에게 '미국 사회에서 흑인들에게 백인과 동일한 권리를 제공하려는 노력을 계속해나갈 필요가 있는지' 물었을 때 2009년에는 36퍼센트가 찬성한 반면, 그로부터 고작 6년 뒤 실시한 2015년 조사에서는 53퍼센트가 찬성했다. 퓨리서치센터가 '흑인과 백인이 사귀는 것에 대해 어떻게 생각하는지' 물었을 때 1985년에는 응답자의 48퍼센트가 찬성한다고 대답한 반면, 2010년에는 찬성률이 83퍼센트로 치솟았다.

사회적 태도가 이처럼 좀더 포용적으로 변화한 것은 급속한 인구 변화와 더불어 일어났다. 그중에는 미국의 인종 비율 변화와 직장의 남녀 구성비 변화가 포함되었다. 이를테면 1960년 미국 인구의 15퍼센트는 백인이 아니었고, 2010년 그 비율이 36퍼센트로 증가했다. 서로 다른 인종 간의 혼인율이 1980년 7퍼센트에서 2010년 15퍼센트로 두 배 이상 증가했고, 여성의 경제활동 참가율은 1970년 44퍼센트에서 2012년 57퍼센트로 증가했다.

소외계층에게 많은 기회를 제공하고 이들의 다양성을 인정하고자 하는 점진적인 노력을 '문화 침식'의 징후로 보는 사람들이 있는가 하면, '문화 발전'의 명백한 징후로 생각하는 사람들도 있다. 나는 그러한 사회 변화를 적극적으로 지지하는 사람으로서, 특히 전통적으로 소외

받던 집단을 포용하는 태도는 오랫동안 기다려온 긍정적인 변화라 믿는다. 내가 이 변화를 지지하는 입장이라는 것을 분명히 하는 것이 중요하다고 생각한다. 왜냐하면 나는 또한 이런 사회 변화들이 사회의 성장통을 가져왔다고 설명할 것이기 때문이다. 사회 풍속도에서 중대한 변화는 '전통적인 사회제도 이후post-institutional'의 사회를, 즉 전통적인 기대들이 사라지고 새로운 기대들은 아직 명확히 확립되지 않은 사회를 탄생시켰다. 사회발전에, 향후 어떻게 해야 하는지와 관련해 약간의 혼란이 수반되는 것은 어쩔 수 없는 일이다. 또 많은 이들이 진정으로 다양성을 받아들이는 데 얼마나 많은 노력이 필요한지 깨닫고 있다. 인종 다양성을, 양성평등을, 동성결혼을 지지한다고 말하기는 쉽지만, 마음의 문을 활짝 열고 서로 다른 태도와 요구의 절충안을 찾아내는 데는 막대한 사회적 노력과 관심이 필요하다.

낯선 문화에 발을 들여놓은 적이 있는 사람이라면 수백 개의 새로운 사회적 요구를 습득하는 일이 얼마나 어려운지, 또 말을 하다보면 서툰 실수를 저지르기가 얼마나 쉬운지 잘 안다. 외교 전문가들의 보좌를 받는 정치인들도 문화적 차이 때문에 어설픈 실수를 저지를 수 있다. 리처드 닉슨은 브라질에 도착해서 엄지와 검지로 동그라미를 만드는 '오케이' 동작을 취했다가 분노를 산 적이 있다. 브라질에서 오케이 동작은 가운뎃손가락을 쳐드는 것과 같은 심한 욕이었던 것이다. 하워드 딘은 2004년 아이오와 전당대회가 끝나고 연설을 하면서 의도치 않게 야생고양이처럼 고함을 질러댔다가, 이 서툰 행동이 소셜미디어에서 바이러스처럼 퍼지는 바람에 곤혹을 치러야 했다. 조지 W. 부시 전 대통령은 해외에서 자주 말실수를 하는 것으로 악명이 높았다. 그는 오스트레일리아 총리인 존 하워드에게 이라크 파병에 대한 감사 인사를 전하며 '오스트레일리아' 군대를 '오스트리아' 군대로 잘못 발음한 적도 있었다.

플로리다의 신출내기 하원의원 커트 클로슨은 굳이 해외까지 가지 않아도 문화적 다양성으로 인한 서투른 실수를 저지를 수 있다는 것을 보여주었다. 하원외교위원회 청문회에서 클로슨 하원의원과 다른 위원들은 고위 관리 두 명과 인사를 나눴다. 한 명은 미국 국무부의 니샤 비스왈이었고 다른 한 명은 상무부의 아룬 쿠마르였다. 두 사람 모두 아메리칸 인디언American Indian(콜럼버스가 신대륙, 즉 아메리카를 발견하고, 그것을 동양에 있는 인도의 일부로 착각해 아메리카의 원주민을 인디오Indio, 에스파냐어로 인도인이라는 뜻라고 불렀다. 그후 본래의 인도인과 구별하고자 '아메리카의 인도인', 즉 아메리칸 인디언이라 부르게 되었다—옮긴이)이었다. 백인인 클로슨 하원의원은 좋은 뜻에서 "나는 당신의 나라에 대해 잘 압니다. 나는 당신의 나라를 좋아합니다" "인도와의 관계 개선을 위해 무엇이든 할 수 있습니다" 등의 말을 계속 늘어놓았다. 그 바람에 그는 자신이 큰 실수를 저지르고 있다는 사실을 눈치챌 수 있는 중대한 사회적 신호를 놓쳤다. 이러한 대화 끝에 클로슨 하원의원이 인도 정부와의 협력을 당부하자, 비스왈은 예의바르게 이렇게 답했다. "인도 정부에 하시는 요청 같은데, 우리도 그에 분명 공감합니다. 우리는 '미국 대표'로 그 뜻을 적극 지지합니다."

다양한 문화권에서 온 사람들에게 익숙하지 않을 때, 선의를 지닌 사람도 사소한 사회적 기대를 오해하거나 잘못 다루게 될 수 있다. 다른 사람들이 어떤 기대를 갖는지 잘 알 수 없을 때 불편함을 느끼겠지만, 이러한 '성장통'은 좀더 깨어 있고 열린 마음을 지닌 사람으로 한 단계 발전하는 밑거름이 된다. 어떻게 어울려야 하는지 혹은 어떻게 친구가 되어야 하는지 서로의 이해를 구하는 과정에서, 사람들은 마음의 문을 열고 새로운 요구를 배워나가야 할 뿐 아니라 사소한 실수에 분노하기보다 호의를 베풀어야 한다.

상대방이 몰라서 저지른 실수에 상처받고 그에 맞대응하는 대신 그러한 행동 이면에 자리한 의도를 들여다본다면, 다양성을 한결 쉽게 끌어안을 수 있다. 클로슨 하원의원의 서툰 행동은 그가 보여줄 수 있는 최상의 모습은 아니었지만, 애초부터 상황을 잘못 읽었는데도 불구하고 나름대로 상대방을 존중하고 협조 정신을 발휘하려 애쓰는 모습이 보였다. 비스왈은 기분이 상했다고 말할 수도 있었지만 그렇게 하지 않고 예의바르게 대처함으로써 훨씬 더 많은 것을 이뤄냈다. 사실 눈앞에 펼친 미지의 사회 상황에 대처하는 가장 확실하고 안전한 방법은 사회 예절과 예의바른 태도를 잃지 않는 것이다. 다른 사람들이 어떤 기대를 갖는지 확실치 않을 때 이것이 든든한 발판이 되어줄 수 있다.

때때로 욕하는 선량한 사람들을 대하는 바른 태도

이러한 사회 변화는 예상치 못한 결과를 초래했다. 가령 십대들은 예절을 가르쳐줄 수 있는 사람들을 적극적으로 찾기 시작했다. 사회 예절을 가르치려는 부모에게 짜증을 부렸던 베이비붐 세대 및 X세대와 달리, 밀레니얼 세대는 일반적인 사회 상황에 효과적으로 대처하는 방법을 가르쳐줄 사람을 갈망하는 듯하다. 지난 몇 십 년 동안 격식을 차리는 일이 점점 줄어들었고 그 과정에서 일부 양육자들은 자녀에게 어떻게 넥타이를 매야 하는지, 고급 레스토랑에서 어떤 포크를 사용해야 하는지, 디너파티에 무엇을 가져가야 하는지 등을 가르치지 않게 되었다. 이처럼 가정에서 격식을 중요시하지 않는 바람에 청소년들은 적절히 행동할 준비를 갖추지 못했고, 그 결과 서툰 행동을 할 수밖에 없는 처지에 놓이게 되었다.

2013년 〈뉴욕 타임스〉 기사에서 앨릭스 윌리엄스Alex Williams는 밀레니얼 세대와 예절에 대한 흥미로운 사실을 보도했다. 예절을 가르쳐주는 유튜브 동영상들이 바이러스처럼 널리 퍼지고 있는데, 전체 인구 중 밀레니얼 세대가 이러한 동영상에 가장 관심이 많다는 것이다. 유튜브를 검색해보면 비즈니스 이메일을 작성할 때 구두점을 어떻게 찍어야 하는지, 사람들로 붐비는 요가 교실에서 방귀를 뀌었을 때 어떻게 대처해야 하는지, 식사할 때 어떤 행동이 바람직한지 등 예절과 관련된 수백 개의 동영상을 찾을 수 있다. 또 젊은 근로자들에게 적절한 비즈니스 예절을 가르치기 위해 매너 컨설턴트를 고용하는 기업들이 증가하고 있고, 사회 예절을 다룬 도서에 대한 수요가 다시 늘고 있다.

내가 좋아하는 예절에 관한 책은 에이미 앨컨Amy Alkon의 『때때로 욕하는 선량한 사람들을 대하는 바른 태도Good Manners for Nice People Who Sometimes Say F*ck』다. 이 책은 음성 메시지를 남겨도 되는지 안 되는지, 조용한 커피숍에서 큰 소리로 통화하는 사람들을 어떻게 예의바르게 다룰지 등, 현대사회의 쉽지 않은 문제들에 대한 조언을 구하는 현대인을 위한 지침서다. 앨컨은 격식을 중요시하지 않는 태도나 기술 발달로 생겨난 특정 사회적 기대에 어떻게 대처하는 게 좋은지 다양한 조언을 제공한다. 하지만 보다 귀기울일 필요가 있는 것은 애초에 예절을 지켜야 하는 이유가 무엇인가에 대한 그녀의 설명이다. 그녀의 핵심 메시지는 '예절은 사람들에게 공감과 존중의 뜻을 전하는 방법이기에 중요하다'는 것이다.

예를 들어 전화를 받기 위해 밖으로 나간다는 건, 다른 사람들의 사생활과 일을 존중한다는 메시지다. 음성 메시지 대신 문자를 남기는 건, 편의를 고려해 상대방의 시간을 소중히 생각한다는 뜻이다. 대부분의 예절은 다른 사람들이 무엇을 소중히 생각하는지 알고 그러한 생각을 존중한다는 메시지를 전하는 행동이며, 다른 사람들이 필요로 하는 것을 손에 넣도록 당신의 시간과 노력을 쏟는 행동이다. 서툰 사람들은 예절을 성가신 일이나 무의미한 관례로 보는 경향이 있다. 하지만 처음 만나는 사람들이 서로에게 특정한 인상을 심어주는 동안 예절은 중요한 사회적 신호 역할을 한다. 예의 없는 사람이라는 인상을 심어준다면, 사람들은 그를 친구나 사회집단의 일원으로 부적합하며 손발을 맞추기 쉽지 않은 사람일 거라고 생각할 수 있다.

예절은 클럽 하우스club house에 임시로 입장하는 데 필요한 암호나 비밀 악수secret handshake와 같다. 클럽 하우스에서 지켜야 하는 다른 요구 사항이 많겠지만, 예절을 지키는 것만으로도 안에 발을 들여놓고 긍정적인 인상을 심어주기에 충분하다. 예의바른 행동은 특정 집단의 윤리나 사회적 가치를 존중함을 시사한다. 선두적인 도덕성 연구자인 조너선 하이트Jonathan Haidt는 "도덕이 사람들을 하나로 결속한다"고 주장했다. 하이트는 사람들이 사회적 기대를 충족할 수도 저버릴 수도 있는 상황에서 어떤 직관적인 태도를 취하느냐를 바탕으로 순식간에 상대방의 도덕적인 행동이나 도덕적 성격을 판단한다는 사실을 알아냈다.

도덕적 범주	각각의 도덕적 범주에 해당되는 예의바른 행동
해를 끼치지 않는다	괴롭히지 않는다 상대방의 실수를 공공연히 지적하지 않는다
공정함을 잃지 않는다	함께 나누어 쓴다 호의를 받았으면 호의를 베푼다 속이지 않는다
소속집단을 응원한다	험담하지 않는다 다른 사람의 성공을 진심으로 축하한다
권위를 존중한다	시간 약속을 잘 지킨다 적합한 옷차림을 한다 전통을 존중한다
무례를 범하지 않는다	목욕을 한다 입을 다물고 음식을 씹는다 사람들이 많은 곳에서 머리를 빗거나 화장을 고치지 않는다

표 7.1 도덕적 행동의 다섯 가지 범주와 이러한 도덕적 기대에 부합되는 예의바른 행동들의 사례

　도덕은 크게 '해를 끼치지 않는다' '공정함을 잃지 않는다' '친구나 소속집단을 응원한다' '권위를 존중한다' '무례를 범하지 않는다'로 나뉘며, 상당수의 예절이 이 다섯 가지 범주와 관련있다. 이 다섯 가지 범주를 기억하면, 다양한 사회적 기대 이면에 자리하는 이론적 근거를 이해하기 쉽다. 이를테면 어떤 사람이 누군가를 험담해 다른 사람들의 환심을 살 경우 일시적인 유대를 구축할 수 있지만, 그러한 험담은 그가 집단 내 또다른 사람의 평판을 해하고 집단의 결속력을 위협할 수 있다는 무언의 신호 역시 전달한다.

　약속 시간을 잘 지키거나 행사에 알맞은 옷차림을 하거나 친구의 연주회에 꽃을 사들고 올 때 사람들은 보통 이러한 행동들이 사회적 기대를 충족하리라 믿으며, 이 모든 행동이 다른 사람들에게 존중의 뜻을 전한다는 것을 안다. 이런 의도적인 노력을 보고 사람들은 당신이

사려 깊을 뿐 아니라, 다른 사람들이 노력의 결실을 맺도록 응원해주고 도와주리라 생각한다. 서툰 사람들은 이런 종류의 메시지를 전하는 것이 특히 중요하다.

서툰 사람들은 예절을 익힘으로써 사회 상황에서 처음에 어떤 식으로 행동해야 하는지 예측할 수 있다. 또 사회 예절의 체계성은 서툰 이들의 조직적인 사고방식에 적합하다. 그래서 예절이 성공적인 사회생활의 훌륭한 발판이 되는 것이다. 하지만 서툰 이들이 사회생활의 사소한 규칙들을 완벽히 익히려면, 비사회적 문제에서 사회적 문제로 관심을 돌리려는 혼신의 노력을 기울여야 한다.

인스타그램에서는 괜찮지만, 페이스북에서는 안 되는 것

예절은 미묘해서 스포트라이트형 시각을 가진 서툰 이들의 시선을 끌지 못한다. 서툰 사람들은 옷차림, 식사예절, 또는 무신경한 태도를 고칠 필요가 있다는 무언의 경고에 주목하지 않을 가능성이 크다. 어떤 상황에서는 예절이나 절차를 일일이 따지는 것이 보다 중요한 결과를 달성하는 데 장애가 된다고 생각해서, 이를 일부러 무시할 수도 있다. 하지만 많은 경우 서툰 사람들은 올바른 예절을 정말 모르거나, 다른 사람들이 자신의 행동을 무례하게 생각하는 이유를 정확히 알지 못한다. 따라서 서툰 사람들은 새로운 사람을 사귈 때 첫 단추를 잘못 끼우기도 한다. 처음에 어떤 사회적 기대를 충족해야 하는지 잘 모르기 때문이다. 이로 인해 공정함이나 친절한 태도 같은 장점을 제대로 발휘하지 못할 수 있다.

서툰 사람들의 우정을 조사한 몇몇 연구에 따르면, 그들은 일반적으로 어린 시절과 성인기 초반에 우정을 쌓고 유지해나가는 데 어려움을 겪는다. 버지니아 코먼웰스대학교의 리사 조브Lisa Jobe와 수전 윌리엄스 화이트Susan Williams White는 끈끈한 우정과 외로움과 관련해, 서툰 사람들과 서툴지 않은 사람들 사이에 차이점이 있는지 조사하기 위해 대학생들을 대상으로 설문조사를 실시했다. 조브와 화이트는 설문조사에 참여한 서툰 사람들이 친한 친구와 우정을 유지하는 기간(4.5년)이 서툴지 않은 참가자들의 기간(8년)보다 훨씬 짧다는 것을 발견했다. 이는 서툰 사람들이 친한 친구를 사귀거나 우정을 지켜나가는 데, 혹은 두 가지 모두에서 시간이 더 걸린다는 것을 시사한다. 또 그들은 설문 참여자 중 사회생활에 서툰 사람들이 외로움을 보다 많이 느낀다는 사실을 발견했다. 이것은 그들이 사회 상황을 잘 이해하지 못하고 사회적 기술이 부족하기 때문인 것으로 나타났다.

서툰 사람들에게 한 가지 다행스러운 소식은 예절이 대부분의 사회 각본과 같으며, 일반적인 사회 상황에 적용될 수 있는 '만약―그러면'이라는 규칙을 따른다는 점이다. 만약 친구가 당신을 저녁식사에 초대한다면, 당신은 음식을 좀 준비해가고 식사 후 설거지 정도는 해야 한다. 만약 당신이 친구의 결혼식에 초대받은 여성이라면, 흰옷은 피해야 한다. 서툰 사람들이 힘들어하는 문제는 사회적 상호작용의 초기 단계에 어떻게 행동할까 하는 것이다. 이럴 때는 예절을 지키는 게 그러한 상황을 헤쳐나가는 비교적 확실한 방법이다. 카리스마나 유머감각을 발휘하려는 도전과 달리, 예절은 사회적 상호작용 사이에서 학습하고 연습할 수 있는 예측 가능한 규칙을 근거로 한다.

서툰 사람들은 예절을 배움으로써 사회성을 향상할 체계적인 방법을 손에 넣을 수 있다. 그리고 더 중요한 것은 특정 상황에서 어떻게 하는 게 공정하거나 친절한 행동인지 미리 생각해볼 수 있다는 점이다. 서툰 사람들이 절차와 시스템에 대한 타고난 관심을, 예절을 숙달하는 과정으로 돌린다면, 누군가를 만날 때 처음에 어떻게 행동해야 하는지 예측할 수 있고 사회적 기대를 어떤 식으로 충족할지 철저히 대비할 수 있다. 예절은 사회 상황에서 예상치 못한 일이 일어날 가능성을 줄여준다. 그 덕에 서툰 사람들은 그 순간에 더욱 집중할 수 있고, 심적 여유를 토대로 대부분의 사회 상황에서 일어나는 예기치 못한 일에 보다 효과적으로 대처할 수 있다.

어떤 예절은 너무 구시대적일 수 있고, 하위문화마다 제각각일 수도 있다. 그래서 사람들은 사려 깊지만 과하지 않은, 적정 수준의 예절을 찾고 싶어한다. 인류학자 프랭크 보애스Frank Boas는 이러한 개념을 정확히 이해해서 다음과 같이 적었다. "(…) 공손함, 겸손함, 올바른 예절, 그리고 확실한 윤리 기준까지 다 갖추면, 보편성을 잃어버리게 될 것이다." 격식을 요하지 않는 자리에서 지나치게 격식을 차림으로써 서툴러 보이는 사람이 있다. 이를테면 해변 파티에 과한 정장 차림으로 나타나는 사람이 있는가 하면, 마치 1950년대에 썼을 것 같은 표현을 쓰는 사람도 있다. 출판연도를 확인하지 않고 예절 관련 서적을 골랐거나, 시대에 뒤떨어진 조언을 들은 탓일 수 있다.

15년 전 출간된 예절 관련 서적에서 가장 크게 누락된 것은 아마도 온라인 친교 방법일 것이다. 이메일, 소셜미디어, 기타 온라인 플랫폼은 언제 어디서나 휴대전화와 컴퓨터를 통해 사회적 교류를 만들어왔다. 이런 새로운 형태의 교류 활동과 함께 새로 익혀야 하는 사회적 기대가 등장했고, 실생활에서의 기대와 온라인에서의 기대를 어떤 식으로 조율할 것인지 약간의 혼선이 생겨났다. 하지만 온라인을 통한 교류 활동 덕에 서툰 사람들은 특이하고 열정적인 관심사를 나눌 수 있는 사람들과 어울릴 새로운 기회 역시 갖게 되었다.

2011년 페이스북의 월간 이용자는 3억 7200만 명이었는데 2015년에는 일간 이용자수가 10억 명 이상으로 증가했다. 세계 인구의 3분의 1 이상이 페이스북을 이용하고, 밀레니얼 세대의 절반가량이 아침에 일어나자마자 페이스북을 확인한다. 때때로 소셜미디어에 지나치게 의존한다고 한탄하면서도, 상당수의 사람들은 좋은 기회를 놓칠까 봐 두려워 페이스북, 트위터, 인스타그램, 스냅챗에 최근 올라온 내용을 일일이 확인하지 않을 수 없다. 소셜미디어 덕에 전례없이 많은 양의 사회적 정보를 이용할 수 있게 되었지만, 어떤 정보가 관련성 있는지 제대로 분류하지 못하고 정확히 어떻게 대응해야 하는지 잘 모르는 사람들에게 이는 과도한 부담이 될 수 있다.

온라인을 통한 교류의 주된 문제점은, 사람들이 수천 년 동안 의존해온 수많은 사회적 신호가 온라인상에는 존재하지 않는다는 것이다. 서로 얼굴을 마주보며 말하는 대신 온라인으로 메시지를 주고받을 때 상대방이 정확히 무슨 말을 하고 싶은지 알 수 없는 경우가 종종 있다. 항상 문자메시지를 '!!!'로 끝내던 친구가 갑자기 마침표로 메시지를 끝냈을 경우, 당신은 뭔가를 잘못한 것이 아닌가 생각했을지도 모른다. 직장에서 상사가 단어를 대문자로 썼을 경우, 강조의 뜻으로 쓴 건지 아니면 화가 났다는 표시인지 궁금했을 것이다. 뉴욕대학교의 저스틴 크루거Justin Kruger와 동료들은 사람들이 말로 의사소통을 할 때와 이메일로 의사소통을 할 때 상대방이 진심으로 대하는지 빈정거리는지 구분하게 했다. 이메일로 메시지를 전달받은 경우 이를 바르게 구별할 가능성이 56퍼센트밖에 되지 않은 반면, 말로 메시지를 전달받은 경우에는 이를 정확히 구분할 가능성이 73퍼센트에 달했다. 소셜네트워크의 발달이 잘못된 건 아니지만, 모든 새로운 개척지가 그렇듯 이러한 매체를 이용해 가장 효과적으로 다른 사람들과 어울리는 방법은 명확히 알려지지 않았다.

하지만 소셜미디어가 널리 퍼지기 전 인터넷은 흔치 않은 취미에 푹 빠진 서툰 사람들에게 요긴한 도구였다. 한때 게임과 만화 그리고 여타 취미는 소수만이 즐기는 비주류 문화로, 그러한 취미에 비슷한 관심과 열정을 가진 사람을 찾기 쉽지 않았다. 이를테면 영화를 제작하거나 컴퓨터 프로그램을 짜는 방법을 알고 싶어하는 시골 아이들은 세계적인 수준의 조언을 구하거나 도움을 받을 수 있는 커뮤니티를 찾기가 어려웠다. 그렇지만 이제는 온라인 커뮤니티 덕분에 얼마든지 귀중한 정보를 수집할 수 있고, 다른 이들과 쉽게 어울릴 수 있다. 효과적으로 인터넷 생활을 즐길 경우, 인터넷은 필요한 정보를 확인하는 공간, 유대감에 불을 지피는 공간이 될 수 있다. 일부 서툰 사람들은 누군가를 처음 만날 때 온라인상이 더 편하다. 온라인에서는 비언어적 신호, 음성신호, 얼굴 표정 같은 사회적 신호에 일일이 신경쓸 필요가 없기 때문이다. 모두에게서 이러한 사회적 신호가 없어져버리면, 서툰 사람들의 입장에서는 일일이 처리해야 하는 사회적 정보가 크게 줄어들기에 사회적 상호작용이 정말로 간단해질 수 있다.

그러나 온라인 매체로는 소속욕구를 충분히 만족시키기가 어렵다.

대부분의 사람들이 진정으로 유대감과 소속감을 느끼려면 친구와 얼굴을 맞대고 이야기를 나누어야 한다. 온라인을 통한 사회화에 관한 최근 연구들을 보면, 온라인 매체는 얼굴을 맞대고 이야기를 나눌 기회를 만들어주는 촉매로, 혹은 직접 친구를 만나 만족스러운 교류를 하는 사람들이 보조장치로 사용하기에 가장 적절하다는 것을 알 수 있다. 가장 바람직한 방법은 온라인 매체를 이용해 새로운 친구를 사귀고 조금씩 우정을 키워나가되, 일단 직접 만나서 이야기를 나누는 단계에 이르면 온라인 매체에 대한 의존도를 줄이는 것이다. 온라인을 통해 사람을 사귀는 것이 서툰 사람들에게는 새로운 우정을 꽃피울 훌륭한 방법이 되었지만, 온라인에서의 교류는 배워야 하고 따라야 하는 일련의 기대가 있다.

문자나 이메일을 보내거나 소셜미디어를 이용하기 시작하면 상대적으로 모호한 사회적 기대에 맞닥뜨리게 된다. 그러한 기대는 아직 명확히 정립되지 않았을 뿐 아니라 어떤 플랫폼을 이용하느냐에 따라 달라지는 경향이 있다. 예를 들어 트위터에서는 머릿속에서 떠오르는 대로 이런저런 이야기를 늘어놓을 수 있지만, 페이스북에서 그러면 다른 이들이 짜증내 한다. 사고 싶은 오븐용 장갑을 핀터레스트에 올리는 것은 괜찮지만, 인스타그램에 올리는 것은 그리 좋은 생각이 아니다. 칸쿤의 거품 파티에서 찍은 비키니 셀카 사진은 인스타그램에는 잘 어울리지만, 링크트인에 올렸다가는 당신의 경력에 빨간불이 들어올 수 있다. 초창기 페이스북 사용자들은 집안일, 체육관 등록, 일상적인 출퇴근 같은 내용이 해당 온라인 커뮤니티를 찾는 사람들이 진정 알고 싶어하는 종류의 사회적 정보가 아니라는 사실을 깨닫는 데 몇 년이 걸렸다. 반면 인스타그램은 다른 사회적 기대가 있는, 다른 종류의 소셜미디어로 다가왔다. 다시 말해 인스타그램에는 당신이 직접 만든 건강에 좋은 저녁밥 사진(#냠냠냠), 몇 달간 그런 건강식을 먹은 덕에 조금씩 보이기 시작한 복근 사진(#축복), 혹은 퇴근길에 찍은 일몰 사진(#위험해요)을 공유해도 괜찮았다.

사람들은 온라인에서 자신의 정체성을 찾으려 노력하는 한편, 온라인 생활이 오프라인의 우정에 어떤 영향을 미치는지도 알려고 노력한다. 사람들한테는 소셜미디어에 별로 신경을 쓰지 않는다고 말하는 게 좋다는 건 안다. 하지만 대부분의 사람들이 사진을 올리거나 링크를 걸어놓고, 좋아요를 많이 받거나 댓글이 많이 달리기를 바라면서 초조한 마음으로 틈만 나면 휴대전화를 확인하는 것이 현실이다. 그들은 자신이 올린 게시물에 대한 사람들의 선호도가 친구들 사이에서 자신의 사회적 지위를 반영한다거나 자신의 사회적 지위에 영향을 끼칠 수 있다고 믿는다. 하지만 온라인에서의 인기도가 실생활에서의 호감도로 이어진다는 증거가 있기는 한 걸까?

온라인에서의 행동과 오프라인 사교에 관한 초창기 연구들은 놀라울 정도로 서로 조금씩 다른 결과를 보여주었다. 나는 여러 연구결과를 살펴보았고 온라인 행동과 인기도, 온라인 행동과 호감도 사이의 상관관계와 관련해 가장 흥미로운 결과를 찾아냈다. 우리는 이미 영향력이 있는 것으로 보이는 것이 친사회적으로 보이는 것과 같지 않다는 것을 알고 있다. 하지만 소셜미디어 세계에 빠져 있다보면 이 규칙을 쉽게 잊어버릴 수 있다.

조라나 이브체빅Zorana Ivcevic과 날리니 앰바디Nalini Ambady는 사교적 성향과 소셜미디어에 관한 흥미로운 연구를 실시했다. 그들은 소셜미디어 이용자들의 다섯 가지 성격적 특성, 즉 '외향성' '개방성' '우호성' '성실성' '신경증'이 페이스북활동과 연관이 있는지 조사했다. 연구는 3주 동안 대학생 99명의 페이스북활동을 모니터링하는 방식으로 진행됐다. 이브체빅과 앰바디는 우호성이 높은, 즉 사회친화적인 성격을 지닌 참가자들이 친구를 응원하는 게시물을 올릴 경우를 제외하고는 페이스북에 뭔가를 올리는 일이 잦지 않다는 사실을 발견했다. 또 그들은 사람들이 우호성이 높은 참가자와 소셜미디어를 통해 교제를 시작할 가능성이 높다는 것을 알아냈다.

이러한 결과 및 이와 유사한 여타 연구결과물로 미루어보아 실생활에서의 호감도와 온라인에서의 호감도가 동일한 요소를 바탕으로 한다는 것을 알 수 있다. 다시 말해 공정함, 친절함, 충직함 같은 사회친화적 성향을 지닌 사람들은 온라인과 실생활에서 모두 호감도가 높다.

사회친화적 태도의 낙수효과

브록은 결국 훌륭한 테니스 선수가 되었을 뿐 아니라 훨씬 더 좋은 친구가 되었다. 브록이었다면 '지난 20년간 중대한 사회 변화에 어떻게 대처했을까'라는 생각을 가끔씩 한다. 그는 전통적인 예절이 점점 사라지고 끊임없이 셀카를 찍어 소셜미디어에 올리는 추세에 퉁명스럽게 몇 마디 던졌을 수도 있다. 하지만 너그럽고 공정하며 의리 있는 성격과, 다른 사람들에게서 그런 면모를 찾으려는 그의 노력은 달라지지 않았을 것이다. 살면서 역경에 맞닥뜨릴 때 종종 나는 브록이었다면 비슷한 상황에서 어떻게 행동했을지 생각해보거나 어떤 격려의 말을 했을지 상상의 나래를 펼친다.

브록은 사회생활에 대한 나의 접근방식을 180도 바꿔놓은 친구다. '어떻게 하면 사소한 사회적 기대를 충족해 사회의 일원이 될지' 궁리하는 대신 각각의 상황에서 '어떻게 하면 조금이나마 도움이 될 수 있을까?'를 고민하면 다른 사소한 문제들은 저절로 풀린다는 사실을 깨달았다. 일관성 있게 사회친화적인 태도를 고수한다면, 어떤 사회 상황에서 부주의한 실수를 저지르거나 기대를 충족하지 못해 누군가에게 상처를 주었을 때 그 충격을 완화하는 장치를 마련할 수 있다. 하지만 미심쩍은 구석이 있더라도 다른 사람을 믿어주고 적극적으로 다른 이에게 시간과 노력을 투자함으로써 모든 사람이 더 많은 사회자본을 축적하는 혜택을 누리는 것도, 사회친화적인 태도가 사회집단에 '낙수효과'를 미치고 사람들을 하나로 묶어주는 것도 사실이다.

우정이 당신을 변화시키길 기대하는 것은 그리 좋은 생각이 아니지만, 때로는 운좋게도 놀라울 정도로 커다란 영향을 미치는 친구를 만나서 세상을 바라보는 시각이 영원히 바뀔 수도 있다. 브록 덕에 나는 사회 상황에 항상 수동적으로 반응하던 사람에서 다른 사람들에게 뭔가를 베풀 방법을 적극적으로 모색하는 사람으로 바뀌었다.

어떤 사람의 진짜 성격을 알려면 그가 다른 사람들로부터 얻는 이익이 없을 때 그들을 어떻게 대하는지, 역경이 닥쳤을 때 어떻게 대처하는지 보라는 말이 있다. 대학교 3학년 때 브록은 말기암 진단을 받았다. 나는 그때 그의 진정한 성격을 볼 수 있었다고 생각한다.

브록의 인생에서 이례적으로 힘든 그 시기 동안 그가 다른 사람들을 얼마나 소중히 여기는지 확실히 확인할 수 있었다. 그는 병원 음식에 대해 불평 한마디 하지 않았고, 간호사가 채혈을 제대로 하지 못해도 쓴소리 한 번 하지 않았다. 그는 반짝반짝 윤이 나는 자신의 대머리 헤어스타일에 대해 농담했고, 어설퍼 보이는 환자복을 새로운 패션 아이템이라고 했다. 브록의 병실을 찾을 때마다 그는 병문안을 와준 내게 항상 고마움을 표했고, 허약해진 몸으로 자리에서 일어나 물 한잔이라도 따라주려 애썼다. 그는 병실에 갇혀 나와 비슷한 경험을 할 기회가 없음에도 내가 학교에서 거둔 사소한 승리를 매우 흥미로워하며 들어주었고, 자신이 훨씬 더 큰 어려움을 겪고 있음에도 내가 겪는 어려움을 진심으로 들어주었다.

브록은 스스로 신경쓰지 않을지도 모르는 사회적 기대를 사람들이 가진다는 사실을 존중했으며, 사람들은 그가 때때로 이상하게 행동해도 공정함, 친절함, 충직함이라는 세 가지 가치관을 지켜나가는 사람임을 알았기에 크게 개의치 않았다. 궁극적으로 그러한 생활 지침 덕에 그는 사람들이 친해지고 본받고 싶은 사람이 되고도 남았다.

8장

"그후로도 오래오래
행복하게 살았습니다"의 비밀

중학교 3학년 봄, 아르프스텐 코치는 4주간의 골프 수업 일정을 잡아 놓았다. 따라서 학생들은 퍼터와 세 개의 아이언을 들고 축구장과 미식축구장을 돌아다녀야 했다. 그때 우리는 1980년대 표준 체육복을 입고 있었기에 대부분의 정식 골프장에는 들어가기 힘들었다. 약 13센티미터 길이의 빨간 나일론 바지는 너무 짧고 꽉 끼었으며, 딱 붙는 하얀 티셔츠는 반바지 상단에 가까스로 닿을 정도로 짧았다.

중학교 3학년에 올라온 지 8개월이 되고 골프 수업을 들은 지도 3주째 되자, 더욱 신나는 일을 기대하는 청소년들에게 경기 진행 속도가 느린 골프는 점점 더 지루한 것이 되어갔다. 어느 흐린 오후, 우리 그룹이 5번홀에서 공을 티^{tee} 위에 올려놓았을 즈음 드디어 우리가 찾던 새로운 일이 일어났다. 커다란 개 두 마리가 티가 담긴 상자 옆으로 다가오더니 음과 양처럼 서로 엉겨 원을 그리며 돌기 시작했다. 곧 재미난 일이, 그러니까 내 말은 시의적절치 않은 일이 일어날 것 같은 예감이 들었다.

개들은 킁킁거리며 열심히 서로의 냄새를 맡았다. 이는 청소년들이 키득거리며 재미있어 할 법한 상스러운 행동이었다. 정신을 아찔하게 하는 암캐의 냄새에 흥분한 수캐는 후뇌 움직임이 활발해지면서 반사적으로 발기했다. 학생들은 그 모습이 놀랍고도 우스워 요란스럽게 웃었다. 이는 마치 흩어진 무리를 불러들이는 야생동물의 울음소리처럼 골프 코스 주변으로 울려퍼졌다. 모두가 골프채를 내던지고 직접 그 장면을 보러 5번홀로 모여들었다. 학생들은 그 광경 주위로 빙 둘러서서 손으로 개들을 가리키며 노골적인 기쁨에 키득거렸다. 킁킁거리며 냄새를 맡는 과정이 끝나자 원을 그리며 돌던 개들이 멈춰섰다. 키득거리던 학생들이 다음 장면을 기대하며 긴장한 나머지 잔디 위에 떨어지는 골프 티의 소리가 들릴 정도로 조용해졌다.

흥분한 핏불테리어 수캐가 놀라울 정도로 무심한 표정을 짓는 닥스훈트 암캐 위에 올라타면서, 이 생동감 넘치는 생물학 수업은 절정에 달했다. 학생들은 매우 민첩하게 야릇한 자세로 결합하는 개 두 마리의 모습에 아연실색했고, 흥분상태를 벗어나 보다 노련하고 집요해진 수캐의 모습을 더욱 숨죽이고 지켜보았다.

크리시 시루스가 소리를 질렀다. 그렇지 않아도 약간 튀어나온 초록색 눈을 너무 크게 뜨는 바람에 경악스러운 표정이 마치 만화 같았다.

그녀는 손으로 입을 가린 채 집게손가락으로 경악한 이유를 가리켰다. 학생들의 시선이 그녀의 집게손가락이 가리키는 곳을 향했는데, 그 종착역은 티미 존슨의 딱 붙는 빨간 체육복 반바지였다. 그는 발기를 한 상태였고 크리시 시루스는 굳이 필요 없는 말을 했다. "티미가 발기했어!"

골프 코스의 5번홀 근처에는 불쌍한 티미가 달려갈 만한 대피처가 없었다. 그는 그 상황에서 보여줄 수 있는 가장 품위 있는 태도를 취했다. 그는 180도로 천천히 몸을 돌리더니, 양손으로 빨간 반바지 앞을 X자 모양으로 가린 채 꼼짝 않고 서 있었다. 나머지 학생들은 어쩔 줄 몰라 잠시 망설이더니, 일제히 골프 경기에 새로이 관심을 집중했다. 이는 놀라울 정도로 배려 깊은 반응으로, 거북스러운 순간을 더이상 악화시켜서는 안 된다는 무언의 합의와 같았다. 학생들은 서둘러 본래의 위치로 돌아갔고, 드라이브와 퍼트에 집중했다. 티미는 그사이를 틈타 슬그머니 로커룸으로 자리를 옮겼다.

티미는 그 순간 왜 발기했는지 몰랐을 게 분명하다. 그는 늦은 저녁 루스 박사의 라디오 프로그램에서 들은 성도착자들 이야기를 떠올리며, 자기에게도 그런 성향이 내재할까 하는 의문을 품었을지도 모른다. 개들의 짝짓기 광경이 펼쳐진 곳에서 티미가 부적절한 흥분을 하기는 했지만, 이 두 가지 일 사이에는 단지 상관관계가 있을 뿐 인과관계가 있다고 할 수 없었다. 하지만 사춘기 청소년들이 서툴 수밖에 없는 이유는 육체적·심리적 변화가 통제할 수 없을 정도로 급격하게 일어나는 동안 다른 한편에서는 이성에 눈뜨기 시작하면서 살아생전 가장 어려운 사회적 요구를 배워나가야 하기 때문이다.

사춘기에는 세상이 매우 격렬하고 빠르게, 그리고 예측 불가능하게 움직이는 것 같다. 호르몬 분비가 줄어들고 복잡한 사회적 기대에 익숙해지면서 상황이 조금씩 나아지기는 하지만, 우리 모두가 발빠르게 이해하지 못하는 사회적 영역 한 가지는 애정 관계에 어떻게 대처해야 하는가이다. 사실 성인이 되어서도 연애란 강렬함과 버거운 속도, 그리고 예측 불가능성 때문에 벅차게 느껴질 수 있다. 서투름은 분명 연애라는 이 독특한 인간관계의 내재적인 특성이다. 그런데 요즘은 이 서투름에 만남의 규칙이 그 어느 때보다 불분명한, 기술을 이용한 데이트 시대에서 비롯된 새로운 특성이 더해졌다.

'낭만'에 도대체 무슨 일이 일어난 걸까?

데이트에 서툴다고 느끼는 이는 당신만이 아니다. 사실 데이트와 섹스에서 서투름을 점점 더 많이 느끼는 상황에서, 서툰 사람들이 그렇지 않은 사람들보다 데이트를 더 힘들어하는지 딱 잘라 말하기는 어렵다. 수천 년 동안 데이트의 전통적인 목적은 결혼이었다. 하지만 단 몇십 년 사이에 데이트의 목적이 극적으로 달라지면서 현대사회의 데이트가 혼란을 띠기 시작했다. 백년가약을 맺는 일이 점점 힘들어졌고, 따라서 독신생활을 어디서 시작해 어디서 끝낼지 인생 경로를 정하기가 한층 어려워졌다.

첫 데이트를 잘 마치고 나서 "즐거웠어요. 다음에 또 만나고 싶어요"라는 간단한 메시지를 전하고 싶다고 해보자. 그런데 현대사회에서는 그 간단한 메시지를 보내는 일도 그리 단순하지 않다. 문자를 보내는 게 좋을까, 데이트 앱을 통해 메시지를 보내는 게 나을까, 아니면 대담하게 전화하는 위험을 감수하는 게 나을까? 문자를 보낸다면 마지막에 마침표나 느낌표를 찍는 게 좋을까, 아니면 아무것도 찍지 않는 게 나을까? 또 집에 돌아와서 바로 문자를 보내는 게 좋을까, 다음날 보내는 게 좋을까, 아니면 데이트한 날에서 너무 멀지도 않고 다가오는 주말과 너무 딱 붙지도 않은 다음주 중반 즈음에 보내는 게 좋을까? 이런 사소한 사항 때문에 생각이 꼬리에 꼬리를 물며 이어지고, 그 각각이 상대방에게 푹 빠졌는지 아니면 별 관심이 없는지 신호 역할을 할 중대한 결정을 초래할 수 있다. 어떤 행동이 적절한지를 둘러싸고 애매모호한 측면이 매우 많기에, 그 상황이 부자연스럽게 느껴지기 시작한다. 다시 말해 그러한 상황에서 서투름을 느끼게 된다.

2013년 전 연령대에 걸쳐 현재 기혼이 아닌 사람들의 비율이 그 어느 때보다 높았다. 성인의 48퍼센트가 독신이었다. 독신의 비율이 그렇게 높은 이유는 초혼의 41퍼센트가 이혼으로 끝나서이기도 하지만, 아예 결혼하지 않는 사람들의 비율이 높아졌기 때문이다. 퓨리서치센터의 보고서에 따르면 1960년에는 열여덟 살에서 서른두 살 사이의 젊은이 가운데 68퍼센트가 결혼을 했다. 1997년에 결혼률이 48퍼센트로 크게 떨어졌고 2013년경에는 26퍼센트로 뚝 떨어졌다.

일부 사회학자들은 밀레니얼 세대가 그저 더 늦게 결혼하기 때문이라고 추정했지만, 내가 알아낸 바에 따르면 이는 올바른 추정이 아니다. 퓨리서치센터의 2010년 보고서는 열여덟 살에서 스물아홉 살 사이의 밀레니얼 세대의 응답과 쉰 살에서 예순네 살 사이의 베이비붐 세대의 응답을 비교했고, 그 과정에서 결혼에 대한 태도 변화를 찾아냈다. 밀레니얼 세대(44퍼센트)는 베이비붐 세대(34퍼센트)보다 결혼을 진부하다고 생각할 가능성이 더 높았다. 또 밀레니얼 세대(46퍼센트)는 새로운 가족 형태를 호의적으로 바라보는 비율이 베이비붐 세대(28퍼센트)보다 높았다. 젊은이들이 예전만큼 결혼에 적극적이지 않고 결혼을 미루는 상황에 대해 아직은 이렇다 저렇다 논할 수 없다고 생각하지만, 이러한 변화를 보며 '성인이 결혼생활로 바쁘지 않다면, 그럼 뭐하고 지낼까?'라는 현실적인 의문이 드는 건 사실이다.

데이트 앱을 통해 언제든 데이트 상대를 만나고 부담 없이 섹스를 즐기는 친구를 몇 명씩 두는 시대에 어떤 이들에게는 놀랍게 들릴지 모르지만, 퓨리서치센터와 갤럽 연구원들은 대부분의 사람들이 여전히 알맹이가 있는 낭만적인 관계를 원한다는 것을 알아냈다. 밀레니얼 세대 독신들 상당수(70퍼센트)가 언젠가는 결혼하길 바란다고 말했고, 연령과 상관없이 독신의 87퍼센트가 결혼이나 재혼을 하고 싶어했다. 대부분의 사람들이 '그후로도 오랫동안 행복하게 살았습니다'로 끝나는 러브스토리를 여전히 원한다. 그렇지만 새로운 데이트 상대를 찾는 이혼남이든, 틴더Tinder나 범블Bumble 같은 데이트 앱을 통해 괜찮은 남자나 여자를 찾는 밀레니얼 세대든, 독신들 대부분이 그러한 결실을 맺기가 무척 어렵다고 말할 것이다.

사랑에 '조금만' 빠질 수는 없다

사랑에 빠진다는 것은 특정 범주에 속하느냐 속하지 않느냐의 개념으로, 사랑에 빠지든지 빠지지 않든지 둘 중 하나만 가능할 뿐 사랑에 '조금만' 빠질 수는 없다. 사람들은 사랑에 빠질 때 순식간에 푹 빠져버린다. 사랑에 빠지는 일은 살면서 몇 번밖에 찾아오지 않지만 그 방식은 놀라울 정도로 간단하다. 그것은 두 가지 구성요소, 즉 호감과 성적 갈망으로 이뤄진다. 이 두 가지가 충분하면 사랑에 빠지는 임계점에 다다를 가능성이 짙어진다.

스물두 살에 결혼하는 게 목표였고, 사랑하느냐 사랑하지 않느냐를 바탕으로 누구와 결혼할지 결정했던 시절에는 데이트의 목적이 상대적으로 명확했다. 오직 사랑에 빠질 것 같은 상대하고만 데이트를 했던 것이다. 그러나 결혼을 이십대 후반 혹은 삼십대 초반으로 미루는 것이 목표라면, 이십대 동안 처치하기 곤란한 기간이 생긴다. 어떤 사람이 열다섯 살에 데이트하기 시작해 스물두 살쯤 결혼할 가능성이 높다면, 기본적으로 누군가를 만날 7년이라는 기간이 생긴다. 그런데 열다섯 살에 데이트하기 시작해 스물아홉 살에 결혼한다면, 데이트하는 기간이 두 배로 늘어나 14년이 된다.

현대의 데이트는 저녁 일곱시에서 아홉시로 미뤄진 디너파티를 주최하는 것과 같다. 오븐에 오리 요리를 너무 일찍 넣어 맛없게 만들고 싶지도 않고, 늦은 저녁식사를 기다리는 동안 뭔가를 배불리 먹고 싶지도 않다. 하지만 그사이에 배가 고파지므로 간식을 먹기로 한다. 처음에는 당근처럼 몸에 좋은 것을 먹기 시작한다. 그러다가 상큼한 랜치ranch 드레싱에 당근을 찍어 먹기로 한다. 그러고는 치즈나 고기 등 더 많은 재료가 들어간 핫포켓Hot Pocket으로 손을 옮긴다. 그다음에는 병에서 언제 폈는지 누텔라를 먹고 있는 자신을 발견한다. 점점 질이 떨어지는 간식을 먹은 일이 당신답지 않다는 생각이 들자, 애초에 간식을 먹기로 했던 이유가 무엇인지 갑자기 궁금해진다.

진정한 사랑을 찾길 바라지만 너무 빨리 찾고 싶어하지는 않는 현대

사회 독신의 생활이 그렇다. 개인적으로는 사람들이 독신생활과 결혼 생활 간에 완벽한 균형을 이뤄내면 정말 좋겠다고 생각하지만, 그러기 는 몹시 어렵다. 독신들은 디너파티를 주최한 매우 까다로운 주인처럼 너무 일찍 메인 요리를 조리하고 싶어하지 않는다. 그들이 사랑에 빠지는 것을 가급적 늦추려 할 수 있다는 말이다. 사랑에 빠지면 헌신하게 되고 그런 헌신적인 생활은 독립적인 생활을 침해할 수 있기 때문이다. 사랑에 빠진 사람들이 자연스레 밟게 되는 과정이 있다. 이를테면 '우리'라는 말을 쓰고, 애완동물을 공유하며, 함께 살고, 궁극적으로 결혼에 대한 이야기를 주고받는 것이다. 서로에게 헌신하는 자연스러운 진행 과정을 늦추려고 너무 애쓸 경우, 두 사람의 관계는 마치 오븐에 너무 일찍 넣어 지금은 가열램프 아래서 풍미를 잃고 비쩍 말라버린 오리 요리처럼 될 수 있다.

절름발이 오리처럼 쩔뚝거리는 관계를 피하기 위해, 사랑에 빠지는 일을 미연에 방지하면서 데이트하기를 원하는 사람들은 세 가지 전략적 선택이 가능하다. 하지만 이 세 가지 전략 모두 '헌신'이라는 미끄러운 비탈길에서 넘어지지 않도록 신중히 발을 내디기를 요한다. 첫번째 전략은 호감과 성적 갈망 두 가지 모두를 느끼지만, 그리 많이 느껴지지는 않는 상대를 찾는 것이다. 사랑에 빠지는 데 필요한 두 가지를 모두 갖춘 상태에서 시작하므로 이는 매우 위험한 전략이다. 그래서 일부 사람들은 성적 갈망만 충족하는 데이트 전략을 구사하기도 하고, 호감도 느끼고 편익(여기서의 편익이란, 합의하에 서로 육체적 관계를 맺는 것을 의미한다―옮긴이)도 취할 수 있는 사람과의 만남을 꿈꾸기도 한다.

성적 갈망만 고려한 데이트 전략은, 육체적 관계를 필요로 하지만 그러한 욕구를 정식으로 교제하는 남자친구나 여자친구가 아닌 다른 사람을 통해 충족하고자 하는 독신이 택한다. 온라인 데이트 앱이 등장하면서 이러한 전략을 구사하기가 한결 쉬워졌다. 대부분의 데이트 앱에서 데이트 상대를 걸러내는 주된 필터가 프로필 사진이기 때문이다. 프로필 사진은 데이트 앱 사용자들이 파트너의 육체적 매력을 평가하는 주된 방법이다. 성적 갈망만 충족할 데이트 계획을 세우는 사람에게, 편리한 이용자 인터페이스를 갖추고 있을 뿐 아니라 현지에 사는 무수히 많은 후보에 대한 정보를 제공하는 데이트 앱은 일시적인 파트너를 효과적으로 찾을 수 있는 이상적인 매체다. 세번째 전략은 성적 갈망을 충족할 필요 없이 호감 가는 사람과 데이트하는 것이다. 이 전략은 단순한 친구 사이에서 '잠자리 친구' 사이로 관계가 재편되는 경우도 포함한다.

성적 갈망만 추구하는 전략이나 호감과 편익을 추구하는 전략이 가진 문제는, 성적 갈망의 구역과 친구 관계의 구역이 완벽히 구분되지 않는다는 점이다. 그것들은 거대한 강줄기로 확연히 둘로 나뉜 지역이 아니라, 지도상에 구불구불한 선으로 경계 지어진 지역과 같다. 이 지역은 행정상 편의나 정당들의 효과적인 표밭 관리를 위해 인위적으로 나뉘었을 뿐, 실질적으로는 구분되지 않는다. 함께 저녁을 먹고 키스하고 애무함으로써 남자친구나 여자친구의 빈자리를 채워주던 '남자 사람 친구'나 '여자 사람 친구'가 육체적으로 보다 매력적으로 보이기 시작할 때, 우정과 섹스를 가르는 경계선을 재조정하고자 하는 유혹을 느낄 수 있다. 성적 갈망만 추구하는 전략을 구사하는 사람들은 정서적 친밀감과 섹스를 구분하기 쉽다고 생각할 수 있다. 하지만 많은 이들은 육체적 친밀감이 잔잔한 호수에 파문을 일으켜 좋아하는 감정을 일렁이게 할 수 있음을 발견한다.

데이트와 섹스는 일련의 독특한 사회적 기술을 요구하기에 거기서 항상 서투름을 느낄 수 있다. 그러나 현대 문화에서 파트너를 선택하는 방식과 결혼하고 싶어하는 시기가 극적으로 달라진 점을 감안한다면, 그리고 어느 때보다 손쉽게 새로운 데이트를 할 수 있는 환경을 창출한 기술적 진보를 고려한다면, 어째서 데이트할 때 그 어느 때보다 서툴 수밖에 없는지 그 이유를 쉽게 이해할 수 있다.

결혼이 존재한 이래 사람들은 대개 누구와 결혼할지 걱정할 필요가 없었다. 결혼 상대가 이미 정해져 있었기 때문이다. 물론 결혼 상대를 자유롭게 선택할 수 있게 되면서 상황이 다소 복잡해지기는 했지만, 대부분의 사람들이 '고등학교나 대학교를 졸업하면 사랑하는 사람과 결혼하겠다'는 최종 목적을 갖고 데이트를 했다. 그렇지만 이제 데이트에 거는 기대가 훨씬 더 다양해졌다. 이는 데이트가 보다 자유로워졌을 뿐 아니라 상대방이 데이트에 어떤 기대를 갖는지 보다 모호해졌음을 의미한다. 어떤 사람이 그냥 친구인지, 잠자리 친구인지, 아니면 사랑에 빠질 가능성이 있는 사람인지 구분하고자 하는 독신은 낭만적인 관계 특유의 사회적 신호들을 사용하는 표준어뿐 아니라 거기서 파생된 색다른 방언들을 배워야 한다. 이제 사람들은 사랑을 속삭일 때 그 어느 때보다 다양한 방언을 구사하기 때문이다.

온라인 데이트가 서툰 행동을 양산하는 인큐베이터인 이유

중학교 때 자전거를 타고 여학생 집 앞을 지나가는 일은 거의 오싹한 일에 가까웠다. 나는 여학생이나 그녀의 부모님이 창밖을 내다볼 경우에 대비해 가급적 태연한 척하려 무척 애를 썼다. 하지만 어떤 남학생(물론 사회성이 부족하지 않은 남학생이었다)이 자전거를 타고 자기들의 집 주변을 서성거린 사건에 대해 여자 동급생들이 이야기하는 것을 종종 들었다. 돌이켜보면 나는 생각만큼 자연스럽게 행동하지 못했던 게 틀림없다. 자전거를 타고 지나가는 장면을 다시 한번 연출하기 위해 되돌아갈까 생각한 적도 있었지만, 당시 열한 살 먹은 중학생의 생각으로는 오직 정신이상자만이 좋아하는 여학생에게 그 정도 집착을 보일 것 같았다.

현대 독신에게 인터넷은 자전거를 타고 지나갈 때 사람들의 눈에 띄지 않도록 머리 위에 쓰는 '도깨비감투'와 같다. 인터넷의 상대적인 익명성 덕에 사람들은 이하모니eHarmony나 오케이큐피드OkCupid에서 잠재적 데이트 상대의 프로필을 깊이 파헤치거나, 인스타그램에서 상대방의 교제 이력을 찾아보거나, 페이스북에서 상대방의 인간관계를 검색할 수 있다. 이처럼 비밀스럽고 오싹한 행동의 마지막 단계는, 구글로 검색해 데이트 상대의 성격을 알려주는 단서나 정보를 찾는 것이다. 이를테면 데이트 상대가 오랫동안 방치한 마이스페이스Myspace의 프로필 정보 깊숙이 존재하는 단서나 정보를 찾아낼 수 있다. 이는 자전거를 타고 어떤 사람 집 앞을 지나가다가, 그 집 주위를 한 바퀴 휙 돌아보고, 마침내 그 집에 잠입해 그의 사진첩과 일기를 훔쳐보는 것과 같다. 온라인 스토킹의 경우 당신이 사회적으로 용납될 수 없는 행동을 저지르는 것을 아무도 보지 못해도, 그 과정에서 스스로 서투름을 느낄 수밖에 없다. 그것은 샤워하며 오줌을 누는 행동처럼, 사람들 모두가 저지르지만 이에 대해 말하지는 않는 부끄러운 행동이다.

이처럼 비밀리에 정보 수집활동을 끝내고 상대방에게 메시지를 보내기로 마음먹을 때가 있다. 신중히 메시지를 작성하고 전송 버튼을 누른다. 그 순간부터 일렁이기 시작한 불안감은 답장을 기다리는 동안 점점 커진다. 1분이 지나고 2분이 지나도 답장이 없다. 심지어 답장을 쓰려는 노력을 보여주는 '…' 표시(아이폰의 경우 상대방이 메시지를 타이핑할 때 '…'가 뜬다—옮긴이)조차도 뜨지 않는다. 이제는 메시지가 너무 어설펐다는 생각이 들기 시작한다. 어쩌면 메시지가 너무 길거나 느낌표를 충분히 쓰지 않은 탓일 수 있고, 저녁이 아니라 오후에 메시지를 보내야 했을지도 모른다. 그러고는 아무 기대도 안 한 어느 날, 그녀로부터 답장이 날아온다.

이는 그날 일어난 일 중 가장 기쁜 일이다. 하지만 흥분을 가라앉혀야 한다. 가급적 '쿨'하게 행동해야 한다. 지나치게 적극적으로 보여서는 안 된다. 갑자기 머릿속으로 계산기를 두드려, 답장을 받는 데 걸린 시간의 두 배 정도를 기다렸다가 답하는 게 좋겠다고 판단한다. 그 순간 그녀가 메시지 끝에 붙인 'xoxo'(키스를 뜻하는 알파벳 x와 포옹하는 모습을 상징하는 o가 결합된 신조어—옮긴이)가 떠오른다. 의도적으로 늦게 답하는 전술이 좋은 결정이 아니라는 생각이 든다. 유럽인이 친구 볼에 키스하는 것처럼 그저 친근함의 표시로 'xoxo'를 붙였을 수 있지만, 어쩌면 다른 뜻으로 썼을 수도 있다. 이제는 단어도 아닌 그저 'xoxo'라는 알파벳 네 개의 철학적 의미를 곰곰이 생각하며 휴대전화를, 그 데이트 앱을, 그 메시지를 자꾸 들여다보는 자신을 막을 수가 없다.

이 모두가 미친 짓이며, 새로운 시대의 평범한 행동이기도 하다. 연구원들은 여전히 온라인 데이트활동을 조사하는 초기 단계에 머물러 있지만, 기술을 통한 사교활동이 근심 걱정을 상당량 야기할 수 있는 건 확실하다. 2015년 〈엘리트 데일리Elite Daily〉와 〈버즈피드Buzzfeed〉 같이 젊은이들을 주 고객층으로 삼는 온라인 잡지들은, 데이트를 잠시 쉬거나 혼자 지내면서 누리는 혜택에 관한 흥미로운 기사들과, 청한 적도 없는데 날아온 무례한 사진이나 동영상이 불러일으키는 공포감에 대해 심심한 위로를 표하는 기사들을 싣기 시작했다. 2016년에는 잠재적인 온라인 데이트 상대에게 무의미한 문자를 보내는 데 염증을 느낀 사람들을 위해, '봇'을 이용해 피상적이고 애매모호한 메시지를 대신 보내는 앱이 등장했다. 데이트를 포기한 외로운 사람들이 유료로 애무만 해줄 사람을 구할 수 있게 도와주는 앱도 나타났다. 하지만 분명 온라인 데이트에 성공한 사람들도 있다. 결혼한 사람들의 약 25퍼센트에서 30퍼센트가 온라인 데이트로 만난 사람들이다. 그렇지만 많은 독신은 온라인 데이트가 어떤 이들에게는 게임에 지나지 않는다고 느끼며, 데이트를 게임으로 생각하는 사람과 더욱 의미 있는 관계를 원하는 사람을 구분하는 것은 어려울 수 있다.

온라인 의사소통에서는 상대방이 얼마나 몸을 바짝 붙이는지, 어떤 눈빛으로 바라보는지, 어떤 얼굴 표정을 짓는지, 스킨십을 하는지 같은 사회적 단서가 없기 때문에 불확실성이 매우 높다는 점을 이미 살펴보았다. 추파를 던지는지 아닌지 알려주는 신호의 경우 비언어적 신호들이 특히 중요하기에, 이는 유감스러운 일이 아닐 수 없다. 얼굴을 마주보고 이야기할 때만 상대방의 향기가 좋은지, 낭랑하게 울려퍼지는 음성이 듣기 좋은지, 한쪽 입꼬리가 살짝 더 올라가는 비대칭 미소가 마음에 드는지 알 수 있다. 직접 만날 때만 데이트 상대가 보내는 의미 있는 눈길과 자신의 등뒤에서 잠시 머뭇거리는 그의 손길을 느낄 수 있다.

데이트 앱에서 추파가 담긴 메시지를 해독하는 단계를 가까스로 넘어서면, 그다음에는 육체적으로 친밀해지는 단계에 접어들 수 있다. 궁극적으로 두 사람 모두 섹스할 준비를 하는 단계에 이를 수 있다. 섹스야말로 얼굴을 최대한 맞대야 하는 일이기에 서툴기 그지없는 상황이 벌어질 수 있다.

데이트에서 서투름을 완화시켜줄 네 가지 요소

인간관계를 연구하는 학자들을 통해 사람과 사람 간의 끌림을 일관성 있게 예측할 수 있는 네 가지 요소가 있다는 사실이 누차 확인되었다. 네 가지 요소란 물리적 근접성, 유사성, 호혜적 호감, 육체적 매력이다. 이는 상식처럼 들릴 수 있지만, 연구원들은 사람들이 실생활에서 이러한 행동을 산발적으로 한다는 사실을 발견했다. 서툰 사람들은 다른 사람들과 어울리지 않는 경향이 강하고, 독특한 흥미를 갖고 있으며, 누군가에게 관심이 있어도 이를 표현하는 것을 망설인다. 그러므로 사람들의 마음을 끄는 네 가지 요소를 실행에 옮길 몇 가지 방법을 제시하고자 한다.

물리적 근접성
- 물리적으로 가까운 거리에 있는 데이트 상대를 찾을 수 있도록 온라인 데이팅을 신청한다.
- 자신이 원하는 부류의 데이트 상대가 시간을 보낼 법한 곳에서 시간을 보내도록 한다. 예를 들면 미식가들은 특정 식품 전문점에서 많은 시간

을 보내고, 만화책을 좋아하는 사람들은 코믹콘Comic Con을 찾으며, 작가들은 커피숍에서 상당한 시간을 보낸다.

- '찬밥 신세'가 되지 않도록 하라. 사람들이 많이 오가는 곳에 자연스럽게 자리잡을 방법을 찾아낸다. 자발적으로 나서서 행사장 입구에서 참석자 이름을 확인해주는 역할을 할 수도 있고, 친구의 파티에서 음료수 서빙을 자청할 수도 있다.

유사성

- 자신의 흥미에 대해 뭉뚱그려 말하기보다 구체적으로 말한다. 이를테면 "SF를 좋아해요"라고 말하지 말고 "슈퍼히어로가 나오는 만화를 좋아해요"라고 말한다. 사람들은 자신과 같은 관심사를 지닌 사람을 좋아한다.
- 일단 대화를 나누기 시작했으면, 상대방의 흥미를 물어봐서 공통점이 있는지 찾아본다.

호혜적 호감

- 적절한 시점에 "당신한테 관심이 있어요" 혹은 "당신이 정말 좋아요"라고 말할 방법을 찾을 필요가 있다. 그렇지 않으면 싹트던 사랑이 열매도 맺지 못한 채 시들어버릴 수 있다.
- 상대방의 마음을 읽는 예리함이 필요하다. 서툰 사람들은 누군가에게 관심이 생기면 감정을 주체하지 못하고 성급하게 구는 경향이 있다. 사귄 지 한 달도 안 돼서 보석을 사거나 비행기표를 끊을 생각을 한다면, 두 사람 사이가 어색해질 가능성은 99퍼센트다.

육체적 매력

- 육체적 매력의 경우 어쩔 수 없는 부분이 있긴 하지만 자신을 돋보이게

하는 옷을 입거나 깔끔한 차림을 하는 등 매력을 끌어올릴 수 있는 확실
한 방법들이 있다.

• 틴더에 따르면 미소를 짓고, 선명한 색깔의 옷을 입고, 단체로 찍은 사
  진을 프로필 사진으로 쓰지 않음으로써 온라인에서 자신의 매력을 북돋
  울 수 있다.

『그레이의 50가지 그림자』 열풍의 비밀

마이클은 결혼생활은 행복했지만 성생활은 매우 부족했다. 줄어든
성관계는 누구의 잘못이라기보다, 마이클과 그의 아내 트레이시처럼
한편으로는 격무에 시달리고 다른 한편으로는 8개월 된 아기의 부모
로서 수면부족에 시달리는 사람들의 보편적 증상이었다. 마이클과 트
레이시에게 섹스는, 자지 않고 기다렸다가 열시 뉴스를 보거나 숙면을
취하는 것처럼 한때 즐겼던 일 중 하나가 되었다.

그들은 매사추세츠공과대학교 4학년 때 사귀었다. 대학교에서 마이
클은 기계공학을 전공했고 트레이시는 심리학을 전공했다. 그들은 특
이한 커플이었지만, 서로에게는 안성맞춤이었다. 마이클은 2미터 7센
티미터로 키가 매우 컸고 넓은 어깨에 건장한 체격을 갖추었다. 그의
우람한 체격과 대학교 미식축구 수비수로서의 활동에도 불구하고, 마
이클을 한 번 보면 뭔가 어설픈 사람임을 금방 알아챌 수 있었다. 그는
감각이 둔해서 주변 사물들에 신체 여기저기를 부딪쳤다. 이 때문에
다양한 사고가 발생했고 트레이시는 그 모습이 왠지 귀여워 보였다.
트레이시는 자그마한 몸집에 모든 면에서 뛰어난 신체 조건을 갖추었
다. 그녀는 전국대회를 휩쓴 체조 신동이었지만, 열세 살 때 올림픽 체

조팀에 들어가기보다 공부를 하겠다고 마음먹었다. 외모로 보나 사회성으로 보나 그녀는 어설픈 구석이 없는 사람이었지만, 마이클의 부드러운 성격과 예리한 분석적 사고능력을 누구보다 사랑했다.

최근 아기가 삼일 밤을 연달아 깊은 잠을 잔 덕에 두 사람 모두 편히 쉬면서 둘만의 시간을 갖고 싶은 마음이 생겼다. 그들은 세면대에 나란히 서서 저녁에 늘 하던 일을 했다. 그러고는 마이클이 먼저 침실로 들어가 이불을 거의 턱까지 끌어올려 덮었다. 석 달 동안 성관계를 하지 못했기에 트레이시가 늘 입는 플란넬 잠옷도, 다른 그 무엇도 걸치지 않은 채 욕실에서 걸어나오자 마이클은 깜짝 놀랐고 몹시 흥분했다.

그다음에 전개된 상황을 지루하게 시시콜콜 설명하지는 않겠다. 오랫동안 섹스에 굶주린 그들은 형식을 차릴 여유가 별로 없었다. 두 사람 모두 경기장에 들어서면 경기에만 초집중하던 운동선수였다. 그들은 바로 예행연습에 돌입해 나란히 누워 적극적으로 애무를 하고는, 트레이시가 먼저 상위 자세를 취했고 그다음에는 마이클이 상위 자세를 취했다. 이는 두 사람 모두 황홀감을 느낀 열정적이고 원초적인 섹스였다. 절정에 도달한 순간 트레이시가 자신도 모르게 이렇게 외쳤다. "오, 마이클, 감탄스러워!"

감탄스럽다고! 가만 있자, 그게 무슨 뜻이지?

마이클은 섹스를 하면서 누군가에게 감탄스럽다는 말을 들어본 적이 없었다. 그러나 이는 섹스 경험이 매우 적기 때문일 수도 있었다. 어쩌면 그것이 섹스 선수들 사이에서 흔한 말이거나 『코스모폴리탄』에 소개된 '내 남자를 기쁘게 하는 일곱 가지 비법'에 나온 행동 요령일 수 있었다. 마이클은 황홀한 섹스에 대한 트레이시의 기대를 충족한 게 무엇인지 미친듯이 자신의 행동을 되짚어보았다. 분석적 사고를 통해 그는 어떤 객관적인 기준으로든 섹스 그 자체가 이미 황홀함을 유발할 수밖에 없는 행위이며, 트레이시의 경쟁심리가 자신으로 하여금 가능한 한 최선을 다하도록, 자신의 성적 잠재력을 최대한 발휘하도록 채찍질하는 역할을 했다고 추론했다.

마이클은 요가의 업독upward dog 자세와 비슷한 자세를 취했다. 그는 몸과 직각이 되도록 오른팔을 들어올렸고, 온 힘을 다해 오른팔 이두박근에 힘을 주었다. 그는 트레이시가 자신의 근육질 팔을 좋아한다는 것을 알았고, 근육에 힘이 들어간 덕에 황홀함을 느꼈던 거라고 추론했다. 자신의 이두박근에서 봉긋 튀어나온 부분을 보며 이러한 결론에 이르자, 그는 트레이시를 바라보며 그녀 앞에 펼쳐졌을 환상적인 섹스 장면을 바탕으로 그녀가 느꼈을 환희를 가늠하려 했다.

트레이시는 어리둥절해 보였다. 그녀는 냉랭한 어조로 "뭐해요?"라고 질책하듯 물어놓고는 즉시 미안함을 느꼈다. 그녀는 흥분해서 생각을 거르지 못하고 내뱉은 말을 주워담고 싶었다. 그녀는 보다 부드러운 어조로 완곡한 표현을 써서 본래 하고자 했던 말을 다시 전했다. "미안해요, 마이클. 그러니까 내 말은 무거우니까 좀 비켜달라는 뜻이었어요."

마이클은 마지막으로 섹스를 한 이래 몇 킬로그램 정도, 정확히 말하면 9킬로그램 정도 살이 찐 상태였다. 이는 트레이시가 감당하기 벅찬 무게였다. 마이클은 열의에 불타 트레이시의 '비켜달라get off'는 요구를 '감탄스럽다get awesome'는 말로 알아들었다. 두 사람 사이에 잠시 긴장감이 흘렀다. 마이클과 트레이시는 당혹감에 얼굴을 붉힌 채 나란히 누워 있다가 이내 웃음을 터트렸다. 뛰어난 운동선수들도 이렇게 섹스에 상당히 서툴 수 있다.

　대부분의 사람들이 서툰 섹스 순간을 떠올릴 수 있지만, 예전보다 섹스에 서투름을 더 느끼는 데는 이유가 있다. 미국과 다른 많은 국가에서 성에 대한 태도가 달라졌고, 대중매체가 성을 묘사하는 방식에서 사회적 변화가 있었다. 이는 성에 대한 사람들의 달라진 기대와 관련있을 수 있다. 브룩 웰스Brooke Wells와 진 트웬지Jean Twenge는 종합사회조사기관의 데이터를 이용해 미국 성인 3만 3천여 명의 대표 표본을 대상으로 성에 대한 태도 및 성행위의 세대 차이를 조사했다. 그들은 혼전 섹스와 캐주얼 섹스casual sex에 대해 세대 간 태도 차이가 있는지에 관심을 가졌으며, 가벼운 섹스를 몇 번 해보았는지, 몇 명과 섹스를 해보았는지 등 성행위에 있어서 세대 차이도 조사했다.

　그들은 열여덟 살에서 스물아홉 살이었을 때 혼전 섹스를 어떻게 생각했느냐는 물음에 대해 베이비붐 세대와 X세대, 그리고 밀레니얼 세대의 답변을 비교했다. 11년 기간 동안 각 집단의 혼전 섹스 찬성률이 꾸준히 증가했다. 베이비붐 세대의 47퍼센트, X세대의 50퍼센트, 그리고 밀레니얼 세대의 62퍼센트가 혼전 섹스에 아무런 문제가 없다고 답했다. 청소년기 섹스에 대해서는 전 세대에 걸쳐 조금씩 용인하는 분위기가 점점 짙어진 반면, 혼외관계를 찬성하는 비율은 사실상 줄어들었다. 성행위에 관한 보고서를 조사하는 과정에서 X세대가 베이비붐 세대보다 더 많은 사람과 섹스를 해본 반면, 밀레니얼 세대는 X세대보다 더 적은 사람과 섹스를 해본 것으로 드러났다. 이러한 데이터를 종합해보면, 섹스에 대한 사람들의 태도가 시간이 흐를수록 점점 개방적으로 변했지만 밀레니얼 세대가 기존 세대보다 더 많은 사람들과 섹스를 해보았으리라는 통념은 사실이 아님을 알 수 있다.

섹스 파트너의 총수가 세 세대에 걸쳐 크게 달라지지는 않았지만, 사람들이 더욱 개방적으로 변했고 침대에서 더 다양한 성행위를 즐긴다고 말할 수 있는 근거들이 있다. 널리 퍼진 성적 호기심 가운데 가장 이목을 집중시킨 사례는 2011년 출간된 에로틱한 로맨스 소설 『그레이의 50가지 그림자』에서 찾을 수 있다. 그 줄거리의 핵심은 가학·피학적sado-masochistic 성관계로, 뜻밖에도 이 소설이 전 세계적으로 인기를 끌었다. 2015년까지 이 책은 52여 개국 언어로 번역되어 1억 2500만여 부가 팔렸고, 2012년에는 저자 E. L. 제임스가 『타임』이 선정한 세계에서 가장 영향력 있는 100인에 이름을 올렸다. 도시 근교에서 생활하며 판에 박힌 성생활에 싫증을 느낀 부부들에게 새로운 세계가 열렸고, 약간 더 자극적인 성생활을 바라던 이들이 이제는 흥미진진한 모험을 꿈꾸었다.

『그레이의 50가지 그림자』는 가학·피학적 성관계 방식에 초점을 맞추지만, 그것은 초보자들에게 교육적이었다기보다 색다른 성관계에 대한 환상을 심어주었다. 성인용품 매출이 극적으로 증가했으며 커플들은 너도나도 새로운 용품을 구매했다. 전 연령대의 초보 커플이 어떻게 하면 야성적인 성적 욕구를 충족할지 제대로 살펴보지도 않은 채, 끈으로 묶고 수갑을 채우고 채찍을 휘둘렀다. 거북스러운 상황들이 벌어진 것도 그 때문이다. 그 소설이 인기를 끌던 많은 국가에서 소방서 및 응급구조 관련 기관은 난감한 침실 상황으로 인한 긴급전화가 폭발적으로 증가했다고 보고했다. 런던 소방국은 2015년 영화 〈그레이의 50가지 그림자〉가 개봉되기 전 관람객들에게 영화 속 장면을 따라 하는 것을 자제해달라는 공익광고를 내보냈다. 전년도에 런던 소방관들은 소설 『그레이의 50가지 그림자』와 관련해 긴급출동한 경우가 393차례 있었다. 그중에는 수갑 열쇠를 잃어버리거나 성인용품을 잘못 사용해 다친 스물여덟 쌍의 커플을 구제한 일도 있다.

『그레이의 50가지 그림자』 열풍을 넘어, 많은 이들이 손쉽게 볼 수 있는 포르노를 통해 보다 폭넓은 섹스 방식에 노출되고 있다. 또 빅데이터 시대를 맞이해 포르노 사이트에서 사람들이 무엇을 가장 많이 찾는지를 분석한 자료를 쉽게 손에 넣을 수 있다. 여기서 난감한 결과물들을 모두 살펴보지는 않겠지만, 인기 있는 포르노 사이트 폰허브Pornhub에 따르면 부활절 전후에 버니걸 포르노를 찾는 수요가 845퍼센트 증가했고, 성 패트릭 데이 전후에 레프러콘leprechaun(아일랜드 민화에 나오는 난쟁이 요정—옮긴이)이 나오는 포르노 수요가 8000퍼센트 증가했다고 한다.

포르노가 심각한 행동이나 태도를 유발하는지 여부는 여전히 기존 연구결과로 확실히 알 수 없다. 다만 일부 연구결과에서 평균 이상의 포르노 소비가 우려스러운 성행위 및 태도와 관련있는 것으로 드러났고, 다른 연구결과에서는 그것이 비교적 무해한 것으로 나타났다. 하지만 보통 커플들이 다른 성행위에 이렇게 폭넓게 노출되면, 섹스에 더 서툴러질 수도 있다는 또다른 문제가 있다. 남녀 모두가 포르노를 많이 봄으로써 커플이 성적 기대에 유연하게 대처하게 될 수도 있다. 이는 새로운 행위를 어색해하기보다 흥미로워한다는 뜻이다. 하지만 그러한 가능성 못지않게 섹스에 대한 한 사람의 기대가 다른 한 사람의 기대와 크게 달라질 가능성도 있다. 이 때문에 어색한 상황들이 벌어질 수 있다. 알몸은 어색한 순간을 한층 더 어색하게 만든다.

연인관계에서의 '의존의 역설'

몇몇 연구에서 서툰 사람들과 그들의 데이트 경험에 대한 통찰력 있는 연구결과를 제시했다. 서툰 이들이 작업을 걸어오는 미묘한 신호들을 잘 알아채지 못하고, 다른 사람에게 미묘한 행동을 해서 작업을 걸지도 못하리라는 것은 직관적으로 예상할 수 있다. 만약 낭만적인 상황을 읽고 필요한 행동을 취하는 일이 어렵다면, 서툰 사람들이 연인관계로 발전할 가능성도 그만큼 낮을 수밖에 없다.

작업 기술은 사회생활에 필요한 기술 가운데 가장 난이도가 높다. 스키 코스에 비유하자면 전문가 코스라 할 수 있다. 어떤 사람이 이성적 호감을 느낀다는 신호는 단 한 가지가 아니다. 작업을 거는 건지 아닌지 해독하려면 여러 신호를 포착해, 이성적 호감으로 보이는 패턴을 찾아내야 한다. 이를테면 어떤 사람이 당신과 똑바로 마주보고 앉아서 눈을 쳐다보며 미소를 짓는다면, 그는 사회성이 뛰어난 상냥한 사람이라 할 수 있다. 그렇지만 어떤 사람이 당신과 똑바로 마주보고 앉은 뒤 몸을 기울이면서 은근슬쩍 당신의 공간을 침범하며, 끈적이는 눈길로 쳐다보고, 머리카락을 자꾸 쓸어넘기며 깔깔 웃고, 당신의 다리를 슬며시 건드린다면 작업을 거는 것이라 의심해봄직하다. 하지만 그렇다고 100퍼센트 확실하다고 말할 수 없는 이유는 추정하기 어려운 변수가 항상 있기 때문이다. 즉 신호들을 어떤 식으로 조합하느냐에 따라 오해나 실수의 여지가 있기 마련이고, 다른 이들보다 신호를 잘못 해석하는 경향이 강한 사람도 있다.

칼턴대학교의 코조 민타Kojo Mintah는 석사학위 논문에서 서툰 사람들의 연애에 관한 흥미로운 연구결과를 제시했다. 민타는 서툰 성격적 특성을 지닌 사람들이 이성적 호감을 잘못 해석할 가능성이 더 높은지 아닌지, 대학생 124명을 대상으로 설문조사를 실시했다. 그리고 사회 생활에 서툰 참가자들이 친구로서 보내는 사회적 신호를 작업을 거는 것으로 잘못 해석할 가능성이 더 높다는 사실을 발견했다. 서툰 사람들은 이런 그릇된 해석 때문에 집착을 하거나 부적절한 말을 하는 등 적합하지 않은 데이트 행동을 할 가능성이 더 높은 것으로 드러났다.

서툰 사람들이 사회적 신호를 제대로 해석하지 못하는 점이 연애할 때 특히 문제가 되는 것은 당연하다. 동일한 감정으로 화답하지 않는 사람에게 계속 관심을 갖는 일은 항상 곤란할 뿐 아니라, 성공 가능성이 더 높은 다른 이성에게 접근할 기회를 놓치는 기회비용이 수반되므로 문제가 된다. 이런 사회적 신호를 정확히 해석하지 못하는 서툰 사람들이 사회성이 뛰어난 사람들보다 연애 중일 가능성이 더 낮으리라 생각할 수 있다.

리사 조브와 수전 윌리엄스 화이트는 대학생 97명을 모아서 그것이 사실인지 조사했다. 그들에 따르면, 사회적으로 서툰 사람들이 현재 연애 중이라고 답할 가능성이 사실상 더 높았다. 이는 서툰 이들이 사회성이 뛰어난 사람들보다 더 많은 데이트 기회를 가져서가 아니라, 평균 연애 기간이 더 길기 때문인 것으로 밝혀졌다. 서툰 이들의 평균 연애 기간이 18개월인 반면, 사회성이 뛰어난 사람들의 평균 연애 기간은 11개월이었다.

이러한 결과는 여러 가지로 해석된다. 한 가지 실용적인 해석은 서툰 사람들이 자신의 사회성으로 누군가를 새로 사귀는 일이 힘들다는 것을 알고, 현재 사귀는 사람과 더 오랫동안 관계를 유지한다는 것이다. 하지만 그들이 데이트 상대를 더 까다롭게 고를 수 있기에 연애 기간이 길다는 또다른 해석도 가능하다. 이는 그들이 사회성이 뛰어난 사람들만큼 많은 데이트를 소화할 필요가 없거나, 대부분의 사람들보다 이성에게 마음을 전하는 일을 훨씬 걱정하므로 사전에 데이트 상대에게 정말 관심이 있는지 스스로 더 많은 확신을 원하기 때문이다.

서툰 사람들이 일단 연애를 하기 시작하면 처음 몇 달간의 아찔한 열정이 일으키는 현기증이 조금씩 가라앉으면서, 질적으로 다른 일련의 기대를 충족해나가야 하는 상황에 맞닥뜨리게 된다. 친밀한 인간관계에서 큰 영향력을 발휘하는 사람은 자신의 이야기를 쉽게 털어놓고, 상대방이 속마음을 이야기할 때 적극적으로 공감해주고, 상대방의 욕구를 정확히 파악하려는 노력을 기울인다. 친밀감을 강화하는 이러한 행위가 서툰 사람들에게 매우 힘든 일일 수 있다. 그들은 다른 이들과 관심사와 감정을 쉽게 공유하지 못하며, 상대방이 전달하려는 의미를 잘못 읽는 경향이 있다. 서툰 사람들의 경우 다른 사람의 생활방식에 맞춰 습관을 바꾸는 일도 쉽지 않다. 또 그들은 연애를 하면서 격한 감정들에 심적으로 압도당할 위험이 있다.

서툰 이들이 연애할 때 맞닥뜨리는 이런 고유한 장애물을 극복할 수 없는 건 아니지만, 연애의 결실을 맺으려면 필요한 부분들에 세심한 주의를 기울여야 한다. 성공적인 연애의 비결은 두 사람이 서로에게 어떤 기대를 갖는지 파악하고, 상대방의 욕구를 충족해주기 위해 자신의 행동을 바꾸려는 적극적인 노력을 기울이는 데 있다. 다른 모든 관계에서처럼 연인관계에서도 서로가 얻는 득과 실이 균형을 이뤄야 만족스러운 관계가 유지된다는 사실을 기억해야 한다.

암스테르담대학교의 모니크 풀만Monique Pullman과 동료들은 이성애자 부부 195쌍을 모집해, 서투른 성격이 결혼 만족도에 영향을 끼쳤는지 여부를 조사했다. 서툰 성격적 특성은 적어도 두 가지 측면에서 부부관계에 영향을 끼칠 수 있다. 서툰 성격적 특성이 한편으로 결혼 만족도에 대한 자신의 인식에 영향을 끼칠 수 있고, 다른 한편으로는 결혼 만족도에 대한 상대 배우자의 인식에 영향을 끼칠 수 있다.

풀만은 사회적으로 서툰 남편과 사는 아내와 서툴지 않은 남편과 사는 아내 간 결혼 만족도에 차이가 없다는 사실을 발견했다. 또한 사회적으로 서툰 아내와 서툴지 않은 아내 역시 비슷한 수준의 결혼 만족도를 드러냈다. 아내들의 경우에는 자신의 서투름과 남편의 서투름이 결혼 만족도 전반에 악영향을 끼치지 않았다.

남편들의 경우 그 결과가 달랐다. 풀만은 서툰 아내와 사는 남자와 그렇지 않은 아내와 사는 남자 사이에 결혼 만족도상 차이를 발견하지 못했다. 그렇지만 서툰 남자들은 그렇지 않은 남자들보다 낮은 결혼 만족도를 보였다. 서툰 남자들의 결혼 만족도가 더 낮은 부분적인 이유는 그들이 남을 잘 믿지 못하고 친밀감을 덜 느끼기 때문이었다. 서툰 남자들은 평화로운 부부관계를 위해 고군분투하고, 일이 잘 풀리리라 믿지 못하며, 조심조심하는 태도 때문에 더 깊은 친밀감을 느끼지 못하는 패턴을 보였다.

이 결과는 남녀관계든 가족관계든 친구관계든, 친밀한 관계와 관련해 시사하는 바가 크다. 일반적으로 사람들은 시간이 지남에 따라 관계가 점점 더 친밀해지길 기대한다. 하지만 이는 특히 서툰 사람들이 충족하기 어려운 기대다. 특정 사회 상황에 처음으로 부딪혔을 때는 예절과 사회 각본에 따라 행동하면 되지만, 관계가 점점 친밀해지면 하나둘 생겨나는 기대를 예측하기가 훨씬 어려워진다. 만약 장기적인 목표가 만족스럽고 안정적인 소속감을 지속적으로 느끼는 것이라면, 서툰 사람들은 서로 다른 두 가지 기술을 이용해 이 목표를 달성할 수 있다. 첫째는 누군가를 처음 만날 때, 디너파티에 갈 때, 업무 회의를 주관할 때 등 사소한 사회적 기대를 충족해나갈 방법을 찾아내는 것이다. 일단 우정을 쌓아나가거나 데이트 초기 단계를 지나 관계가 조금씩 친밀해지기 시작하면, 더 깊은 유대감을 쌓고 서로를 믿고 의지하는 또다른 기술이 필요하다.

카네기멜론대학교의 브룩 피니Brooke Feeney는 선도적인 인간관계 연구자로, 연인관계에서의 '의존의 역설dependency paradox'을 주장한 바 있다. 친밀감을 쌓는 효과적인 방법은 '자아 드러내기self-disclosure'와 '지지하기'이며, 이는 마음속 생각이나 감정을 드러내는 데서 시작된다. 물론 이 때문에 상처받을 수도 있지만, 상대방이 그 사람의 생각이나 감정을 지지하며 크게 공감하는 반응을 보여준다면 신뢰감과 친밀감이 쌓인다. 하지만 자아 드러내기는 일방적이 아니라 상호간에 이뤄져야 하고 적정 수위를 지켜야 한다. 너무 빨리 너무 많은 것을 드러낼 경우 상대방이 놀라 뒷걸음질칠 수 있다. 그렇다고 사적인 이야기를 전혀 하지 않는 사람들은 거리감을 좁힐 수 없다.

연인들은 서로 돕고 의지할 때 더 강한 자립심을 발휘한다고 믿는다. 상대방에게 의지하는 이유는 자신감이 부족해 혼자서는 아무것도 할 수 없어서가 아니라, 불확실하거나 고통스러운 시기에 상대방이 늘 곁에서 자신을 응원해주리라 믿기 때문이다. 사랑하는 사람이 정서적 지지를 필요로 할 때 지속적으로 힘이 되어준다면, 학교나 직장 같은 관계 밖의 목표도 끈기 있게 추구해 달성해낼 가능성이 더 높아질 것이다.

서툰 사람들은 자립심이 지나치게 강한 경향이 있다. 이는 부분적으로 그들의 무관심함, 내향성, 비사회적인 관심사 같은 독특한 특성 때문이다. 다른 사람들과 친밀감 쌓기를 힘들어하는 문제점을 극복하려면 상대방을 기꺼이 믿고 의지해야 한다. 그래야 두 사람 사이의 유대감이 강화되고 안도감이 커져서, 서로가 각자의 목표와 관심사를 추구하는 자유를 부여하게 된다. 하지만 서툰 사람들은 과도한 자립심 때문에, 상대방에게 더 기댈 때 더욱 강한 자립심을 발휘할 수 있다는 사실을 쉽게 믿지 못한다.

자아를 드러낼 때 상대방이 그에 공감하지 않거나 심지어 등을 돌릴 수도 있는 위험이 따르기에 '의존의 역설'은 다루기가 상당히 어렵다. 연인관계는 언제나 '고위험 고수익' 도박이며, 상대방의 손을 잡고 사랑한다고 말하는 순간, 혹은 은밀한 사적인 생각과 감정을 공유하는 순간 위험도가 높아진다. 이 모든 게 격한 감정을 불러일으킬 수 있으므로, 사람들은 '감정 도박으로 모든 것을 잃을 수도 있다'는 합리적인 근거를 바탕으로 이익을 보는 시점에서 도박을 멈추려는 경향이 있다. 하지만 사랑이라는 도박판에는 마음의 '절반'만 거는 선택지가 존재하지 않는다.

서툰 사람들은 어떤 일을 하겠다고 결정하면 정말로 그에 모든 것을 건다. 인생에서 성공 가능성을 높이기 위해 100퍼센트 헌신을 요하는 무엇인가가 있다면, 그것은 바로 연인관계다. 사회적으로 서툰 사람의 연인이 인내심을 발휘하고 서툰 사람은 친밀감을 쌓을 방법을 찾아내는 데 지속적으로 주의를 기울이고 불편을 감수하며 융통성을 발휘하고자 노력한다면, 그 사람은 충직하고 사려 깊은 연인이 될 것이다.

"그후로도 오래오래 행복하게 살았습니다"의 비밀

소속욕구를 충족하는 데 매우 중요한 역할을 하는 연인관계에서 감정이 폭발하는 일이 일어날 수 있다. 사람들이 심적으로 매우 불안정해지는 이유도 막대한 감정 폭발의 가능성 때문이다. 이는 적어도 두 가지 측면에서 분별력 있게 인간관계의 길을 찾아나가는 능력에 영향을 끼친다.

누군가와 사랑에 빠졌을 때 따라오는 아찔한 행복감은 논리적 사고 능력을 크게 저하시킨다. 그리고 상대방이 기대를 충족하지 못했을 때 주체할 수 없는 분노가 일고, 그로 인해 상처주는 말을 내뱉게 된다. 사랑하는 사람은 말할 것도 없이, 어느 누구에게도 말하리라 상상도 하지 못한 심한 말을 하게 되는 것이다. 하지만 연인관계에서 감정 폭발 가능성에 수반되는 또다른 걱정거리는, 이것이 무리를 안전지대 밖으로 밀어내 갖가지 감정을 불러일으키는 계기가 될 수 있다는 점이다. 어떤 사람들은 짜증을 너무 많이 부려 다른 이의 기분을 상하게 하기를 가장 두려워한다. 또 어떤 사람들은 이 세상 그 무엇보다도 상대방을 깊이 사랑한다는 형언할 수 없는 신호인 친밀감을 충분히 전하지 못할까봐 무서워한다.

영원한 사랑을 찾는 방법을 알려주는 내 첫번째 저서가 출간된 이후에 종종 이런 질문을 받았다. "성공적인 관계에 가장 중요한 요소가 무엇일까요?" 관계학을 연구하는 이들은 행복하고 안정적인 부부관계를 예측할 때 가늠자 역할을 할 수십 가지 행동을 제시한다. 하지만 단 한 가지 조언만 해야 한다면 나는 보다 질적인 관점에서 대답을 한다.

몇 십 년을 함께 살다가 배우자와 사별한 사람들은 부부관계에서 때때로 당연시했던 '사소한 일'을 가장 그리워한다고 말한다. 그들은 배우자와 함께했던 일상적인 생활습관, 두 사람을 '우리'로 단단히 묶어주었던 독특한 습관을 그리워한다. 배우자와 사별한 이들은 부부가 함께 호숫가를 산책했던 일, 함께 출근했던 일을 회상하면서 눈물짓는다. 쉰 살의 아내를 잃은 어느 노신사는 "그녀가 커피에 각설탕 두 개를 넣어 먹는 내 독특한 습관을 알고 있던 유일한 사람이었어요"라고 말했다. 지금도 그의 말을 떠올리면 여전히 가슴이 먹먹해진다.

나이든 사람들은 부부가 일심동체가 된 순간을, 상대방이 일상생활에서 자신에게 베풀던 배려를 그리워한다. 삶의 속도가 빨라지고 결혼 이외의 막대한 책임에 마음을 빼앗김에 따라, 사람들은 이러한 사소한 행동을 당연시할 수 있다. 어떤 이들은 배우자가 세상을 떠나서 그러한 배려를 더이상 받지 못하게 되어서야 비로소 무엇을 잃어버렸는지 깨닫는다. 시야의 폭이 좁은 탓에 비사회적 관심사에만 온통 관심을 쏟을 가능성이 있는 사회적으로 서툰 사람들에게는, 매일매일 배우자에게 관심을 쏟아야 한다는 것을 지속적으로 일깨워줄 필요가 있다. 때때로 우리를 가장 사랑하는 사람이야말로 자신에게 관심을 쏟아달라고 요구할 가능성이 가장 낮다.

서툰 사람들은 서툴지 않은 사람들에 비해 인간관계에서 몇 가지 독특한 어려움에 맞닥뜨릴 가능성이 높다. 그들은 파트너가 한 말을 잘못 해석하거나 연인관계에서 격화되는 감정에 압도당할 가능성이 더 높다. 그렇지만 모든 사람이 나름의 어려움을 겪으며, 모든 연인은 극복해야 할 장애물을 마주한다. 수년 혹은 수십 년간 다른 사람들과의 장기적인 관계를 지켜나가는 데 심적으로 중요한 원칙은 공정함, 친절함, 충직함이다. 하지만 남녀관계에서 그러한 친사회적 태도와 행동을 실행에 옮길 때는 험한 장애물에 부딪히게 된다. 최고의 조언은 사회성이 뛰어난 사람이든 서툰 사람이든 상대방에게 아낌없이 아량을 베풀고 상대방이 베푸는 호의와 친절을 절대로 당연시하지 말라는 것이다.

3부

—

서툰 게 아니라 특별한 겁니다:

서툰 사람이 감탄을 자아내는 법

9장

서툰 내 아이, 어쩌면 영재?

엘런 위너Ellen Winner는 보스턴칼리지 심리학과 교수이자 학과장이고, 하버드교육대학원 선임연구원이며, 『내 아이도 영재다Gifted Children: Myths and Realities』의 저자다. 그녀는 세계적인 영재성 전문가로 사회성 부족과 영재성의 관계에 대한 통찰력 있는 시각을 많이 제시했다.

위너 교수는 영재들이 관심 분야를 날카로운 칼날처럼 무서울 정도로 파고들고, 무한한 호기심을 발휘하며, 통달의 경지에 이를 때까지 쉴새없이 실력을 갈고닦는다는 사실을 발견했다. 또한 무서운 집중력과 강렬한 욕구 때문에 그들이 사회생활과 정서적 측면에서 어려움을 겪을 위험이 커진다는 사실도 알아냈다. 영재아는 그렇지 않은 아이에 비해 사회적, 감정적 문제를 겪을 위험이 두 배 더 높았다. 이는 만성적인 괴롭힘을 당한 아이가 커서 우울증에 걸릴 위험이나, 비만인 아이가 어른이 되어 심장질환을 앓을 위험과 맞먹는 수준이다.

왜 영재아가 때때로 사회적으로 어려움을 겪는지 묻자, 위너 교수는 이렇게 말했다. "재능이 많은 아이일수록, 그런 아이가 흔치 않기 때문에 자신과 비슷한 아이를 찾는 데 어려움을 겪습니다. 제 생각에는 영재아가 자신과 비슷한 다른 아이를 찾지 못해서 사회생활에 서툰 게 아닌가 생각합니다. 만약 영재아가 비슷한 아이를 찾아서 어울린다면 아마도 덜 서툴게 굴 겁니다."

영재아는 종종 자신이 다른 아이들과 다르기에 그들과 어울리기 힘들다고 느낄 뿐 아니라, 다른 아이들처럼 어울려 놀 기회를 적극적으로 찾지도 않는다. 위너 교수는 이렇게 말했다. "이런 아이들은 다른 아이들보다 더 내성적이고, 외부 세계보다 내부 세계에서 더 많은 자극을 받습니다. 그래서 다른 아이들처럼 함께 어울릴 사람을 그리 많이 찾지 않기에 사회생활에 더 서툴러지는 것 같습니다." 또한 영재아의 타오르는 열정 때문에 다른 아이들이 그들을 이상하게 생각할 수도 있다. 강한 열정이 스포트라이트형 시각에서 비롯되는지 묻자 그녀는 고개를 끄덕이며 이렇게 말했다. "영재아는 관심 분야에 매우 열정적입니다. 빛에 비유하자면 그들은 점점 퍼져나가는 '서치라이트'라기보다 한 점을 향해 수렴하는 '스포트라이트'라고 할 수 있습니다."

모든 영재아가 사회적으로 서툰 것도 아니고 서툰 아이들 모두가 영재인 것도 아니지만, 이 두 가지 특성 간에 겹치는 부분이 놀라울 정도로 많다. 영재성과 서투른 성격이 시너지를 일으켜 1 더하기 1이 2가 아니라, 2 이상의 효과를 낳을 수 있다.

서툰 성격적 특성에 대한 진화론적 시각

서툰 사람들의 독특한 가치를 본격적으로 살펴보기 전에 '소속욕구가 생존에 필수적이라면, 사회생활에 서툰 성격적 특성이 자연선택을 통해 후손에게 유전되는 이유는 도대체 무엇일까?'라는 진화론적 의문을 가져봄직하다. 진화론적 시각에서 보면 사회적 기대를 충족하지 못하는 서툰 성격적 특성은 사회집단의 일원이 되는 데 걸림돌이 되었을 것이고, 그 결과 생존 가능성이나 짝을 만날 가능성도 저하시켰을 것이다. 만약 서툰 성격적 특성 대부분이 부정적이었다면, 서툰 사람들의 유전자가 후손들에게 전해질 가능성이 점점 낮아졌을 것이고 시간이 흐를수록 서툰 성격적 특성들이 서서히 사라졌어야 옳다.

버나드 크레스피Bernard Crespi는 사이먼프레이저대학교의 생물학과 교수로, 잘 적응하지 못할 것으로 보이는 특성들이 오히려 적응에 도움을 주었을 가능성을 연구했다. 자연선택의 시각에서 인간의 특성이 진화하는 주된 이유는 생존 가능성과 번식 성공률을 높이는 것이지, 행복한 삶을 영위할 가능성을 높이는 것이 아니다. 이는 인간이 행복해지려 노력해서는 안 된다는 뜻이 아니다. 진화론적 시각에서 서툰 성격적 특성의 장점을 생각할 때 '사람들의 생존이나 짝짓기에 서투른 성격이 도움이 됐던 이유는 무엇일까'라는 렌즈를 통해 바라보려는 마음가짐이 필요하다는 이야기다.

서툰 성격적 특성 간에 상쇄 효과가 일어날 수도 있다. 다시 말해 서툰 성격적 특성 일부는 강점을 강화하고, 또다른 일부는 강점을 약화해서 상쇄 효과가 일어난다.

서툰 사람들은 특이한 강점들을 많이 가지고 있을 가능성이 높다. 이를테면 수학이나 과학같이 체계적인 사고를 요하는 문제를 풀어내는 능력, 복잡한 시각자료에서 순식간에 패턴을 찾아내는 능력, 관심 분야의 단조로운 반복 업무를 끝까지 해내는 능력 말이다. 그렇지만 상쇄 효과로 약화된 능력들도 있다. 서툰 사람들은 직관적으로 공감하는 능력이 부족하고, 다른 사람에 대한 마음이론을 정립하는 데 서툴며, 큰 그림을 잘 보지 못한다. 문제는 서투른 성격에 수반되는 강점들이 그러한 성격 때문에 맞닥뜨리는 사회적 장애물을 상쇄하고도 남느냐, 아니면 최소한 상쇄는 하느냐 하는 것이다.

수렵·채집생활을 하는 집단에는, 효과적으로 덫을 놓아 동물을 잡는 방법과 여러 농작물을 해마다 바꿔가며 심는 윤작의 이점을 찾아내고 관개 시스템의 원리를 알아낸 이들이 있었다. 이런 획기적인 돌파구들은 우연의 산물이라기보다, 체계적인 사고와 끈질긴 실험의 산물일 가능성이 높다. 서툰 사람들은 사냥에 뛰어나지 못했을 수도 있고, 채집한 식량을 짊어지고 돌아가는 길에 어설픈 모습을 보였을 수도 있다. 하지만 만약 그들이 고기를 소금에 절임으로써 사냥해온 고기를 저장할 방법을 찾아낸다면, 혹은 채집한 식량을 운반할 더 나은 방법을 강구한다면 그러한 혁신이 집단 전체에 값진 기여를 할 수 있다.

성공적인 사냥, 수확, 전쟁으로 생존에 일시적으로 기여하는 것과 달리, 모두가 써먹을 수 있는 획기적인 지적 돌파구를 찾아낸 사람들은 지속적으로 집단 전체의 생존에 중요한 기여를 했을 것이다. 또한 다른 이들이 포기하고 돌아간 뒤에도 끈질기게 수렵이나 채집활동을 이어나가거나, 따분한 일을 반복적으로 되풀이해도 지루해하지 않는 서툰 사람들 역시 가치가 있었을 것이다.

현대사회는 식량이 훨씬 풍족해졌고 인간의 수명은 두 배로 길어졌다. 하지만 서툰 성격적 특성들은 여전히 존재하며 독특한 가치를 더하고 있다. 사회는 불평등한 식량 분배 문제를 해결할 더 나은 알고리즘을 체계적으로 생성하고, 보다 지속 가능한 에너지 자원을 찾아내며, 아이들에게 적응 기술과 지식을 가르칠 새로운 학습전략을 마련할 사람들을 필요로 한다. 또 현대사회는 사이버 공격을 당하지 않도록 사소한 취약점까지 찾아내 해결할 끈기 있는 컴퓨터 과학자들과 테러 위협을 막기 위해 데이터의 사소한 이상까지 찾아낼 수 있는 보안 전문가들도 필요로 한다.

서툰 사람들은 체계적인 분석으로 독특한 가치를 더할 잠재력 또는 다른 사람들이 두 손을 든 이후로도 오랫동안 포기하지 않고 끈질기게 매달리는 성향을 갖고 있기에, 서툰 성격적 특성이 사회에 적응하는 데 도움이 된다. 그렇지만 서툰 사람들이 사회에 이러한 가치를 더하려면, 자신의 잠재력을 극대화하고 적절한 곳에 강점을 발휘할 방법을 찾아내야 한다. 그러기 위해서는 어린 시절의 빛나는 영재성을 경이로운 업적으로 꽃피우는 데 필요한 사회적 지원을 동원할 방법을 알아내야 한다.

영재들은 대부분 정상을 벗어난 상태에 있다

아무도 예상하지 못한 곳에서 일어나는 심리적 문제를 발견한 프로이트조차 아이들이 어린 시절 중반에 '잠재기latency stage'에 들어간다고 생각했다. 제멋대로 행동하는 유아기와 질풍노도 청소년기 사이의 소강상태가 바로 잠재기다. 이 시기의 아이들은 그네와 미끄럼틀, 아이스크림, 이빨 요정의 방문 등에서 기쁨을 찾는다. 잠재기 동안 부모들은 상대적으로 순탄한 하루하루를 예상한다. 그렇지만 어떤 부모들은 이 시기 즈음 아이의 영재성을 느끼기 시작한다. 영재성의 싹은 맑은 여름날 하늘에서 뚝뚝 떨어지는 빗방울처럼 이목을 집중시킬 만큼 두드러지기에, 부모들은 어마어마한 잠재력이 꿈틀대는 것을 예감한다.

어쩌면 가족들이 차 안에서 〈겨울왕국〉 OST를 들으며 흥얼거리는데 네 살짜리 딸아이가 절대음감으로 한음 한음 정확히 따라 부를 수 있고, 레스토랑에서 팁을 계산하는데 다섯 살짜리 아들이 팁은 음식 가격의 20퍼센트이므로 9달러 50센트라고 말할 수 있다. 이 순간 부모는 깜짝 놀라 믿기지 않는 눈으로 뒷좌석을, 테이블 건너편을 쳐다보게 된다.

영재아의 재능이 싹트기 시작할 때, 아이들은 다른 사람에 비해 자신이 어느 정도 수준의 영재성을 가지는지 알지 못한다. 처음 몇 년간은 외부에서 오는 어떤 기대에도 부담도 느끼지 않는다. 새로 발견한 자신의 음악적, 수학적, 미적 재능을 마음껏 펼치는 영재아를 본다면 신나게 노는 것 같은 순수한 즐거움에 경탄을 금치 못할 것이다.

어린이라서 누리는 혜택은, 다른 사람이 어떻게 평가할지 개의치 않고 자유롭게 노래하고 그림 그리고 놀이를 할 수 있다는 것이다. 이는 영재아들도 마찬가지다. 그들은 직감적으로 흥미로운 일을 실행한다. 그렇지만 그들이 보여주는 재능은 그저 어린아이 수준에 머물지 않는다. 그들은 절대음감을 뽐내며 노래를 부르고, 원근법을 활용해 실로 놀라울 만큼 현실적인 그림을 그리고, 복잡한 긴장감을 조성하거나 예기치 못한 반전에 반전을 거듭하는 줄거리를 아주 멋지게 꾸며낸다. 재능 있는 아이들은 특이하다. 심리학 용어를 빌리자면 '이상異常 상태', 즉 정상을 벗어난 상태에 있다. 그래서 수년에 걸쳐 영재아에 대한 폭넓은 연구가 이뤄져왔다.

1900년대 초 스탠퍼드대학교의 심리학자 루이스 터먼Lewis Terman은 표준화된 지능지수IQ 검사로 사고능력을 수량화할 방법을 처음으로 연구한 사람 중 한 명이었다. 그는 IQ가 종 모양의 정규분포를 보인다는 사실을 발견했다. 이는 대부분 사람들의 IQ가 평균점수인 100 주위에 몰린다는 의미다. IQ가 70 이하인 사람들은 검사 응시자 중 백분위 하위 4에 속하며, 지적 손상 정도가 심하다고 볼 수 있다. 반면 IQ가 130 이상인 사람들은 백분위 상위 4에 해당되며, 이것이 보통 영재를 분류하는 최저 기준으로 쓰인다.

가장 흔히 사용되는 IQ 검사에서는 언어능력, (수학적·과학적) 계산능력, 기억력 등 여러 가지 소항목으로 나누어 사고능력을 측정한다. 한 가지 간단한 사례로 숫자 외우기digit span 같은 기억력 테스트를 들 수 있다. 심리학자들은 검사 응시자들에게 숫자 두세 개를 외우도록 요구하고, 정확히 외울 때마다 외워야 하는 숫자의 수를 조금씩 늘린다. 이를테면 다음 숫자들을 보자.

$$3-1-8-1-2-2-5$$

이제 이 일곱 개의 숫자를 가리고 앞에서부터 순서대로 외운다. 대부분의 어른들은 숫자를 다섯 개에서 아홉 개 정도 외울 수 있다. 이는 미국 전화번호가 지역번호를 제외한 일곱 자리 숫자로 되어 있기 때문이다. IQ 검사 결과가 백분위 50에 속하는 아홉 살짜리 아이들은 평균적으로 숫자 여섯 개를 정확히 기억한다. 그렇지만 상위 1퍼센트에 속하는 재능 있는 아이들은 숫자 아홉 개 모두를 정확히 말할 수 있다. 대학원 시절 나는 놀라운 암기력을 지닌 열두 살짜리 영재 소녀를 테스트했다. 그녀는 숫자 외우기 테스트를 하는 동안 매우 지루해했다. 그래서 내가 아홉 자리 숫자를 읽어주자마자 그 숫자들을 순식간에 외워 역순으로 대답했다.

비범한 암기력을 지닌 영재아는 다른 아이들과 달리 숫자 외우기 같은 문제에 직관적으로 접근한다. 영재아는 누군가 알려주지 않아도 직관적으로 숫자들을 몇 개씩 끊어 암기한다. 영재아는 숫자들을 외워야 한다는 말을 듣는 순간 일곱 개의 단위 대신 세 개의 단위로 기억하는데, 이를테면 3, 181, 225로 끊어 외우는 게 더 쉽다는 것을 직관적으로 안다.

뛰어난 인지능력을 지닌 아이들이 비사회적 정보를 효율적이고 전체적으로 처리할 수 있도록 도와주는 메커니즘은, 앞에서 살펴본 것처럼 사회성이 뛰어난 아이들이 복잡한 사회 상황에 효과적으로 대처하도록 도와주는 메커니즘과 비슷하다. 사회성이 뛰어난 아이들이 억양, 비언어적 단서, 표정처럼 일일이 숙고할 필요가 없는 사회적 신호들을 처리하는 방법을 떠올려보라. 사회성이 뛰어난 사람들은 다른 이들과 이야기를 나누는 동안, 직관적으로 각각의 정보를 몇 개씩 묶어 처리하는 능력을 갖고 있다. 이들은 크리스마스 파티에서 친구와 마주치는 순간 자연스럽게 3초 정도 악수를 나누고, 약 45센티미터 정도 떨어져

서서 그날에 맞는 반가운 인사말을 건네야 한다는 것을 즉시 안다.

하버드대학교의 하워드 가드너 교수는 지능이 언어 지능지수 검사와 수리 지능지수 검사 같은 대부분의 표준화된 검사로 측정 가능한 능력들 그 이상을 포괄한다고 주장했다. 그는 음악능력, 운동능력, 대인관계 능력 같은 추가적인 능력을 포함한, 소위 다중지능이론theory of multiple intelligences을 제시했다. 연구원들은 더욱 포괄적인 다중지능에 상대적으로 주의를 덜 기울여왔다. 하지만 음악적 감각, 운동감각, 혹은 사교술이 뛰어난 사람들이 언어 지능지수나 수리 지능지수로 온전히 측정할 수 없는 값진 능력들을 소유한다는 것은 통념상 알 수 있다.

지능이 더욱 폭넓은 능력들을 포함한다는 통념을 뒷받침할 몇몇 실증적인 증거가 있다. 코넬대학교의 로버트 스턴버그Robert Sternberg는 지능에 대한 통념을 연구하는 과정에서, 사람들이 보통 언어지능과 수리지능, 이 두 가지 지능 이상의 지능들 간의 차이를 자연스럽게 구분해낸다는 사실을 발견했다. 스턴버그의 연구 참여자들도 전통적인 사고방식을 뛰어넘는 창의적 사고, 인생 경험에서 얻은 지혜, 다른 사람으로부터 배우려는 열린 마음 각각을 서로 다른 영역에 속하는 유효한 능력으로 보았다.

여러 능력을 고르게 가지는지 아닌지 조사하려면 우선 각각의 능력을 구분해야 한다. 이를테면 여러 능력을 고르게 갖춘 사람은 언어 지능지수와 수리 지능지수가 모두 110인 반면, 그렇지 않은 사람은 언어 지능지수는 135인데 수리 지능지수가 100일 수 있다. 어떤 사람이 '스마트하다'는 것과 '정말로 뛰어난 면이 있지만 그렇지 못한 면도 있다'는 것에는 큰 차이가 있다. 이러한 구분은 실질적으로 중요하다. 학교나 직장에서 사람들 각각의 잠재력을 극대화할 방법을 고민하고 있다면, 능력 간 편차가 심할 경우 그에 대한 더욱 자세한 정보를 원할 수 있기 때문이다. 반대로 능력 간 편차가 없다면 그가 여러 능력을 전반적으로 고르게 갖췄다는 뜻이므로, 직장이나 학교는 평균을 웃도는 점수를 받은 사람이 대부분의 과제를 평균 이상으로 수행하리라 예상할 수 있다.

연구원들이 알아낸 바에 따르면, 대부분의 사람들은 능력 간 편차가 전반적으로 심하지 않다. 하지만 IQ가 130 이상인 사람들은 능력 간 편차가 심하며, IQ가 높아질수록 능력 간 불균형이 더 심해진다. 이를테면 아이오와주립대학교의 존 아흐터John Achter와 동료들이 뛰어난 영재성을 지닌 1000여 명의 중학교 1학년생으로부터 수집한 데이터를 조사한 결과, 그들 중 80퍼센트 이상이 여러 능력 간에, 그리고 관심 대상 간에 불균형이 심하다는 사실을 발견했다.

IQ 검사에서 고른 점수를 받지 못하는 영재들의 특성이 당혹스러울 수 있다. 왜냐하면 우리는 보통 지능이 고르게 발달한다고 생각하기 때문이다. 일부 학교에서 일반 교육과정, 심화 교육과정, 혹은 보충 교육과정을 제공하는 이유도 이 때문이다. 하지만 실제로 영재들은 특정 영역에서 뛰어난 재능을 보이지만, 다른 영역에서는 평범하거나 보통 수준 이하의 능력을 보이는 경향이 있다. 다중지능 측면에서 볼 때 음악적 감각이나 계산능력이 뛰어난 사람이, 대인관계 능력이나 자아성찰 능력은 크게 떨어질 수도 있다고 생각하면 이는 흥미로운 일이 아닐 수 없다.

잠시도 가만히 있지 못하는 사람들

닉 사반Nick Saban은 앨라배마대학교의 미식축구 감독으로, 단언컨 대 당대 최고의 감독이다. 그는 열정적인 사람으로 유명하다. 2016년 ESPN의 마이크 스미스가 진행한 인터뷰에서 그는 미시간주립대학교 에서 코치로 활동하던 초창기 시절의 재미있는 이야기를 들려주었다. 사반과 동료 코치는 고등학교 운동선수 선발을 위해 오하이오주 영스 타운으로 연습경기를 참관하러 갔다. 하루종일 연습경기를 보러 다닌 사반과 동료 코치는, 현지 술집에서 밤늦도록 머리를 맞대고 얼마 뒤 에 있을 경기의 전략을 논의했다. 한창 양팀 선수들에 대해 열띤 논의 를 벌이고 있는데, 총을 든 한 남자가 술집에 쳐들어와 바텐더에게 돈 을 내놓으라고 협박했다.

다행히 그 사건으로 다친 사람은 없었다. 그렇지만 그 위험한 상황 을 목격한 모든 이에게 그것은 섬뜩한 순간이었다. 경찰들이 현장에 출동하자 바텐더는 무슨 일이 벌어졌는지 설명했다. 바텐더에게 사건 의 전말을 물은 경찰들은 현장에 있었던 다른 사람들과도 얘기하려 했 다. 그런데 바텐더는 경찰들에게 사반과 그의 동료는 강도 사건이 벌 어졌던 것조차 모를 것이므로, 상황을 물어볼 필요가 없다고 했다. 정 말 바텐더의 말이 옳았다. 사반과 그의 동료는 경기 전략을 짜는 데 몰 두하느라 강도가 침입한 것조차 알아채지 못했다.

엄밀히 따지면 영재성은 역량, 타고난 지능, 운동감각, 혹은 예술적 재능으로 규정된다. 그렇지만 위너 교수와 다른 연구원들은 영재들이 특정한 성격적 특성을 가질 가능성 역시 높다는 사실을 발견했다. 영 재성을 지닌 사람들은 고집스럽고, 반항적이며, 완벽을 추구하는 경향이 있다. 그들은 관심 분야에 통달하려는 남다른 욕구를 가지며, 현재 상태에서 한 단계 발전하기 위해 끊임없이 노력한다. 이는 열정적이고 끈기 있게 실력을 연마하도록 동기를 부여한다. 위너는 이러한 성격적 특성 및 태도를 가리켜 '통달의 경지에 이르려는 광기rage to master'라고 불렀다.

이 표현에서 불안감이 느껴진다고 말하자, 그녀는 그것이 이 표현의 핵심이라고 설명했다. 이 표현은 자신이 좋아하는 일에 푹 빠질 때 열정을 태우며 잠시도 가만히 앉아 있지 못하고 죽을힘을 다하는 태도를 정확히 담고 있는, 이보다 더 적절할 수 없을 만큼 적확한 표현이라고 했다. 하지만 여기에는 다른 사람들이 그들의 타오르는 열정을 불편하게 느낄 수도 있다는 뜻도 담겼다고 본다. 영재들은 꼬치꼬치 캐묻는 기질이 있긴 하지만, 그 끝없는 호기심은 끓어오르는 감정을 주체하지 못하고 날뛰다시피 한다는 인상을 줄 수 있다. 정상의 자리를 탈환하기 위해 이를 악물고 노력하는 재능 있는 운동선수나 팀 기사 마감일을 맞추려고 쉴새없이 뛰어다니는 취재기자에게서 이러한 광기를 엿볼 수 있다.

영재 학생들은 부모나 교사가 자신의 물음에 대답하지 못할 때 초조함을 느낄 수 있고, 따라서 해답을 찾아 도서관이나 인터넷 여기저기를 뒤지고 다닐 수 있다. 영재성을 지닌 어른들은 무능한 동료와 책임자에게 조바심을 내거나, 일이 빨리 진척되지 않을 때 안달할 가능성이 높다. 통달의 경지에 이르려는 광기가 충족되지 않을 때 주변 사람들은 그들의 동요를 쉽게 눈치챌 수 있다. 가려운 곳이 있는데 그곳을 긁지 못하는 사람과 함께 있는 것 같기 때문이다.

영재들은 광기를 표출하지 못하는 상황을, 참고 넘어갈 수 있는 사소한 불편쯤으로 생각하지 않는다. 영국 로열발레단의 수석무용수 로런 커버슨Lauren Cuthbertson은 한 인터뷰에서 이러한 감정을 아름답게 표현했다. 2014년 커버슨은 발을 다쳐서 무용수로서 생명이 끝날 수도 있는 위기 속에서 몇 달 동안 무용을 쉬어야 했다. 그녀는 자기 삶에서 가장 힘들었던 순간이 무용을 연습할 수 없었던 순간이라고 말했다. 주목할 점은 그녀가 관객들로 가득찬 극장에서 공연하는 쾌감보다 실력을 갈고닦는 조직적인 훈련을 더 그리워했다는 것이다. 조직적인 훈련을 다시 시작할 수 있자 그녀는 "갑자기 숨을 쉴 수 있게 된 것 같다"고 말했다.

킹스칼리지 정신의학연구소의 페드로 바이털Pedro Vital은 전통적인 IQ 검사로 측정 가능한 그 이상의 능력들을 조사하고 싶었다. 그는 6000여 쌍의 쌍둥이로부터 수집한 데이터를 분석했다. 그 데이터는 IQ 검사, 성격 검사, 쌍둥이 자녀에 대한 부모들의 평가 등을 포함했다. 자녀가 더 일찍 태어난 다른 아이보다 '놀라운 능력'을 보여주었는지 부모들에게 묻는 질문도 있었다. 여기서 연구원들은 의도적으로 '놀라운 능력'이라는 애매한 표현을 써서, 언어 지능지수나 수리 지능지수를 넘어 보다 포괄적으로 영재성을 평가했다.

바이털은 17퍼센트의 아이들이 더 일찍 태어난 아이들보다 더 놀라운 능력을 가졌음을 발견했다. 하지만 가장 흥미로운 연구결과는 어느 요인이 놀라운 능력과 가장 밀접한 관계가 있느냐는 것이었다. 놀라운 능력을 가진 아이로 분류된 아이 가운데 30퍼센트가 높은 IQ를 보였지만, 놀라운 능력과 가장 밀접한 관련이 있는 요소는 관심 분야에 대한 강박 수준의 집착이었다. 다시 말해 놀라운 능력을 가진 아이로 분류된 아이들의 61퍼센트가 특정 분야에 강박 수준의 집착을 드러냈다.

통달의 경지에 이르려는 광기는 어린 시절에 발현되지만, 보통 어른이 되어서까지 지속된다. 이러한 광기를 부채질하는 두 가지 요인이 있다. 한 가지는 평범함에 대한 거부감이고, 다른 한 가지는 완벽을 향한 이끌림이다. 영재들은 뭔가를 잘하지 못하는 것을 싫어한다. 이는 상황에 따라서 축복일 수도, 저주일 수도 있다. 영재들이 현재 상태에 안주하지 않고 더 나아지기 위해 필사적으로 자신을 채찍질할 때는, 평범함을 거부하는 그들의 성격이 인생에 축복이 된다. 그렇지만 영재라고 해서 항상 잘할 수 없는 게 현실이다. 나중에 더 자세히 살펴보겠지만, 이 때문에 그들은 살면서 끊임없이 불안에 시달린다.

영재아 역시 도전에 마음이 끌린다. 처음에는 이것이 교사나 지도강사의 성과기준을 충족하는 것을 의미할 수 있다. 하지만 통달의 경지에 이르려는 광기를 가진 아이들은 궁극적으로 우수함에 대한 전통적 기준을 거부한다. 많은 영재의 특성 중 흥미로운 점이, 이들은 자신이 관심 있는 분야의 역사를 대단히 높이 평가하며 그에 기여한 선조들을 매우 존경하지만, 그들과는 다른 방식이나 기준으로 성과를 거둘 방법을 모색한다는 것이다. 충분한 도전의 기회나 빠른 속도로 실력을 연마해나갈 기회가 부족할 경우, 영재들은 마치 내적으로 폭발해 무너져내릴 것처럼 보일 수 있다.

자신이 사랑하는 일을 할 때 느끼는 내적 환희 역시 통달의 경지에 이르려는 영재들의 광기를 채찍질한다. 영재들이 "일에 몰두하는 게 좋을 뿐입니다"라고 말하는 것을 종종 듣는다. 영재들은 컴퓨터 프로그램을 짜면서, 경기를 하면서, 작곡을 하면서, 그림을 그리면서 단 한 가지에만 골몰하기를 좋아하며 집중력을 흐트러뜨리는 방해가 발생하면 그게 무엇이든 쉽게 짜증을 낸다. 교향곡이 울려퍼질 때 정신없이 상상의 나래를 펼치고 절대음감으로 아리아를 부르는 일이 얼마나 즐거울지 쉽게 이해할 수 있다. 영재들은 자신의 능력이나 끈질긴 노력으로 다른 이들에게 칭찬받을 수 있지만, 아무도 자신을 보고 있지 않을 때도 쉴새없이 실력을 갈고닦는다. 그들은 진심으로 조직적인 훈련을 즐거워하기 때문이다.

천부적인 재능과 통달의 경지에 이르려는 광기, 그리고 조직적인 훈련에 대한 타고난 열정, 이 세 가지는 힘든 난관을 극복해나가는 데 이상적인 조합이 아닐 수 없다. 그렇지만 이러한 특성들이 영재아가 순조롭게 사회생활을 해나가는 데는 걸림돌이 될 수 있다. 통달의 경지에 이르려는 광기 때문에 다른 아이들과 끈끈한 유대감을 쌓기 힘들다면 그들은 사회적으로, 감정적으로 다양한 문제에 부딪힐 뿐 아니라 특별한 잠재력을 제대로 발휘하지 못할 위험이 있다.

영재성과 서투름의 관계

지난 몇 십 년 동안 두 가지 연구, 즉 영재성에 관한 연구와 사회생활의 서투름에 관한 연구가 따로따로 이뤄졌지만 이들 연구는 여러 측면에서 동일한 결론에 도달하는 수렴 현상을 보였다. 영재성 연구원들은 원래 비범한 능력을 찾아내 향상할 방법을 알아내고자 했다. 그러나 그 과정에서 영재들의 잠재력 발달을 촉진하거나 가로막을 수 있는 중요한 사회적·정서적 요인들을 찾아냈다. 사회적 의사소통 장애와 관심 분야에 대한 강박 수준의 집착을 집중적으로 조사한 연구원들은, 마침내 사회성이 부족하고 관심 분야에 강박 수준의 집착을 가지는 사람들이 때때로 비범한 재능을 지니고 있다는 사실을 찾아냈다.

영재성과 서투름 사이에 개념상 겹치는 부분을 쉽게 찾을 수 있다. 서툰 사람들은 특정 흥미에 초집중하는 스포트라이트형 시각을 가지고, 영재들은 자신의 특별한 재능에 주의를 집중하기 쉽다. 서툰 사람들은 관심 분야에 지나치게 집착하며, 영재들은 통달의 경지에 이르려는 광기에 좌우된다. 영재들과 서툰 사람들 모두 조직적인 훈련에 흠뻑 빠져 혼자만의 시간을 보내기를 좋아한다. 서로 중복되는 이러한 특성들과 여타 특성을 통해 서투름과 영재성이 공통점을 갖고 있다는 것을 예상할 수 있다.

서툰 사람들과 영재들의 공통된 행동이 동일한 유전자의 영향 때문이라는 새로운 증거가 있다. 페드로 바이털과 동료들은 놀라운 재능과 관심 분야에 대한 광적인 집착의 유전적 뿌리가 같은지 조사하기 위해 수많은 쌍둥이 표본을 분석했다. 그들은 관심 분야에 광적으로 집착하는 성향의 유전 가능성이 놀라운 재능의 유전학 가능성과 밀접한 관련이 있다는 것을 발견했다. 또다른 행동유전학 연구로 에든버러대학교의 데이비드 힐David Hill과 동료들은 1만 2000여 명에게서 채혈한 혈액에서 우울증, 불안증, 자폐증 등 심리 진단에 쓰이는 유전적 표지genetic marker를 찾기 위해 그들의 게놈을 스캔했다. 힐은 사회적 의사소통 장애 및 반복 행동과 관련한 유전적 표지가, 높은 IQ 점수와 높은 학업 성취도와 밀접한 관련이 있다는 것을 발견했다.

모든 영재가 사회생활에 서툰 것도 아니고 모든 서툰 사람이 영재인 것도 아니지만, 이러한 연구들과 여타 연구를 통해 이 두 가지 특성 사이에 상당히 겹치는 부분을 알 수 있다. 한 사람에게서 놀라운 능력과 관심 분야에 광적으로 집착하는 성향을 발견한다면, 이 두 가지의 조합은 재능이라고 말할 수 있다. 연구원들은 서투름과 영재성이 함께 작용하는 방식을 설명하는 흥미로운 행동 메커니즘을 발견했다. 킹스 칼리지 정신의학연구소의 프란체스카 하페는 서툰 성격적 특성이 강한 사람들이 사소한 일들에 이례적인 관심을 기울이며, 그런 일들을 놀라울 정도로 정확히 기억한다는 사실을 발견했다. 사이먼 배런코언 역시 사소한 일에 주목하는 이런 성향이 몇 가지 독특한 능력의 토대일 수 있다는 것을 알아냈을 뿐 아니라, 서툰 이들의 체계화 성향이 문제의 사소한 측면들 간 패턴과 논리적 관계를 찾아내는 데 도움이 된다는 점 역시 지적했다.

서툰 사람들은 특정 상황을 여러 개의 조각으로 나누고, 각 조각의 세부적인 측면들을 꼼꼼히 뜯어보며, 다른 사람들이 찾지 못하는 패턴들을 찾아내는 데 특히 능하다. 서툰 아이들이 멀쩡한 토스터를 분해하듯이 이해할 수 없는 행동을 하는 이유도 이 때문이다. 그러고는 이렇게 말한다. "그냥 어떻게 작동하는지 보려고……" 관심 분야에 대한 광적인 집착에 더해진 체계화 성향은 조직적인 훈련에 매진하고자 하는 욕구를 느끼게 한다. 그리고 타고난 능력을 극대화해서 잠재적으로 우수한 수준의 능력을 탁월한 수준으로, 혹은 탁월한 수준의 능력을 특출한 수준으로 끌어올리도록 도와준다.

대부분의 사람들은 서툰 사람들이 기술, 물리학, 만화 같은 특정 분야에 특별한 관심을 기울이는 경향이 있음을 어렴풋이 안다. '미친 과학자'나 '얼빠진 교수' 같은 표현에 그런 면모가 담겨 있다. 공부하는 머리는 뛰어나지만 사회 적응 능력은 부족한, 반직관적인 사람들이 이런 사람의 전형이다. 우리는 화성 궤도에 인공위성을 쏘아올릴 방법은 찾아내면서 주차장에 세워놓은 자기 차는 찾지 못하는 로켓 과학자에게 놀라워하기도 하고, 복잡한 뇌 촬영 사진을 읽을 수 있는 뇌신경외과의사가 어째서 대화할 때는 상대방의 마음도 제대로 읽지 못하는지 의아해한다.

흥미와 역량

진로 심리학자 존 홀랜드John Holland의 여섯 가지 흥미 유형 검사를 이용해 자신이 어떤 흥미와 역량을 갖고 있는지 알아볼 수 있다. 스트롱의 흥미검사Strong Interest Inventory같이 충분한 연구 과정을 거친 대규모 검사를 통해 심도 있는 피드백을 받을 수 있다. 하지만 하단의 도표를 통해 자신의 흥미와 역량에 대한 간략한 정보를 얻는 것도 가능하다. 미국 노동부 사이트 'onetonline.org'에서도 폭넓은 정보를 얻을 수 있다.

성격 유형	흥미	역량
현실형	눈에 보이는 결과를 얻을 수 있는, 현장활동	독립적이다, 실리적이다, 현실적인 성과를 거둔다
탐구형	아이디어, 이론, 데이터	분석적으로 사고한다, 새로운 아이디어를 탐구한다
예술형	심미학, 추상적 개념, 창의적 활동	상상력이 풍부하다, 고정관념에 얽매이지 않는다, 창의적이다
사회형	봉사활동, 교육활동, 대인관계활동	다른 사람을 도와준다, 공감 능력 및 사회성이 뛰어나다
기업형	프로젝트 착수, 리더로서의 활동, 위험 감수 활동	대담하다, 자기주장이 강하다, 설득력이 뛰어나다
관습형	질서, 절차, 정보 관련 업무	유능하다, 정확하다, 체계적이다

컴퓨터 전문가들과 물리학자들이 사회생활에 서툴다는 고정관념은 〈빅뱅이론Big Bang Theory〉 같은 텔레비전 프로그램이나 수학 올림피아드에 출전한 수학선수들이 전형적인 괴짜로 그려지는 〈퀸카로 살아남는 법〉 같은 영화에서 찾을 수 있다. 이러한 텔레비전 프로그램이나 영화가 궁극적으로 재능 있고 서툰 등장인물들을 너그러운 시선으로 그려내기는 한다. 하지만 이러한 대본 속 유머가 먹히는 부분적인 이유는 사람들이 기술, 과학, 수학에 재능 있는 이들이 사회생활에 서툴다고 생각하기 때문이다. 이는 평상시에 관찰한 바와 체계적인 조사결과가 일치하는 좋은 사례다.

옥스퍼드대학교의 사이먼 배런코언과 동료들은 옥스퍼드대학교의 인문학 전공자들, 옥스퍼드대학교의 컴퓨터공학 전공자들, 고등학교 영국 수학 올림피아드 우승자들, 그리고 흥미와 상관없이 선발된 통제집단, 이렇게 네 집단 간 서투름의 정도를 비교했다. 그들은 컴퓨터공학과 수학같이 매우 체계적인 사고를 요하는 분야에 관심 있는 참가자들이 통제집단이나 인문학 전공자들보다 서툰 성격적 특성을 더 많이 갖는지 궁금했다. 연구결과에 따르면, 통제집단과 인문학 전공자들은 서툰 성격적 특성 가운데 3분의 1 정도를 지녔다. 컴퓨터공학 전공자들이 서툰 성격적 특성의 42퍼센트를, 수학 올림피아드 우승자들이 50퍼센트를 보인 것에 비하면 이는 매우 낮은 수치다.

명문대학교의 컴퓨터공학 전공자들이나 수학 영재인 십대들은 체계적인 사고와 논리를 문제에 적용하는 특출한 능력을 가질 가능성이 높다. 컴퓨터공학 같은 분야의 아름다움은, 컴퓨터칩이 기분이 좋아졌다 나빠졌다 하지도 않고 자기 회의를 느끼지도 않아서 사람들이 시스

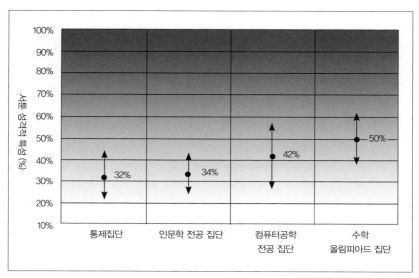

그림 9.1 각 집단의 서툰 성격적 특성 보유 비율. 각 화살표는 백분위 85(평균보다 높은 수준)와 백분위 15(평균보다 낮은 수준)를 나타낸다.

템을 벗어나지 않는 한 칩에 든 정보를 읽기 쉽다는 데 있다. 수학 증명 문제를 풀 경우 논리와 직관 사이에서 갈팡질팡할 필요가 없다. 다시 말해 연산 순서나 일련의 규칙을 따르면, 누구나 결국 검증 가능한 답에 도달하게 된다. 그러나 이미 앞에서 살펴보았듯이 이런 선형적이고 체계적인 사고는 규칙이 지배하는 비사회적 문제에는 적합하지만, 예측할 수 없을 정도로 가변적이고 훨씬 덜 선형적인 사회적 문제를 해결하는 데는 부적합하다.

컴퓨터공학을 전공하거나 수학 경시대회에 참가한다고 해서 서툰 성격을 갖게 되는 건 아니다. 오히려 자신의 흥미에 광적으로 집착하고 체계화 능력이 뛰어난 사람들이, 컴퓨터공학과 과학 같은 분야로 진출한다는 것을 데이터를 통해 알 수 있다. 하지만 해당 분야에 대한 강한 집착으로 높은 성과를 올리는 이들은 다양한 분야에서 발견되며, 체계적 접근방식은 많은 분야에서 값진 자산이 되어준다. 오전 훈련 두 시간을 위해 새벽 네시 삼십분에 일어나고, 저녁에 또다시 동일한 훈련을 되풀이하는 뛰어난 수영선수들의 강한 집념을 생각해보자. 작은 움직임 하나하나에 주의를 기울이고 그러한 동작들을 수천 번씩 되풀이해야 하는 우수한 무용수나, 같은 음계를 너무 오랫동안 연습한 나머지 마찰로부터 피부를 보호하느라 턱밑에 굳은살이 생긴 바이올리니스트를 생각해보자. 영재성과 서투른 성격의 가장 비슷한 점은 조직적인 훈련에 몰입하는 이러한 성향인 듯하다. 하지만 관심 분야에 대한 이런 집착은 사회생활에 장애가 될 수 있다.

위너 교수는 통달의 경지에 이르려는 재능 있는 사람들의 광기가 사회적 행동으로 나타나 다른 이들과 어울리는 게 어려워진다는 사실을 발견했다. 재능 있는 사람들은 실력을 연마하는 혼자만의 시간을 즐기지만, 이런 고립적인 행동 때문에 다른 사람들에게 무관심하거나 다른 이들과 거리를 두고 싶어하는 것처럼 보일 수 있다. 또 재능 있는 사람들은 집중적으로 그리고 열정적으로 관심 분야만 추구한다. 그들과 동일한 흥미를 가진 사람은 드물 뿐 아니라, 설령 있다고 해도 그들만큼 단 한 가지 주제를 열정적으로 파고드는 사람은 찾기 힘들다. 어린 시절 한스 아스페르거를 생각해보자. 그는 프란츠 그릴파르처의 허무주의 시를 사랑했지만, 또래 아이들이 이런 병적인 사색에 관심이 없다는 사실을 깨달았다.

재능 있는 사람들이 동일한 흥미를 지닌 또래를 찾는다고 해도, 재미로 즐기는 사람들에게 통달의 경지에 이르려는 그들의 광기는 당혹스러울 수 있다. 열정적으로 혹은 자신이 원하는 속도로 관심 분야에 접근할 수 없을 때 재능 있는 사람들이 때때로 "저 사람은 도대체 급한 구석이 없어"라고 하는 말을 들을 수 있다.

외부인은 큰 그림을 더 쉽게 볼 수 있다. 재능 있는 사람들은 통달의 경지에 이르려는 광기가 다른 데 영향을 끼치지 않도록 일종의 칸막이를 칠 필요가 있다. 경우에 따라서는 타오르는 열정을 누그러뜨리거나, 그저 재미로 하는 게 더 나을 때도 있다는 것을 이해해야 한다. 그들은 대부분의 사람들이 자신의 흥미에 광적으로 집착하지 않으며, 다른 여러 분야에도 관심을 기울인다는 것을 알아야 한다. 서툰 사람들은 큰 그림을 보고 관심의 폭을 넓히려 노력해야 하지만, 그것이 스위치를 켰다 껐다 하는 것처럼 쉽지 않은 게 현실이다.

이 모든 일은 답이 빤히 보이지만, 외부인의 시각에서 볼 때 대부분의 심리적 문제도 마찬가지다. 알코올 의존자는 술을 너무 많이 마셔서는 안 되고, 불안증에 시달리는 사람은 걱정을 너무 많이 해서는 안 되며, 우울증을 앓는 사람은 너무 침울해해서는 안 된다는 것은 명백하다. 하지만 모든 사람은 벗어나려 발버둥칠수록 오히려 더 깊이 빠지는 자기만의 늪이 있다. 부모, 책임자, 친구, 심리치료사가 상대방이 자신의 광적 집착을 이해하도록 도우려 할 때 부딪히는 난관은, 그들이 애쓰면 애쓸수록 상대방의 저항이 점점 거세진다는 것이다.

교사와 부모가 재능 있는 아이들에게 사회성이 그들의 성공을 좌우할 수 있다는 사실을 일깨우는 일은 매우 어렵다. 똑똑한 컴퓨터공학자는 다른 이들에게 자기 생각을 효과적으로 전달하려면 더 날카로운 감성지능이 필요하다는 것을 깨달을 수 있고, 혹은 비범한 재능을 가진 가수는 온라인상이나 무대에서 팬들과 소통하는 능력을 키울 필요가 있다는 것을 깨달을 수 있다. 사회적으로 서툰 컴퓨터공학자는 더욱 설득력 있게 의사를 전달하는 방법을 직관적으로 이해하지 못할 수 있고, 혹은 사회적으로 서툰 가수는 공연 중 감정을 효과적으로 전달하는 방법을 모를 수 있지만, 잠재력을 온전히 발휘하려면 이러한 사회적응 기술이 매우 중요하다. 사회성이 부족한 영재아의 경우, 사회성을 기르는 힘든 일은 제쳐두고 어딘가에 혼자 처박혀서 자신이 흥미를 느끼는 비사회적 분야의 실력만 갈고닦고 싶은 유혹을 느낀다.

부모, 교사, 멘토는 재능 있는 아이들을 도와줄 가장 좋은 방법이 무엇인지 알기가 결코 쉽지 않다. 만약 재능 있는 아이들이 관심 분야에 너무 많은 시간을 할애한다면 사회적으로 더 고립될 위험이 있다. 또 그들은 사회적 유대감을 형성하는 데 필요한 사회성을 기를 기회를 놓칠 수 있다. 반면 너드라 불리는 아이들에게 '다른 아이들처럼 행동하라'고 다그칠 경우, 그들은 독특한 색깔을 잃거나 가장 큰 행복을 빼앗길 수 있다. 여기에 손쉬운 해결책은 없다. 그렇지만 영재성을 길러주는 것과 사회성을 키워주는 일, 이 두 가지 길이 정반되는 길인 것은 아니다.

재능 있는 아이들이 다양한 아이와 어울리는 것을 더 어려워할 수도 있지만, 일단 생각이 비슷한 친구를 찾으면 자신이 좋아하는 일에 몰두하면서 사회성을 기를 수 있다. 재능 있는 예술가가 비슷한 재능을 지닌 다른 예술가를 찾아내야만 한다는 의미는 아니다. 그렇지만 그들은 대부분의 사람들이 이상하게 생각하는 일을 기꺼이 추진하는 동안,

자신을 둘러싸는 경계들을 무너뜨릴 사람과 상대방이 필요로 하는 이례적인 도움을 이해할 사람을 찾을 필요가 있다. 사회적 도움 없이 경이로운 업적을 이뤄내기란 불가능에 가깝다.

어떤 사람이 재능은 있지만 서툴지 않다면, 그 사람의 재능을 키워주는 방법은 상대적으로 간단하다. 시각예술에 재능이 있는 아이들을 연구하는 수석연구원 제니퍼 드레이크Jennifer Drake를 만나러 브루클린 칼리지를 방문한 적이 있다. 그녀는 그리기나 칠하기에 재능이 있는 아이들은 보통 사회생활에 서툴지 않기에, 재능을 키워줄 방법만 찾아주면 된다고 했다. 학교에 할당되는 예술 지원금이 부족하기 때문에 재능 있는 예술가들은 단순히 수업만 해서는 예술활동에 필요한 재원을 마련하기 힘들다.

재능 있는 예술가들이 예술가의 길을 걷고 싶지 않을 수도 있지만, 그들은 여전히 타고난 재능을 통달의 경지로 끌어올리려는 강한 욕구를 느끼며 그러한 욕구를 배출할 출구를 찾지 못하면 좌절감에 빠진다. 부모들은 자녀가 자신의 사고방식을 이해해주고 실력을 향상하도록 격려하거나 새로운 영감을 불어넣어줄 재능 있는 예술가들을 만날 수 있도록, 커뮤니티활동이나 여름 프로그램을 종종 찾아야 한다. 드레이크 교수에게 부모들이 어떻게 해야 하는지 묻자 그녀는 단호하게 "다그치지 마세요"라고 답했다.

과도한 양육 경쟁이 벌어지는 시대에 이는 특히 훌륭한 조언이라고 할 수 있다. 일부 부모는 자녀의 성과를 놓고 경쟁을 벌인다. 영재아는 이미 나이에 비해 탁월한 능력을 가지므로, 자연히 재능 있는 분야에서 통달의 경지에 이르도록 동기부여를 받는다. 통달의 경지에 이르려는 광기를 가진 아이들이나 '어른아이'들은 이미 충분히 자극받고, 최선을 다해 집중하고 있다. 따라서 이들을 더 다그치면 엔진 과열로 고장이 날 수 있다.

재능 있는 아이들은 자신을 이해하고 응원해줄 또래들 그리고 멘토들과의 의미 있는 관계를 필요로 한다. 다른 아이들과 마찬가지로 그들은 조언해주고 응원해줄 충직한 이들뿐 아니라, 도전의식을 고취할 또래들과 멘토들 역시 필요하다. 부모, 교사, 코치는 재능 있는 아이를 생각이 비슷한 또래들이나 멘토들을 만날 수 있는 곳으로 데려가는 유익한 일을 할 수 있다. 이를테면 학교에서 열리는 영재 프로그램을 살펴볼 수 있고, 우수 학생들을 위한 대학교 여름 프로그램을 알아볼 수도 있다. 재능 있는 아이들은 학회나 기관에서 혹은 과외활동에서 이런 간단한 몰입 경험을 통해 비슷한 흥미를 지닌 사람들, 자신과 같이 빠른 속도로 움직이는 사람들과 어울릴 수 있다. 위너 교수는 이렇게 말했다. "이것이 아이들에게 끼치는 가장 중요한 사회적 영향입니다. 이 기회를 통해 자신과 비슷한 아이들을 만나고 자신이 혼자가 아님을 깨달을 수 있습니다."

"서투르지만 영재가 아닌 보통 사람이라면 어떻게 하죠?"

영재성과 서투름에 대한 나의 첫 강의를 마치고서 질의응답 시간이 있었다. 한 젊은 남자가 용감히 일어나서 부드러운 목소리로 질문을 던졌다. "서투르지만 영재가 아닌 보통 사람이라면 어떻게 하죠?" 당시 상황을 둘러싼 사회적 신호들을 종합해봤을 때, 그는 학문적인 목적이 있어서라기보다 실제로 어떻게 대처하면 좋을지 몰라서 질문한 것 같왔다. 서툰 사람들은 항상 비범한 능력을 감추고 있다고 답한다면 간단할 것이다. 하지만 이는 사실도 아니고 도움도 안 되는, 사탕발림식 자기계발서에서나 등장할 법한 지나친 단순화다. 영재성과 서투름 사이에 겹치는 부분이 상당히 있기는 하지만, 그 둘 사이에 완벽한 상관관계가 존재하는 건 아니다. 어떤 사람들이 영재이면서 서투른 성격을 가진다면, 또 어떤 사람들은 평범하면서 서투른 성격적 특성을 지닌다. 나는 그 물음에 이렇게 진솔하게 답했다. "재능과 상관없이 지칠 줄 모르는 불굴의 의지로 한 가지 일에 열정적으로 매달릴 경우, 사람들이 얼마나 놀라운 잠재력을 발휘할지 궁금합니다."

가장 뛰어난 사람도 자신이 목표를 달성할 능력을 충분히 가졌는지 아닌지 궁금해하는 게 당연하다. 그러나 연구결과에 따르면 사람들이 생각하는 것만큼 목표를 달성하는 데 능력이 그리 중요하지 않은 것으로 드러났다. 다듬어지지 않은 수학修學 능력을 측정하는 대학원 입학 자격시험Graduate Record Examination, GRE으로 향후 대학원에서 거둘 성과를 어느 정도 예측할 수 있을지 생각해보자. 네이선 쿤셀Nathan Kuncel과 동료들은 1700여 가지 연구결과를 메타분석해, GRE 점수로 대학원생들의 차후 평점 및 교수진이 평가한 성과의 30퍼센트 이상을 정확히 예측할 수 있다는 사실을 알아냈다. 30퍼센트가 적은 수치는 아니지만 이는 기개, 자신감, 성과 향상에 이바지할 사회적 지원 같은 요소가 성과에 영향을 끼칠 여지가 많다고도 해석된다.

사람들이 장기적으로 야심찬 목표를 이뤄내고자 할 때는 목표달성에 필요한 재능이 충분한가보다, 어떻게 하면 자신의 독특한 특성을 지렛대로 삼아 그 목표를 달성할까를 고민해야 한다고 본다. 서툰 사람들은 스포트라이트형 시각과 관심 분야에 대한 강한 집착이라는 두 가지 독특한 특징을 갖고 있다.

미네소타대학교 대학원에 입학했을 때 동급생들이 거의 만점에 가까운 GRE 점수를 받았다느니, 대학교 때 평점이 거의 만점에 가깝다느니 하는 이야기를 들었다. 이러한 측정 기준에서 보면, 내가 그들과 선천적인 지적 능력을 겨루는 것은 어리석은 일이었다. 사실 모두에게 돌아갈 만큼 다양한 성공 기회가 있으므로 경쟁을 벌이는 것이 어리석은 짓일 수 있었다. 그래서 새로운 상황에 적응하기 위해 항상 하던 일을 그대로 하기로 마음먹었다. 다시 말해 한 번에 한 가지 문제씩 스포트라이트형 주의를 기울이고, 궁극적으로 각각의 조각들이 모여 어떤 식으로 완전한 하나를 이루는지 파악하기로 했다.

서툰 이들은 스포트라이트형 시각으로 대상을 날카로우면서 선명하게 파악한다. 서툰 사람들은 큰 그림을 놓칠 때도 있지만 다른 이들이 놓치는 사소한 측면, 참신한 접근방식에 영감을 불어넣을 수 있는 사소한 측면을 들여다볼 수 있다. 이를테면 즉흥연기를 펼치는 배우는 한 장면에서 틀을 벗어난 사소한 측면을 '별난 것'이라고 부른다. 또 어떤 배우는 셔츠 밑단이 밖으로 삐져나온다든지 잠시 말을 더듬는다든지 하는 일을 비정상적이라 여긴다. 그렇지만 이런 이례적인 일이 배우들에게는 그 장면을 예상치 못한 방향으로 끌고 가는 계기가 된다. 일시적인 사소한 기술 고장이 혁신적인 돌파구를 찾는 계기가 될 수 있고, 과학계의 왕따가 다른 과학자들을 혁신적인 발견으로 이끄는 길잡이가 될 수 있으며, 도시를 걷다가 들은 특이한 소리에 영감을 받아 참신한 곡을 작곡할 수도 있다.

서툰 사람들은 또한 사소한 조각들을 체계적으로 조립할 방법을 알아내길 좋아한다. 서툰 사람들은 사회적 신호들을 간파하지 못해 좌절감을 느낄 수 있지만, 작고 사소한 일에서 시작해 점점 크고 복잡한 일까지 밟아 올라가는 상향식 접근방식 때문에 기존의 방식을 그대로 받아들이는 게 최선인지 아닌지 의심해볼 기회를 가진다. 서툰 사람들은 어떤 문제와 씨름할지 골라야 하지만, 시스템의 비효율적인 부분을 찾아내고 더 나은 시스템을 구축할 방법을 궁리해내는 데 탁월한 재주가 있음에 틀림없다.

서툰 사람들이 가진 또다른 장점은 관심 분야에 대한 강한 집착이다. 모든 과학적 돌파구나 올림픽 메달 이면에는 끊임없이 현미경을 들여다보며 보낸 수천 시간의 노력이, 새벽 다섯시 삼십분부터 수영장에서 보낸 수년간의 세월이 있다. 대부분의 사람들은 이러한 반복적인 활동을 매우 지루해하지만, 서툰 이들은 관심 분야에 대한 강한 집착 덕에 기꺼이 불굴의 의지를 발휘해 수천 가지의 사소한 일을 하나씩하나씩 처리해나가며 거듭된 시행착오를 딛고 많은 장기적 목표를 이뤄낸다.

따라서 사회생활에 서툰 사람들을 힘들게 하는 스포트라이트형 시각과 관심 분야에 대한 강한 집착은, 바로 놀랄 만한 성과를 거두도록 견인차 역할을 하는 성향이기도 하다. 앞에서 이미 언급했듯이 서툰 성격적 특성은 상쇄 효과를 가진다. 만약 '더 큰 그림을 보고 쉽게 사회생활을 해나갈 수 있는 기질'과 '열정적으로 관심 분야를 추구하는 데는 유익하지만 직관적으로 사회생활을 하는 데 걸림돌이 되는 스포트라이트형 시각' 가운데 어느 하나를 선택해야 한다면, 사람들이 과연 어느 것을 택할지 생각해보는 일은 흥미롭다. 나는 결코 전자가 후자보다 낫다고 생각하지 않는다. 하지만 이 두 가지 기질의 차이점을 이해하는 일은 서툰 사람들과 서툴지 않은 사람들 모두에게 중요하다. 다양한 사고방식이 어우러질 때 진정으로 놀라운 결과가 나올 수 있기 때문이다.

10장

그들은 어떻게
획기적인 혁신을 이뤄냈는가

특별한 성취에 대해 우리가 제일 먼저 접하는 이야기는, 역경에 직면했을 때 초인적인 성과를 이뤄낸 '왕따'들에 관한 것이다. 어린 시절 우리는 침대에 누워서 『씩씩한 꼬마 기관차The Little Engine That Could』이야기나, 빨간 코 때문에 따돌림을 당하는 루돌프 사슴이 그 환한 코를 이용해 모두의 크리스마스를 지켜낸다는 이야기를 들었다. 많은 초등학생이 특별한 재능을 가진 슈퍼히어로로 이야기를 즐긴다. 영웅들은 특별한 힘을 감추고 있기에, 대부분의 사람들이 아는 그들의 모습은 보통 서툴기 그지없는 또다른 자아다. 이를테면 슈퍼맨에게는 온순한 성품의 또다른 자아 클락 켄트가 있고, 캡틴 아메리카에게는 나약한 소년

스티브 로저스가 있으며, 인크레더블 헐크에게는 변하기 전 모습인 괴짜 데이비드 배너가 있다.

십대들은 더 많은 고뇌가 담긴 이야기를 원한다. 그들은 〈엑스맨〉 같은 장르 속 역설을 사랑한다. 〈엑스맨〉은 독특한 초능력 때문에 사회적으로 따돌림당하는 슈퍼히어로들을 그린다. 훗날 사람들은 바로 그러한 비정상적인 특성이 세상을 구하는 데 매우 중요하다는 사실을 깨닫는다. 영웅 이야기는 미국 학자 조지프 캠벨이 말하는 소위 '영웅의 여정'을 그려낸다. 캠벨에 따르면, 히어로들은 처음에 자신의 특별한 능력을 어렴풋이 알게 되었을 때 그 능력에서 벗어나려 안간힘을 쓰다가, 마침내 자신의 능력을 이해하고 그것을 선한 목적으로 사용할 방법을 일깨워주는 멘토를 만난다. 히어로들은 추방을 당하거나 외지로 가게 되는데 그곳에서 능력을 갈고닦는다. 그리고 그 기간 동안 비슷한 생각을 가진 사람들을 만나고, 그들과 함께 불가능해 보이는 일에 도전하기로 마음먹는다.

슈퍼히어로 이야기에 녹아든 영웅의 여정은 그저 유치한 상상이 아니다. 성인들이 존경하고 본받고 싶어하는 전문 분야의 많은 우상은 영웅의 여정에 견줄 만한 인생담들을 갖고 있다. 그들은 처음에 별 볼일 없는 사람이었지만 자기 안에 감춰진 힘을 발견하고, 세상에 도움이 되기 위해 노력하는 과정에서 수많은 시련을 겪지만 잠재력을 이용해 불가능을 극복함으로써 궁극적으로 승리를 거둔다. 실리콘밸리 전설에는 학교를 그만두고 부모님의 차고에서 마이크로소프트를 차린 빌 게이츠도 있고, 이사회에 의해 쫓겨났다가 다시 복귀해 애플을 세계 최고의 회사로 키운 스티브 잡스도 있다.

가상의 영웅과 실제 영웅의 흥미로운 특징은, 그들 중 상당수가 독특한 서툰 성격적 특성을 가진다는 것이다. 성공하기 위해 이런 서툰 성격적 특성을 극복한 것처럼 보일 때도 있고, 서투른 성격에도 불구하고 성공을 거둔 것처럼 보일 때도 있다. 하지만 현대 영웅담에서 우리는 주위 사람들과 잘 어울리지 못하지만 자신만의 특별한 강점을 활용하는 사람들의 매력적이고 고무적인 여정을, 그리고 커다란 역경을 이겨내고 경이로운 성과를 이뤄내는 용기를 발견한다.

놀라운 경지에 사람이 전부 다 동일한 경험을 하지는 않을 것이다. 따라서 어떤 이들은 서툰 모습으로 목표를 향해 나갔든 아니면 매력을 발산하며 정상에 올랐든, 그 결과는 마찬가지이므로 그러한 여정이 상관없다고 주장할 수 있다. 어쩌면 사람들은 그 서툰 영웅에게 크게 공감할 수도 있다. 그 이야기의 기승전결이 커다란 목표를 향해 나아가는 사람들의 실제 삶의 여정과 가장 닮았기 때문이다. 비범한 업적에 대한 연구결과를 보면, 영웅의 여정을 다룬 가상의 이야기에 나오는 모든 역경과 놀라운 가능성이 그 속에 그대로 담겨 있음을 확인할 수 있다.

단순미래시제 VS 미래완료시제

재능 있는 사람들은 관심 분야에 있어 완벽함을 추구한다. 통달의 경지에 이르고자 하는 광기에 일단 불이 붙으면, 가능한 한 모든 것을 익히려 열성을 다하고 끊임없이 실력을 갈고닦는다. 대부분의 분야나 학과목에는 초보자와 중급자를 위해 잘 짜여진 훈련 절차와 체계적인 연습 과정이 마련되어 있다. 수학과 과학은 절대적인 규칙의 지배를 받는 분야다. 테니스나 발레처럼 단독으로 하는 신체활동은 익히 알려진 기본기를 익히는 데만 해도 상당한 시간이 걸린다. 그림같이 창의적인 영역조차 원근법 관련 규칙을 따라야 하고, 음악을 하려면 체계적인 연습을 통해 음계부터 익혀야 한다. 서툰 사람들은 조직적인 훈련 속에서 기쁨을 느끼며 끈질긴 노력으로 눈에 띄는 성과를 이뤄내길 즐긴다. 체계적으로 기술을 익히는 기초 단계는, 서투른 성격적 특성을 지닌 사람들에게 달콤한 사탕과도 같다.

만약 재능 있는 사람들이 초보자에서 전문가로 가는, 이 잘 닦인 도로를 따라 한 걸음 한 걸음을 옮기는 일에 온전히 만족감을 느낀다면, 삶이 한결 쉬워질 수 있다. 하지만 재능 있는 사람들은 방대한 가능성을 지닌 분야에 관심을 보이는 경향이 있다. 수학과 과학처럼 체계적인 과목에 뛰어난 실력자도 계속해서 완벽히 문제를 풀어낼 수 없다. 왜냐하면 무한한 가능성이 존재하기 때문이다. 규칙과 방법으로 이루어진 수학과 과학에도, 그러한 규칙과 방법을 조합할 방법은 수없이 많다. 이는 언제든 새로운 의문을 제기할 수 있고 새로운 가능성이 활짝 열려 있음을 의미한다. 그림 그리기나 소설 집필 같은 창의적인 활동에는, 훨씬 더 폭넓은 가능성과 미지의 영역을 탐험하는 노력을 기울여야 하는 커다란 부담감이 존재한다.

재능 있는 사람들은 관심 분야에 존재하는, 이런 종류의 무한한 가능성에 가슴이 뛴다. 정상의 자리에 있는 대부분의 과학자들은 실험을 되풀이하기보다 새로운 발견에 힘쓰는 것을 더 좋아하고, 선도적인 수학자들은 아직 증명되지 않은 문제를 풀 때 가장 활기가 넘치며, 우수한 운동선수들은 기존의 심사 기준을 뛰어넘는 발군의 실력을 발휘하고 싶어한다. 재능 있는 아이들은 일단 자신이 사랑하는 것을 찾으면, 스포트라이트형 시각과 열정으로 독특한 가능성들을 비춘다.

일단 새로운 가능성을 찾아내면 장기적인 목표를 수립해야 한다. 재능 있는 사람들은 어린 시절부터 미래에 대한 색다른 사고방식을 가지는데, 자신의 열망에 대해 이야기하는 모습에서 이를 확인할 수 있다. 대부분의 아이들은 미래에 대해 이야기할 때 단순미래시제를 쓴다. 이는 어떤 일이 별개로 일어남을 의미한다. 이를테면 단순미래시제를 쓰는 사람은 "훌륭한 화학과 학생이 될 거야" "오늘 오후에 수영할 거야"라고 말할 것이다. 그러나 재능 있는 아이들은 사람들이 좀처럼 쓰지 않는 시제, 소위 미래완료시제를 쓸 가능성이 더 높다. 이는 어떤 일이 일어나려면 다른 일이 선행되어야만 한다는 의미를 전한다.

이를테면 "문제풀이 과정을 보다 일목요연하게 보여준다면, 화학을 더 잘하게 될 거야"나 "새벽 다섯시에 일어나서 이러저런 잡다한 일을 처리하고 나면 수영하러 갈 수 있어"라는 표현이 있다. 이는 복잡한 사고를 할 수 있는 아이들의 놀라운 지적 능력을 보여주는 사소하지만 중요한 문법적 변형이다. 엄청난 재능을 지닌 아이들은 언젠가 이룰 고결한 목표를 향해 나아가는 과정에서 사소한 일에 세밀한 주의를 기울인다.

통달의 경지에 이르려는 광기에 사로잡힌 사람들의 이야기에서는 자연스럽게 절박감이 느껴진다. 이 절박감은 완벽을 추구하는 성향과 거의 달성 불가능한 결과를 이뤄내려는 욕구 사이에서 비롯된다. 만약 어떤 사람이 달성 불가능한 결과를 놓고 지나치게 장시간 고민할 경우 심신이 쇠약해질 수 있다. 그러나 재능 있는 사람들은 원대한 목표를 향해 나아가는 과정에서, 그 목표를 구성하는 작은 목표들에 초점을 맞추고 한 번에 한 걸음씩 결의에 찬 발걸음을 떼는 경향이 있다.

전문지식이 주는 편안함

전문가들은 해당 분야에서 보통 사람보다 훨씬 뛰어난 실력을 기르고 풍부한 지식을 쌓아나간다. 그들은 방대한 지식을 갖추고, 문제를 심도 있게 분석하며, 효과적인 해결책을 신속히 실행에 옮긴다. 그들은 관련 분야의 지식에 끝없는 호기심을 보이고, 이러한 정보를 머릿속에 저장하는 특별한 능력을 지니며, 방대한 정보를 이용해 복잡한 문제 속 구성요소 간의 연관성을 발견한다.

전문가들은 자신이 속한 집단이 난관에 봉착했을 때 냉정함을 잃지 않는다. 엄청난 중압감 아래서 전문가들이 보여주는 냉정한 태도는, 잠시도 쉬지 않고 돌아가는 그들의 머릿속을 잘 아는 이들의 눈에 신기하기 그지없는 역설이다. 영재성을 연구하는 연구원들은 어떤 유형의 사람이 전문가의 경지에 도달할 가능성이 높은지 조사했다. 그 결과 날카로운 집중력과 일에 강한 집착을 갖는 사람들이 그렇다는 사실을 발견했다.

잘못된 선택에는 막대한 대가가 따르므로 우리는 해당 분야의 전문가인 의사, 비행기 조종사, 재무설계사, 총사령관을 원한다. 전문가들은 무엇을 해야 하는지 지시받을 필요가 없다. 그들은 무엇을 해야 하는지 알고 있으며, 빈틈없이 문제를 해결할 효과적인 조치를 취한다. 전문지식의 어마어마한 가치를 감안하면, 교육계가 전문지식 함양에 힘쓰고 기업들이 전문가 영입이나 전문지식 개발에 대규모 자원을 투자하는 일도 당연하게 느껴진다.

조직들은 다양한 측정 기준으로 학생이나 근로자의 전문지식 함양도를 평가하는 데 점점 더 많은 관심을 기울이고 있다. 표준화된 검사에서 측정한 학생들의 성적에 따라 공립학교 지원금 수준이 달라진다. 경영대학원은 투자수익을 평가하는 수업활동, 즉 일일 실적 혹은 주간 실적을 계량화함으로써 근로자가 분기 순이익에 얼마나 기여하는지 평가하는 수업 방법을 점점 더 강조하고 있다.

이런 측정 기준의 장점은 미래완료시제 표현을 써서 목표를 설정하도록 조직들을 채찍질한다는 것이다. 조직들은 장기적으로 무엇을 원하는지 명확히 정의해야 할 뿐 아니라, 원대한 목표에 도달하기 위해 어떤 중요한 단계를 밟아야 하는지도 명시해야 한다. 측정 기준이 제 역할을 다할 때 사람들은 자신이 어떤 기대를 받는지 알고, 그러한 기대를 충족하기 위해 일관된 노력을 기울여서 정당한 보상을 받는다.

측정 기준이 표준 전문지식을 수립하는 강력한 도구가 될 수 있지만, 조직에서 측정 가능한 결과에만 관심을 기울이는 경우 가장 큰 잠재력을 지닌 구성원들을 옭아매고 좌절시키는 문화가 조성될 수 있다. 재능 있는 학생들은 모든 과목에서 A학점을 받고, 명문 학교에 들어가기 위해 다양한 이력을 쌓으며, 표준화된 검사에서 가장 우수한 성적을 거두려 연습하고 또 연습할 것이다. 재능 있는 젊은 근로자들의 경우 엑셀의 달인이 되어야 하는 일이든 효과적인 작업 흐름을 개발하는 일이든, 평가 계획서에 제시된 업무들을 완벽히 익히려 쉴새없이 노력할 것이다.

전문지식이 하나둘 쌓이면 그들은 궁극적으로 종형 곡선의 끝자락에 이르게 되며, 그 공간에 갇혀서 점점 불안해하기 시작한다. 통달의 경지에 이르고자 하는 광기를 지닌 사람들이 한 분야에서 너무 오랫동안 전문가의 자리를 지킬 경우, 조직의 명확한 측정 기준이라는 울타리에 갇혀 안절부절못하게 된다. 마치 카시트에 너무 오랫동안 앉아 있어서 잔뜩 심술이 난 아이처럼 말이다. 재능 있는 사람들은 도전을 사랑한다. 그들 중 상당수가 전문지식을 몇 주 동안의 재밋거리로 보며, 하나의 전문지식을 온전히 익히고 나면 또다른 새로운 씨름거리를 찾는다. 그렇지만 외부인의 눈에는 안절부절못하는 그들이 마치 불만에 가득찬 사람들처럼 보일 수 있으며, 그들이 과연 행복할 수 있을지 우려가 되기도 한다.

위험한 환경에서 살아남을 수 있도록 프로그램화된 사람들

딘 사이먼턴Dean Simonton은 캘리포니아대학교 데이비스캠퍼스의 저명한 심리학과 교수로, 수십 년간 재능과 경이로운 성과에 대해 연구했다. 사이먼턴은 재능 있는 많은 사람이 전문지식을 최종 목적지라기보다 다른 목적지를 향해서 가는 길에 잠시 들르는 정거장쯤으로 여긴다는 것을 발견했다. 재능 있는 사람들은 자신이 몸담은 분야를 재정의하거나 기존의 우수성 수준에 도전장을 내밀, 획기적인 혁신을 열망한다. 돌이켜보면 획기적인 혁신의 사례는 쉽게 찾을 수 있다. 이를테면 세르게이 브린과 래리 페이지의 구글닷컴이라 불리는 사이트, 린마누엘 미란다의 브로드웨이 연극 〈해밀턴Hamilton〉, 빌 게이츠와 멜린다 게이츠의 자선사업에 대한 사고방식 모두가 획기적인 혁신의 사례다. 이러한 혁신가들은 귀중한 창의적 아이디어를 제공할 뿐 아니라 해당 분야를 근본적으로 변화시키고 때로는 문화까지 바꿔놓는다.

가장 재능 있는 구성원의 잠재력을 극대화하고 싶은 조직은, 우선 '재능 있는 사람들이 통달하고자 하는 게 무엇일까'라는 질문부터 던져봐야 한다. 대부분의 사람들이 전문지식에 주의를 집중하는 반면, 재능 있는 사람들은 다른 곳에 주목한다. 그들은 전문지식을 반드시 거쳐야 하는 하나의 단계로 생각하지만, 그것은 그들이 도달하고자 하는 획기적인 혁신을 이뤄내는 과정에서 하나의 확인 사항에 지나지 않는다. 이는 훌륭한 열망이지만, 심지어 뛰어난 재능이 있는 사람들도 혁신적인 아이디어를 손에 넣는 일이 쉽지 않다는 것을, 값진 혁신을 이뤄내려면 전적으로 다른 일련의 도전에 맞서야 한다는 것을 알게 된다.

사이먼턴은 획기적인 혁신이 종종 기존 개념이나 아이디어를 특이한 방식으로 조합한 결과물임을 발견했다. 사람들 모두가 여러 아이디어를 임의적으로 조합하지만, 이러한 조합으로 유용하거나 독창적인 결과를 얻는 경우는 드물다. 때로는 어떤 이의 머릿속을 굴러다니는 아이디어들이 무작위로 충돌하고 또 충돌하는 과정을 반복하는 가운데, 성패를 가르는 결정적인 조합이 탄생한다. 그리고 이것이 바로 획기적인 혁신에 이르는 첫걸음이다. 혁신적인 조합을 찾아낸다고 보장할 수는 없지만, 사이먼턴의 연구결과를 이용해 유용하고 혁신적인 아이디어를 찾을 가능성을 체계적으로 향상할 수는 있다.

혁신적인 발견을 하려는 사람은 값진 정보가 보관된 금고를 열려는 사람과 같다. 당신이 열고자 하는 금고를 상상해보라. 금고에는 전자 잠금장치가 설치되어 있고 버튼 두 개가 있으며 비밀번호는 두 자리 숫자다. 비밀번호에는 동일한 숫자를 반복적으로 쓸 수 없다. 이 금고의 비밀번호는 가능한 조합이 두 가지밖에 없으므로(1과 2, 아니면 2와 1) 쉽게 열 수 있다. 금고에 버튼 세 개가 있고 비밀번호가 세 자리라면, 여섯 가지 조합이 가능하므로 금고를 여는 게 약간 더 어려워진다. 하지만 버튼이 하나씩 늘어날 때마다 조합 가능한 수가 기하급수적으로 늘어난다. 따라서 버튼의 수가 일단 세 개를 넘어가면 금고를 여는 게 훨씬 어려워진다. 다섯 개 버튼이 있고 비밀번호가 다섯 자리 숫자인 경우 120가지 조합이 가능하며, 열두 개 버튼이 있고 비밀번호가 열두 자리인 경우 4억 7900만여 가지 조합이 가능하다. 문제를 해결하기 위해 각양각색 정보와 아이디어를 조합할 방법을 찾아내려 할 때, 조합의 경우가 너무 많아지면 문제를 풀기가 어려워질 수밖에 없다.

획기적인 혁신을 추구하는 사람들은 복잡함과 단순함 사이에 균형이 이뤄지도록 끊임없는 관심을 기울여야 한다. 만약 너무 적은 요소를 고려한다면 혁신적인 아이디어를 탄생시킬 올바른 조합을 찾아낼 기회를 갖지 못할 수 있다. 반면 너무 많은 아이디어를 고려하는 경우 문제가 너무 복잡해져 아예 풀지 못할 수 있다. 사이먼턴에 따르면, 재능 있는 사람들은 다양한 아이디어가 혁신적인 조합의 열쇠임을 알기에 일부러 주된 관심 분야와 아무 관련없는 아이디어를 찾는다.

데이터와 아이디어를 조합하고 수백만 가지 조합의 가치를 평가하도록 설계된 인공지능 컴퓨터를 생각해보자. 인공지능 컴퓨터는 지나치게 이성적이고 체계적이다. 컴퓨터공학자들이 무작위로 정보를 처리 과정에 끼워넣도록 컴퓨터를 프로그램화하는 이유도 이 때문이다. 마찬가지로 재능 있는 사람들은 주된 관심 분야에 속하지 않는, 처음에는 비논리적으로 보일 수 있는 새로운 경험과 아이디어를 포함할 체계적인 방법을 찾아야 한다.

혁신적인 조합의 모범적인 사례로 스티브 잡스가 있다. 그는 서투른 성격의 소유자였다. 젊은 시절 잡스는 레드우즈칼리지에서 캘리그래피 수업을 듣기로 결심했다. 이는 기술혁신 추구와 무관한 활동처럼 보였다. 그러나 잡스는 훗날 스탠퍼드대학교 졸업식 연설에서 글자와 글자 사이 간격이 고르지 않은 비선형적인 아름다움 같은 캘리그래피의 규칙을 배운 덕에, 아름다운 디자인의 중요성을 깨달았다고 했다. 아름다운 디자인을 통한 혁신 '홈런'으로 애플은 혜성처럼 등장해 대부분 사람들의 일상생활에서 기술의 역할을 바꾸어놓았다.

나중에 잡스가 픽사의 대주주가 되었을 때 에드 캣멀Ed Catmull을 만났다. 에드 캣멀 역시 전적으로 다른 두 가지 분야를 하나로 결합한 놀라운 혁신가다. 어렸을 적 캣멀은 만화영화에 열정적인 관심을 보였지만, 컴퓨터공학을 전공했던 유타대학교에서 더욱 실용적인 길을 추구하기로 결심했다. 1970년대 그는 컴퓨터그래픽 분야를 개척한 주요인물인 아이번 서덜랜드Ivan Sutherland와 함께 공부했다. 이 경험 덕에 그는 만화영화에 대한 관심과 컴퓨터공학에 대한 관심이 서로 충돌하는 기회를 가졌다. 캣멀은 손으로 만화를 그리는 전통적인 방식 대신 컴퓨터로 만화를 그리는 참신한 발상을 했다. 그 결과 아카데미상을 수상한 픽사 영화에 생명을 불어넣은, 혁신적인 만화영화 스토리 제작 방식이 탄생했다. 이 혁신은 게임 산업 같은 다른 분야에도 커다란 영향을 끼쳤고, 아름다운 그래픽과 호소력 짙은 줄거리가 게임물의 중요한 요소로 자리잡게 되었다.

다양한 아이디어의 충돌로 혁신이 탄생하는 경우가 종종 있지만, 때로는 그저 색다른 시각으로 기존 분야를 보려는 적극적인 노력에서 혁신이 탄생할 때도 있다. 마이클 루이스는 저서 『빅 숏The Big Short』에 사소한 일에 주목하는 혁신적 사고를 담아냈다. 이 책은 2000년대 중반 주택담보 대출시장의 거품을 예견한, 소외당하던 금융 전문가 집단에 대한 실화를 바탕으로 한다. 이 전문가들은 서툰 성격적 특성이 매우 강해서, 큰 그림을 보는 대신 사소한 세부 사항들에 주목했다. 금융기관 대부분이 위험도가 낮은 우량증권을 의미하는 AAA등급을 받은 주택저당증권에 주목한 반면, 루이스가 묘사한 서툰 성격적 특성의 주인공들은 이 주택저당증권에서 수천 개의 위험한 비우량 주택담보대출에 초점을 맞췄다.

그들은 강한 집착으로 다른 이들이 포착하지 못한 세세한 사항을 파헤쳤고, 그러한 세부 사항들을 조합하는 과정에서 냉혹한 현실을 발견했다. 주택 보유자들이 비우량 주택담보대출에 대해 채무불이행 선언을 할 수밖에 없으며, 그로 인해 미국 경제가 무너져내리는 위기 말이다. 2009년 그들의 예언이 현실로 되자, 이 소외당하던 서투른 성격의 금융 전문가들은 나머지 금융계가 추락을 면치 못하는 동안 십억 달러가 넘는 수익을 거뒀다. 이 획기적인 성과는 그들이 백만 개의 사소한 세부 사항들로 이뤄진 냉혹한 진실을 적극적으로 파헤친 덕이다.

획기적인 혁신의 적기는 무작위적이다. 사이먼턴은 이를 '확률과정stochastic process'이라고 불렀다. 때로는 혁신을 모색하는 초기 단계에서 귀중한 조합을 찾아내기도 한다. 복권을 처음 구입한 사람이 복권에 당첨되는 것처럼 말이다. 재능 있는 사람들이 획기적인 돌파구를 찾아내기까지 보통 수년 혹은 수십 년이 걸린다. 엄밀히 말하면 획기적인 혁신을 이루려 노력하고 또 노력하는 재능 있는 사람들조차도 비전을 실현하지 못하고 끝나는 게 현실이다. 위너 교수와 여타 연구원이 찾아낸 바에 따르면, 재능 있는 아이들이 가장 흔히 얻는 결과물은 전문 지식이다. 그 덕에 그들은 조직에 주목할 만한 기여를 한다.

특정 아이디어들을 조합하는 적절한 방법을 찾아낸다고 해도, 사회적으로 그러한 색다른 방식을 받아들일 준비가 되어 있어야 한다. 그리고 그러한 혁신을 대중에게 효과적으로 전달할 수 있어야 한다. 사실 서투른 성격을 가진 혁신가에게는 이 부분이 가장 힘든 도전일 수 있다.

재능에 대해 논의하는 과정에서 서툰 사람들의 관심 분야에 대한 강한 집착에 초점을 맞췄지만, 사회적 도전도 서툰 성격적 특성의 중요한 요소다. 자신의 생각을 다른 이들에게 전달해야 할 때 엔진이 꺼져버리는 서툰 혁신가에게, 이는 드디어 혁신적인 아이디어를 보관하는 금고의 문을 열었더니 그 안에 또다른 금고가 잠겨 있는 상황과 같다. 많은 서툰 사람은 자신의 아이디어를 효과적으로 전달하는 일이, 획기적인 과학적 돌파구를 찾아내거나 혁신적인 발명품을 만드는 것보다 훨씬 어려울 수 있다고 여긴다.

서툰 사람들은 자신이 이뤄낸 혁신의 가치를 다른 모든 이가 첫눈에 알아보길 바랄 수 있다. 하지만 그런 일은 거의 없다. 스타트업의 경우 살아남으려면 이해관계자들에게 혁신적인 아이디어에 대한 지지를 얻어내야 한다. 그러려면 투자자들, 근로자들, 규제 담당자들, 고객들이 특정 아이디어를 지지할 가치가 충분하다는 확신을 가져야 한다. 헨리 블로젯Henry Blodget은 2013년 비즈니스 인사이더 기사에서 스타트업이 성공할 가능성을 실리콘밸리에서 가장 권위 있는 스타트업 인큐베이터인 와이콤비네이터Y Combinator가 제공하는 데이터를 통해 추정할 수 있다고 적었다. 블로젯은 와이콤비네이터의 스타트업 가운데 5년 내에 성공하는 기업은 10퍼센트도 채 안 된다고 추정했다. 애초에 와이콤비네이터로부터 지원을 얻어내는 스타트업 자체가 5퍼센트도 안 된다는 점을 감안하면 이는 충격적인 수치가 아닐 수 없다.

출판계에서 가장 재능 있는 작가들도 자신이 전하는 메시지에 공감하는 출판사나 독자를 만나는 데 수십 년이 걸릴 수 있다. 유명 작가들이 처음에 출판사로부터 거절당했던 사례를 보면, 스티븐 킹의 첫 작품『캐리』는 서른 차례 거절당했고, J. K. 롤링의 첫 소설『해리포터』는 열두 차례 거절당했으며, C. S. 루이스는 작가로 활동하는 동안 놀랍게도 800차례 거절당했다.

이 침울한 역경의 길을 보여주는 사례는 수없이 많지만, 그에 대해 더이상 미주알고주알 장황히 늘어놓지는 않겠다. 사실 위 사례들은 사기를 꺾어놓기보다 의욕을 북돋우는 역할을 할 수 있다. 가장 흥미로운 질문은 "이들은 왜 계속 성공하려 노력했을까?"다. 획기적인 혁신을 이뤄내는 0.00001퍼센트의 사람들에 대한 이야기는 고무적이다. 하지만 새로운 방식을 열정적으로 추구하는 사람들 대다수에게는, 그들의 길이 너무 길고 험난해 계속 그 길을 따라가는 것이 비합리적이거나 전적으로 어리석어 보이는 게 현실이다.

그러나 바로 이런 위험한 환경에서 살아남도록 프로그램화된 사람이 있다면 어떨까? 극복할 수 없는 역경이 아니라 다른 곳을 보는 데, 즉 이례적인 성과를 거두는 사소한 기회들에 주목하는 데 익숙한 사람이 있다면 어떨까? 누군가는 수천 가지 혹은 수백만 가지 아이디어를 체계적으로 살피기를 즐기고, 그러한 일에 특별한 열정을 드러내며, 실패에도 불구하고 아이디어를 조합하고 또 조합하려 노력할 필요가 있다. 만약 그들이 주의가 흐트러지는 법이 없는 예리한 집중력과 의심하고 반대하는 사람들의 비난을 흘려듣는 선천적인 경향이 있다면, 이 역시 도움이 될 것이다. 실현 가능성이 희박한 목표를 추구할 때, 나는 이런 서툰 사람들이 곁에 한두 명 정도 있으면 좋겠다.

위대한 혁신과 사후확신 편향

사람들은 모두 고무적인 이야기를 필요로 한다. 악을 물리친 가상의 슈퍼히어로나 커다란 역경을 딛고 일어선 실제 영웅의 이야기가 필요하다. 그러한 이야기들은 우리에게 희망을 북돋우고, 끈기와 용기 같은 강인한 기질로 이뤄낼 수 있는 일을 일깨워주기 때문이다. 그러나 영웅의 여정을 면밀히 살펴보면, 실생활에서 놀라운 업적을 이뤄내는 과정에서 갖가지 도전에 부딪혔을 때 유용하게 써먹을 수 있는 값진 사소한 정보도 얻을 수 있다.

영웅 이야기에서 재능은 은총이기도 하고 저주이기도 하다. 주인공들은 보통 외톨이다. 그들은 남들과 다른 점 때문에 사람들과 잘 어울리지 못하며, 자신의 능력을 해롭기보다 이롭게 이용할 방법을 찾아내는 데 어려움을 겪는다. 대부분의 이야기에서 주인공들은 독특한 재능에 수반되는 복잡한 여러 문제 때문에 어쩔 수 없이 그 재능을 버리고자 하는 유혹을 느낀다.

커다란 재능을 소유한 서툰 사람들은, 다른 이들과 더 쉽게 어울릴 수만 있다면 자신의 지적 능력이나 창의력 일부를 버릴 것이라고 말한다. 내가 가르쳤던 서투른 성격을 갖고 있었던 학생들, 내가 만났던 서투른 성격을 가진 고객들은 모두 그런 생각을 내비쳤다. 그들은 특별한 재능 때문에 자신이 속할 곳을 찾는 데 더 큰 어려움을 겪을 수 있고, 관심 분야에 대한 광적인 집착 때문에 통제 불능상태에 쉽게 빠질 수 있다. 재능 있는 사람들은 시야의 폭이 매우 좁고 자신의 일에 광적으로 집착하게 되어, 사생활이 서서히 없어지고 사람들과의 관계도 점점 소원해질 수 있다. 또 재능이 있다고 하면 언젠가 획기적인 혁신을 이뤄내겠지 하는 기대감을 불러일으키지만, 현실적으로 그런 혁신을 이뤄낼 가능성은 매우 적다. 유감스럽게도 이 세상이 한꺼번에 감당할 수 있는 혁신은 몇 개밖에 되지 않는다.

재능 있는 사람들은 완벽주의 성향이 있지만, 그들의 삶은 완벽과 거리가 멀다. 그들의 환경이 다른 이들의 환경보다 더 열악하다고 주장하거나 그들의 입장을 더 많이 이해해줘야 한다고 말하려는 건 아니다. 하지만 사람마다 각기 다른 힘겨운 싸움을 벌인다는 것을 알고, 이러한 독특한 도전을 이해하려 마음의 문을 활짝 여는 건 모든 이에게 도움이 된다.

고등학교 때 더이상 켈리 킴튼 옆에 앉지 않았지만 스페인어 수업은 계속 들었다. 나는 마르티네스 스페인어 선생님을 좋아했고 그분에게 많은 것을 배웠다. 그중 값진 가르침은 주변에서 벌어지는 일에 대해 생각하는 방법을 배운 것이다. 마르티네스 선생님은 현재 일어나는 일을 설명하는 현재시제, 일어날 일을 설명하는 단순미래시제, 어떤 일이 일어나기 전에 다른 어떤 일이 일어날지 설명하는 미래완료시제로 동사를 활용하는 방법을 가르쳐주셨다. 또 마르티네스 선생님은 영어에서 쓰이지 않는 시제, 즉 과거미완료past imperfect시제를 가르쳐주셨다. 이 시제를 통해 몇 달 혹은 몇 년 동안에 걸쳐 습관적으로 해온 행동의 결과로써 과거에 일어난 일을 전달할 수 있다.

각종 소셜미디어에 깔끔하게 정리된 게시물과 유튜브에 2분짜리 동영상이 넘쳐나는 시대다. 누군가 뛰어난 성과를 거뒀을 때 사람들이 보는 것은 그러한 성과를 거두는 과정이 아니라 종착역에 도달한 모습이다. 트로피를 받은 모습, 기조연설을 하는 모습, 멋있게 보이는 셀카 사진 등을 같이 놓고 보며, 사람들은 소위 심리학자들이 말하는 '사후확신 편향hindsight bias'에 빠진다. 기본적으로 사람들은 "나는 이미 알고 있었어. 언젠가 그녀가 우승할 줄 알았다니까" "처음 만난 날부터 그가 공로상을 탈 줄 알았다니까. 이는 필연적인 일이야"라고 말하는 경향이 있는데, 그것이 바로 사후확신 편향이다. 하지만 누군가 현상태에 의문을 제기하며 혁신의 경지에 올랐다면, 그것은 상상할 수 없을 만큼 힘든 환경에서 자신의 실력을 향상시키고자 수년간 노력에 노력을 거듭했기 때문이다.

높은 수준의 성과를 올리는 데 필요한 지식을 쌓고 기술을 연마하는 오랜 시간 동안, 그 사람은 말주변이 없어서 바보처럼 보일 수 있다. 실험을 즐기는 재능 있는 사람들은 불완전한 실험으로 시행착오를 거듭하기에 어리석어 보일 수도 있다. 그들은 무참히 실패할 일들을 시도하는데, 그렇게 기이한 시도를 하는 이유가 도대체 무엇인지 의아해하는 다른 이들의 눈에는 그 모습이 황당해 보일 수 있다. 재능 있는 사람들이 어떤 일에 몰두할 때는 마치 제정신이 아닌 것처럼 보일 것이다.

우리가 획기적인 순간에 목격하는 재능은, 사람들이 이미 가진 비범한 능력을 끊임없이 갈고닦을 때 최종적으로 도달하는 산물이다. 그렇지만 놀라운 업적을 이루는 길은 결코 직선 코스가 아니다. 사실 새로운 방법이나 아이디어를 찾기까지는, 말 그대로 다람쥐 쳇바퀴 돌듯 제자리걸음으로 상당한 시간을 보낸다. 실험실에서 밤늦게까지 머리를 굴리며 문제와 씨름하는 과학자든 한쪽 발로 서서 회전하는 피루엣pirouette 동작을 완성하고자 피나는 연습을 하는 발레리나든, 이들은 지금까지 아무도 가지 못한 곳에 이르기 위해 자신을 희생하면서 추가적인 노력을 기울인다. 사회에서는 재능을 맹목적으로 찬미할 게 아니라, 예상되는 함정과 잠재력에 대한 현실적인 시각을 가지고 재능 있는 아이들을 올바르게 길러내야 한다.

마르티네스 선생님의 스페인어 수업을 듣는 학생은 열 명밖에 되지 않았고, 학생들 사이에는 놀라울 정도로 긴밀한 유대감이 형성되었다. 선생님은 아이들에게 과거미완료시제를 가르쳐주고, 그 시제를 이용해 대화를 나눌 때 혁신적이고도 의미 있는 활동이 이뤄지도록 했다. 마르티네스 선생님은 친구나 가족구성원이 무엇인가를 이뤄낸 경험과 과거 끈질긴 노력의 결과로 놀라운 성과를 거둔 경험에 대해 이야기하게 했다. 그 덕에 학생들은 친구들과 놀라울 정도로 사적인 이야기를 공유하게 되었다.

어떤 학생은 자기집에서 최초로 대학교를 졸업한 가족 이야기를 했고, 또 어떤 학생은 어려운 가정환경을 극복한 친구 이야기를 했다. 자식들에게 더 나은 삶을 살아갈 기회를 주고자 이민 온 부모님의 희생에 대해 이야기한 학생도 있었다. 내용은 각기 달랐지만 모두가 자신의 인생 경험을 바탕으로 새로운 고지에 올라섰을 뿐 아니라, 그 과정에서 불굴의 의지로 주변 사람들의 삶까지 한 단계 끌어올린 이들에 대한 고무적인 이야기였다.

그 수업을 들었던 학생 열 명은 미국 고등학교의 주요 사회집단을 대표하는 듯했다. 응원단장도 있었고, 인기 있는 미식축구 선수와 보라색 머리를 한 펑크록 가수도 있었으며, 서툰 성격적 특성을 지닌 학생도 한두 명 정도 있었다. 학생들은 마치 고등학교 영화에 나오는 전형적인 주인공 같았다. 당시 나는 그들의 이야기를 조금만 깊이 들여다보면, 그 안에 자리하는 공통된 두려움과 염원을 볼 수 있음을 깨달았다. 과거미완료시제로 존경하는 사람들에 대해 이야기하는 과정에서, 우리는 얼마나 많은 사람들이 우리를 도와주기 위해 끊임없이 희생했는지 알게 되었다.

또 개인적으로 깨달은 것이 있다면, 친구들의 이야기가 사랑하는 이들이 수년 동안 행한 작지만 중요한 행동과 의미 있는 사소한 일을 바탕으로 한다는 점이었다. 사람들은 감상에 젖을 때, 어머니가 자녀들을 부양하기 위해 17년 동안 새벽 네시 삼십분에 일어났던 일이나 난독증이 있는 동생이 초등학생 수준으로 글을 읽도록 형이나 누나가 참을성 있게 도와주었던 일처럼 사소한 습관적인 일을 떠올렸다.

그 수업시간에 지혜를 나누는 과정에서 나는 사회적 인간관계의 아름다움이 사회성 문제, 즉 사회생활에 서투르냐 서툴지 않느냐의 문제가 아니라 사회생활의 수천 가지 사소한 일에 세심한 주의를 기울이느냐 기울이지 않냐의 문제임을 확실히 깨달았다.

나와 당신의
서투름에 감사하며

저자들은 자신이 집필하는 책과의 관계를 발전시켜나간다. 이상하게 들릴지 모르지만, 가장 논리적인 작가들도 책에게는 자력으로 변화 발전하는 능력이 있다고 말한다. 작가들은 원고 한 페이지 한 페이지에 자신의 생각을 담으려 애쓴다. 몇 달 뒤 수정작업을 하려고 이전에 써놓은 부분을 다시 펼쳐보면, 집필 당시에는 몰랐던 새로운 깨달음을 얻게 된다. 이는 옛날에 살았던 정감 어린 동네와의 관계와 비슷하다. 사랑하는 동네와 향수가 가득한 친숙한 장소들을 다시 찾을 때 과거의 삶과 현재의 삶에서 오는 낯익음이 부딪히면서 새로운 깨달음을 얻게 되는 부분이 있다.

10장을 집필하기 직전 몇 달 동안 읽어보지 않은 그 앞의 내용을 쭉 다시 훑어보았고 그 과정에서 내 자신을 그 어느 때보다 깊이 들여다 보게 되었다. 미스터 후지 흉내를 내다가 톡톡히 망신을 당했던 레슬 링 사건, 댄스홀에서 캘리 킴튼과 뽀뽀하는 대신 입에 머리카락만 한 움큼 물었던 일, 떠나버린 친구에 대한 기억을 읽으며 서투른 성격이 라는 내 어깨에 올려놓은 무거운 짐을 내려놓기 위해 살면서 얼마나 발버둥쳤는지 새삼 느꼈다. 하지만 그러한 서투른 성격 덕에 어떤 식 으로 더 나은 삶을 영위해왔는지 새로운 통찰도 얻었다.

결과적으로 나는 만족스러운 삶을 살고 있다. 따뜻한 보살핌과 너 그러운 배려를 아끼지 않는 친구들, 가족들과 더불어 살아가는 축복을 누리고 있다. 그들은 내 서투름이 극에 달했던 시기에도 변함없이 내 곁을 지켰다. 가족과 멘토들 덕에 연인관계 형성에 영향을 끼치는 요 인, 사회생활에 서툰 사람이 누릴 수 있는 이점 등 폭넓은 주제를 체계 적으로 조사하는 일에 빠져 사는 도전적인 길을 걷게 되어 감사함을 느낀다. 현재 일과 여가에서 누리는 모든 것에 감사함을 느낀다.

삶이 이렇게 순조롭게 풀린 이유가 정확히 무엇인지 모른다. 하지만 친사회적인 태도가 혹은 사소한 사회적 기대를 충족하려는 의도적인 노력이, 궁극적으로 어떤 식으로 사회성을 향상시켰는지는 설명할 수 있다. 내가 물 흐르듯 막힘없이 사회생활을 영위한다고 말할 수는 없 다. 서툰 사람들은 상향식 정보 처리방식을 거쳐 상황을 이해한다. 겉 보기에 아무런 변화가 없다가 한계점에 다다르는 순간 색깔을 변화시 키거나 폭발을 일으키는 화학반응처럼, 그들은 특정 지점에 도달하는 순간 느닷없이 깨달음을 얻는다. 서툰 이들은 부정적인 결과를 자각하고 깜짝 놀라거나 긍정적인 결과가 마법처럼 펼쳐지는 광경에 놀라움을 금치 못할 수 있다.

처음 이 책을 집필하기 시작했을 때 내 친구 앤디는 내게 '서툴지 않았더라면 좋았을 텐데'라는 생각을 하는지 물은 적이 있다. 이 물음은 많은 생각을 불러일으켰다. 꽤 오랫동안 이에 대해 진지하게 고민했고 궁극적으로 서투름에 대해 고마움을 느낀다는 것을 깨달았다. 더 직관적으로 사회 상황을 이해할 수 있다면 정말 좋겠다고 생각한 적도 많고 내 서투름 때문에 다른 이들을 곤혹스럽게 만들고 죄책감을 느낀 적도 많았지만, 서툴기에 겸손할 수 있고 전통적인 사회적 틀에 적응하지 못하는 이들에게 각별히 공감할 수 있다고 생각한다.

서툰 이들은 사회 상황에 혼돈이 넘쳐나기 때문에 체계화가 불가능하다고 생각할 때가 종종 있다. 하지만 이 책에서 살펴보았듯이 사회과학의 힘을 빌려 합리적이고 예측 가능한 사회규범들을 밝혀낼 수 있다. 과학적 방식을 이용해 혼돈에 질서를 부여하고, 서로 다른 아이디어의 상관관계를 파악할 수 있으며, 심지어 무슨 일이 일어날지 예측할 수도 있다. 사회과학을 통해 서툰 이들이 특정 관심 분야만을 환히 밝히는 스포트라이트형 시각을 가진다는 것을 알 수 있다. 서툰 이들은 선천적으로 특정 관심 분야, 정확히 말하면 비사회적인 관심 분야에 집중하도록 설정되어 있다. 그들이 다른 이들은 직관적으로 알아차리는 사회적 신호를 쉽게 놓치는 이유도 이 때문이다. 서툰 이들이 사소한 사회적 기대에 어긋나는 행동을 할 때, 다른 이들은 이러한 일탈을 상대방이 집단의 목표와 가치관을 받아들이고 싶어하지 않는다는 하나의 작은 신호로 해석한다. 그리고 바로 여기서 문제가 시작된다.

그렇지만 사람들이 서툴 수밖에 없는 이유를 알려주는 사회과학을 활용해, 서툰 이들이 사회 상황에서 어디에 주목하도록 체계적인 노력을 기울여야 하는지도 생각해볼 수 있다. 또 이를 통해 사회 예절이 사람들이 통달해야 하는 중요한 메커니즘일 수밖에 없는 이유도 알 수 있으며, 호감 가는 사람들은 사회생활에 대해 어떻게 생각하는지에 대한 '지도'도 얻을 수 있다. 지금 이 시점에서 이용 가능한 데이터 및 이론이, 사회생활에서 길을 찾는 데 필요한 지도 및 보조기구를 구하는 서툰 이들에게 틀을 제시해주길 바란다. 사회과학에서 상황마다 어떤 식으로 대처해야 하는지 사람들 각각에게 일일이 정확히 알려줄 수는 없다. 그렇지만 사람들이 각기 다를 수밖에 없는 자신만의 길을 어떤 식으로 만들어나가야 하는지 안내자 역할을 해줄 수는 있다.

서툰 이들은 인기 있는 사람이 될 필요도 없고, 많은 이들과 다양한 우정을 키워나갈 필요도 없다. 가장 행복한 사람은 소수의 사람들과 만족스러운 유대관계를 쌓는 것을 인생의 중요한 목표로 여긴다. 서툰 이들은 자신의 일이나 비사회적 관심 분야에 쏟는 것과 같은 집중적인 관심을 사회관계에도 기울여야 한다. 사람들이 서로서로 공평하고, 친절하고, 충직하려 진심으로 노력할 때 그런 끈끈한 관계가 심리적으로 점점 더 영향력을 발휘하게 되고, 서툰 이들이 획기적 혁신을 끝까지 열정적으로 추구하도록 견인차 역할을 하게 된다.

서툰 이들이 다른 사람보다 나을 건 없으며 그저 다른 이들과 다를 뿐이다. 그들이 특정 분야에서 커다란 잠재력을 발휘하는 능력이나 기질을 가진다고 할지라도, 대부분의 사람들에게는 너무나도 자연스러운 사회 상황이 그들에게는 커다란 장애물이 된다. 서툰 사람들이 특별 대접을 받아 마땅한 건 아니지만, 사람들이 조금만 인내심을 가져주고 그들의 독특함에 마음의 문을 열어주며 삶에서 원하는 바를 이뤄내도록 응원해준다면 그들은 분명 이로움을 얻을 수 있다. 이는 서툰 사람이든 아니든 사람들 모두가 원하는 바이기도 하다.

앞에서 살펴본 과학적 결과와 이론을 통해 사람들이 서툴 수밖에 없는 이유가 무엇이고, 어떻게 하면 사회 상황을 보다 효과적으로 이해하고 조절하게끔 그들의 관심을 돌릴 수 있는지 알았다. 그러나 논리와 이론은 사회 상황을 어느 정도까지만 이해할 수 있게 해주는 하나의 방법에 지나지 않는다. 다양한 사회 상황에 어떤 식으로 대처해야 하는지에 관한 '만약─그러면'이라는 규칙과 일반적인 각종 예의범절을 따른다고 해도 여전히 예측 불가능한 측면이 있다. 이 모든 규칙이 본질적으로 변화무쌍한 인간에게 적용되기 때문이다. 사람과 사람 사이의 상호작용에서는 '1+1'이 항상 '2'가 되지는 않으며, 두 가지 요소를 결합한다고 해서 항상 동일한 결과가 나오지도 않는다. 때로는 사람들을 화나게 하고 때로는 경탄하게 하는 건, 사회 상황의 이런 가변성이다.

심리학 역사를 통해 의미 있고 행복한 삶을 영위할 방법이 수없이 많다는 것을 알기에, 어떤 사회적 혹은 심리적 상황에서든 써먹을 수 있는 효과적인 '프리사이즈' 접근방식이 있다고 누군가 주장한다면 의심의 눈초리로 바라보는 게 당연하다. 하지만 일관성 있는 심리학 연구결과 중 하나는, 의미 있고 행복한 삶과 사회생활에서 누리는 양질의 인간관계 사이에는 밀접한 관련이 있다는 것이다.

이성적으로는 상상할 수 있는 범주를 벗어난, 예측 불가능한 사소한 친절한 행동과 의리 있는 행동에서 인생 최고의 선물이 비롯된다는 것을 이제는 안다. 다른 사람의 사소하지만 중요한 세세한 측면에 합목적적으로 스포트라이트형 관심을 기울이겠다고 굳게 마음먹었을 때, 내 마음속에서 소속욕구가 일렁이며 심적 능력의 한계를 기분좋게 무너뜨리는 것을 느꼈다.

사회생활의 예측 불가능한 요소 때문에 좌절감을 느낄 수도 있다. 하지만 사람들의 예측 불가능한 행동이 내 인생에서 가장 의미 있는 순간들을 만들기도 했다. 놀라운 인내심을 발휘하는 부모든, 상황을 직시하도록 도와주는 선생님이든, 스페인어를 구사하며 다정한 목소리로 속삭이는 소녀든, 친사회적인 행동의 힘을 몸소 보여주는 친구든, 미래를 새로운 방식으로 바라보도록 힘이 되어주는 선생님이든, 사람들은 살면서 자기 예상을 뛰어넘는 많은 이들을 만난다. 우리의 삶을 풍요롭게 만드는 이 놀라운 사람들에게 주목할 때, 가장 예상치 못한 방식으로 우리의 기대를 뛰어넘는 그들의 진정한 가치를 알아볼 때, 그때 비로소 빛나는 사소한 일 속에서 삶은 얼마나 감탄할 만한 것인지 깨닫게 된다.

: 참고문헌

1장: '배'보다 '배꼽'이 더 크게, 아주 잘 보이는 사람들

Anderson, Owen. *Running Science*. Human Kinetics, 2013. Harvard.

Back, Mitja D., Stefan C. Schmukle, and Boris Egloff. "A closer look at first sight: Social relations lens model analysis of personality and interpersonal attraction at zero acquaintance." *European Journal of Personality* 25, no. 3 (2011): 225-38.

Baumeister, Roy F., and Mark R. Leary. "The need to belong: desire for interpersonal attachments as a fundamental human motivation." *Psychological bulletin* 117, no. 3 (1995): 497.

Berscheid, Ellen. "Love in the fourth dimension." *Annual review of psychology* 61 (2010): 1-25.

Berscheid, Ellen, and Hilary Ammazzalorso. "Emotional experience in close relationships." *Blackwell handbook of social psychology: Interpersonal processes* (2001): 308-30.

Diener, Ed, and Martin E.P. Seligman. "Very happy people." *Psychological science* 13, no. 1 (2002): 81-84.

Douglas, Mary. *Purity and danger: An analysis of concepts of pollution and taboo*. Routledge, 2003.

Farooqi, I. Sadaf, and Stephen O'Rahilly. "Genetics of obesity in humans." *Endocrine reviews* 27, no. 7 (2006): 710-18.

Glaser, Ronald, and Janice K. Kiecolt-Glaser. "Stress-induced immune dysfunction: implications for health." *Nature Reviews Immunology* 5, no. 3 (2005): 243-51.

Maslow, Abraham Harold. "A theory of human motivation." *Psychological review* 50, no. 4 (1943): 370.

Naumann, Laura P., Simine Vazire, Peter J. Rentfrow, and Samuel D. Gosling. "Personality judgments based on physical appearance." *Personality and Social Psychology Bulletin* (2009).

Quail, Christine. "Nerds, geeks, and the hip/square dialectic in contemporary television." *Television & New Media* 12, no. 5 (2011): 460-82.

Richard, Annette E., and Renee Lajiness-O'Neill. "Visual attention shifting in autism spectrum disorders." *Journal of clinical and experimental neuropsychology* 37.7 (2015): 671-87.

Schawbel, Dan. 2016. "The Multi-Generational Job Search Study 2014 | Millennial Branding-Gen-Y Research & Management Consulting Firm." Accessed August 7. http://millennialbranding.com/2014/multi-generational-job-search-study-2014/.

Shalev, Sharon. "Solitary confinement and supermax prisons: A human rights and ethical analysis." *Journal of Forensic Psychology Practice* 11, no. 2-3 (2011): 151-83.

Wagner, Dylan D., William M. Kelley, and Todd F. Heatherton. "Individual differences in the spontaneous recruitment of brain regions supporting mental state understanding when viewing natural social scenes." *Cerebral Cortex* 21, no. 12 (2011): 2788-96.

"What Singles Want: Survey Looks at Attraction, Turnoffs." 2016. *USA TODAY*. Accessed August. http://www.usatoday.com/story/news/nation/2013/02/04/singles-dating-attraction-facebook/1878265/.

2장: 소시오패스, 나르시시스트, 그리고 서툰 사람

Asperger, Hans. "Die Autistischen Psychopathen im Kindesalter." *European Archives of Psychiatry and Clinical Neuroscience* 117, no. 1 (1944): 76-136.

Baron-Cohen, Simon, Sally Wheelwright, Richard Skinner, Joanne Martin, and Emma Clubley. "The autism-spectrum quotient (AQ): Evidence from asperger syndrome/high-functioning autism, males and females, scientists and mathematicians." *Journal of autism and developmental disorders* 31, no. 1 (2001): 5-17.

Gernsbacher, Morton Ann, Michelle Dawson, and H. Hill Goldsmith. "Three reasons not to believe in an autism epidemic." *Current directions in psychological science* 14, no. 2 (2005): 55-58.

Haslam, N., E. Holland, and Peter Kuppens. "Categories versus dimensions in personality and psychopathology: a quantitative review of taxometric research." *Psychological medicine* 42, no. 05 (2012): 903-20.

Ingram, David G., T. Nicole Takahashi, and Judith H. Miles. "Defining autism subgroups: a taxometric solution." *Journal of autism and developmental disorders* 38, no. 5 (2008): 950-60.

Kanner, Leo. "Early infantile autism." *The Journal of Pediatrics* 25, no. 3 (1944): 211-17.

Lyons, Viktoria, and Michael Fitzgerald. "Did Hans Asperger (1906–1980) have Asperger Syndrome?" *Journal of autism and developmental disorders* 37, no. 10 (2007): 2020-21.

Singer, Emily. "Diagnosis: redefining autism." *Nature* 491, no. 7422 (2012): S12-S13.

3장: '말하지 않은 마음'을 읽는다는 것

Adolphs, Ralph, Michael L. Spezio, Morgan Parlier, and Joseph Piven. "Distinct face-processing strategies in parents of autistic children." *Current Biology* 18, no. 14 (2008): 1090-93.

Anticevic, Alan, Grega Repovs, Gordon L. Shulman, and Deanna M. Barch. "When less is more: TPJ and default network deactivation during encoding predicts working memory performance." *Neuroimage* 49, no. 3 (2010): 2638-48.

Baron–Cohen, Simon, Sally Wheelwright, Jacqueline Hill, Yogini Raste, and Ian Plumb. "The 'Reading the Mind in the Eyes' test revised version: A study with normal adults, and adults with Asperger syndrome or high–functioning autism." *Journal of child psychology and psychiatry* 42, no. 2 (2001): 241-51.

Baron-Cohen, Simon, Howard A. Ring, Sally Wheelwright, Edward T. Bullmore, Mick J. Brammer, Andrew Simmons, and Steve C.R. Williams. "Social intelligence in the normal and autistic brain: an fMRI study." *European Journal of Neuroscience* 11, no. 6 (1999): 1891-98.

Besner, Derek, Evan F. Risko, Jennifer A. Stolz, Darcy White, Michael Reynolds, Shannon O'Malley, and Serje Robidoux. "Varieties of Attention: Their Roles in Visual Word Identification." *Current Directions in Psychological Science* 25, no. 3 (2016): 162-68.

Diaz, B. Alexander, Sophie Van Der Sluis, Sarah Moens, Jeroen S. Benjamins, Filippo Migliorati, Diederick Stoffers, Anouk Den Braber et al. "The Amsterdam

Resting-State Questionnaire reveals multiple phenotypes of resting-state cognition." *Frontiers in human neuroscience* 7 (2013): 446.

Di Martino, Adriana, Kathryn Ross, Lucina Q. Uddin, Andrew B. Sklar, F. Xavier Castellanos, and Michael P. Milham. "Functional brain correlates of social and nonsocial processes in autism spectrum disorders: an activation likelihood estimation meta-analysis." *Biological psychiatry* 65, no. 1 (2009): 63-74.

Di Martino, Adriana, Zarrar Shehzad, Clare A.M. Kelly, Amy Krain Roy, Dylan G. Gee, Lucina Q. Uddin, Kristin Gotimer, Donald F. Klein, F. Xavier Castellanos, and Michael P. Milham. "Autistic traits in neurotypical adults are related to cingulo-insular functional connectivity." *The American journal of psychiatry* 166, no. 8 (2009): 891.

Dunbar, Robin I.M., Anna Marriott, and Neil D.C. Duncan. "Human conversational behavior." *Human Nature* 8, no. 3 (1997): 231-46.

Dunbar, Robin I.M., and Susanne Shultz. "Evolution in the social brain." *Science* 317, no. 5843 (2007): 1344-47.

Ekman, Paul, Wallace V. Friesen, and Phoebe Ellsworth. *Emotion in the human face: Guidelines for research and an integration of findings.* Elsevier, 2013.

Fox, Kieran C.R., R. Nathan Spreng, Melissa Ellamil, Jessica R. Andrews-Hanna, and Kalina Christoff. "The wandering brain: Meta-analysis of functional neuroimaging studies of mind-wandering and related spontaneous thought processes." *Neuroimage* 111 (2015): 611-21.

Hall, Judith A., and Marianne Schmid Mast. "Sources of accuracy in the empathic accuracy paradigm." *Emotion* 7, no. 2 (2007): 438.

Hahamy, Avital, Marlene Behrmann, and Rafael Malach. "The idiosyncratic brain: distortion of spontaneous connectivity patterns in autism spectrum disorder." *Nature neuroscience* 18, no. 2 (2015): 302-309.

Ingersoll, Brooke, Christopher J. Hopwood, Allison Wainer, and M. Brent Donnellan. "A comparison of three self-report measures of the broader autism phenotype in a non-clinical sample." *Journal of autism and developmental disorders* 41, no. 12 (2011): 1646-57.

Krueger, Joachim, Jacob J. Ham, and Kirsten M. Linford. "Perceptions of behavioral consistency: Are people aware of the actor-observer effect?" *Psychological Science* 7, no. 5 (1996): 259-64.

Lieberman, Matthew. *Social: Why Our Brains Are Wired To Connect.* Broadway Books (2013).

Lieberman, Matthew D. "Social cognitive neuroscience." *Handbook of social psychology* (2010).

Mar, Raymond A., Malia F. Mason, and Aubrey Litvack. "How daydreaming relates to life satisfaction, loneliness, and social support: the importance of gender and daydream content." *Consciousness and cognition* 21, no. 1 (2012): 401–407.

McCann, Joanne, and Sue Peppé. "Prosody in autism spectrum disorders: a critical review." *International Journal of Language & Communication Disorders* 38, no. 4 (2003): 325–50.

Mead, Margaret. *Sex and temperament in three primitive societies.* Vol. 370. New York: Morrow, 1963.

Ryan, Nicholas P., Cathy Catroppa, Richard Beare, Timothy J. Silk, Louise Crossley, Miriam H. Beauchamp, Keith Owen Yeates, and Vicki A. Anderson. "Theory of mind mediates the prospective relationship between abnormal social brain network morphology and chronic behavior problems after pediatric traumatic brain injury." *Social cognitive and affective neuroscience* 11, no. 4 (2016): 683–92.

Pesquita, Ana, Timothy Corlis, and James T. Enns. "Perception of musical cooperation in jazz duets is predicted by social aptitude." *Psychomusicology: Music, Mind, and Brain* 24, no. 2 (2014): 173.

Pinsky, Robert. *The sounds of poetry: A brief guide.* Macmillan, 1999.

Rutherford, Mel D., Simon Baron-Cohen, and Sally Wheelwright. "Reading the mind in the voice: A study with normal adults and adults with Asperger syndrome and high functioning autism." *Journal of autism and developmental disorders* 32, no. 3 (2002): 189–94.

Spencer, M. D., R. J. Holt, L. R. Chura, J. Suckling, A. J. Calder, E. T. Bullmore, and S. Baron-Cohen. "A novel functional brain imaging endophenotype of autism: the neural response to facial expression of emotion." *Translational psychiatry* 1, no. 7 (2011): e19.

Spezio, Michael L., Ralph Adolphs, Robert SE Hurley, and Joseph Piven. "Analysis of face gaze in autism using 'Bubbles'." *Neuropsychologia* 45, no. 1 (2007): 144–51.

Tickle-Degnen, Linda, and Robert Rosenthal. "The nature of rapport and its nonverbal correlates." *Psychological inquiry* 1, no. 4 (1990): 285–93.

Yucel, G. H., A. Belger, J. Bizzell, M. Parlier, R. Adolphs, and J. Piven. "Abnormal neural activation to faces in the parents of children with autism." *Cerebral Cortex* (2014): bhu147.

4장: 감정을 불편해하는 사람들

Baron-Cohen, Simon, Howard A. Ring, Edward T. Bullmore, Sally Wheelwright, Chris Ashwin, and S.C.R. Williams. "The amygdala theory of autism." *Neuroscience & Biobehavioral Reviews* 24, no. 3 (2000): 355-64.

Baron-Cohen, Simon, Sally Wheelwright, Jacqueline Hill, Yogini Raste, and Ian Plumb. "The 'Reading the Mind in the Eyes' test revised version: A study with normal adults, and adults with Asperger syndrome or high-functioning autism." *Journal of child psychology and psychiatry* 42, no. 2 (2001): 241-51.

Darwin, Charles. *The expression of the emotions in man and animals.* Vol. 526. University of Chicago Press, 1965.

Feinberg, Matthew, Robb Willer, and Dacher Keltner. "Flustered and faithful: embarrassment as a signal of prosociality." *Journal of personality and social psychology* 102, no. 1 (2012): 81.

Fredrickson, Barbara L. "Positive emotions broaden and build." *Advances in experimental social psychology* 47 (2013): 1-53.

Harker, LeeAnne, and Dacher Keltner. "Expressions of positive emotion in women's college yearbook pictures and their relationship to personality and life outcomes across adulthood." *Journal of personality and social psychology* 80, no. 1 (2001): 112.

Isen, Alice M., Kimberly A. Daubman, and Gary P. Nowicki. "Positive affect facilitates creative problem solving." *Journal of personality and social psychology* 52, no. 6 (1987): 1122.

Izard, Carroll E. "Basic emotions, natural kinds, emotion schemas, and a new paradigm." *Perspectives on psychological science* 2, no. 3 (2007): 260-80.

Markram, Kamila, and Henry Markram. "The intense world theory—a unifying theory of the neurobiology of autism." *Frontiers in human neuroscience* 4 (2010).

Markram, Kamila, Tania Rinaldi, Deborah La Mendola, Carmen Sandi, and Henry Markram. "Abnormal fear conditioning and amygdala processing in an animal model of autism." *Neuropsychopharmacology* 33, no. 4 (2008): 901-12.

Tangney, June Price, and Ronda L. Dearing. *Shame and guilt.* Guilford Press, 2003.

Tangney, June Price, Jeff Stuewig, and Debra J. Mashek. "Moral emotions and moral behavior." *Annual review of psychology* 58 (2007): 345.

5장: 호감 가는 사람들의 마음 들여다보기

Baron-Cohen, Simon, Alan M. Leslie, and Uta Frith. "Does the autistic child have a 'theory of mind'?" *Cognition* 21, no. 1 (1985): 37-46.

Berndt, Thomas J. "Friendship quality and social development." *Current directions in psychological science* 11, no. 1 (2002): 7-10.

Cook, Clayton R., Kirk R. Williams, Nancy G. Guerra, Tia E. Kim, and Shelly Sadek. "Predictors of bullying and victimization in childhood and adolescence: A meta-analytic investigation." *School Psychology Quarterly* 25, no. 2 (2010): 65.

Csikszentmihalyi, Mihaly. *Flow: The psychology of optimal experience.* Vol. 41. New York: HarperPerennial, 1991.

Demaray, Michelle Kilpatrick, and Christine Kerres Malecki. "Importance ratings of socially supportive behaviors by children and adolescents." *School Psychology Review* 32, no. 1 (2003): 108-31.

Freud, Sigmund. "The development of the sexual function." *Standard edition* 23 (1940): 152-56.

Frith, Chris, and Uta Frith. "Theory of mind." *Current Biology* 15, no. 17 (2005): R644-R645.

Gliga, Teodora, Atsushi Senju, Michèle Pettinato, Tony Charman, and Mark H. Johnson. "Spontaneous belief attribution in younger siblings of children on the autism spectrum." *Developmental psychology* 50, no. 3 (2014): 903.

Gini, Gianluca, and Tiziana Pozzoli. "Association between bullying and psychosomatic problems: A meta-analysis." *Pediatrics* 123, no. 3 (2009): 1059-1065.

Gini, Gianluca, Paolo Albiero, Beatrice Benelli, and Gianmarco Altoè. "Does empathy predict adolescents' bullying and defending behavior?" *Aggressive behavior* 33, no. 5 (2007): 467-76.

Gottman, John M., and Robert W. Levenson. "Marital processes predictive of later dissolution: behavior, physiology, and health." *Journal of personality and social psychology* 63, no. 2 (1992): 221.

Happé, Francesca, and Uta Frith. "The weak coherence account: detail-focused cognitive style in autism spectrum disorders." *Journal of autism and developmental disorders* 36, no. 1 (2006): 5-25.

Lejuez, C. W., Derek R. Hopko, Ron Acierno, Stacey B. Daughters, and Sherry L. Pagoto. "Ten year revision of the brief behavioral activation treatment for depression: revised treatment manual." *Behavior modification* 35, no. 2

(2011): 111-61.

Losh, Molly, and Joseph Piven. "Social-cognition and the broad autism phenotype: identifying genetically meaningful phenotypes." *Journal of Child Psychology and Psychiatry* 48, no. 1 (2007): 105-12.

Moore, Chris. "Fairness in children's resource allocation depends on the recipient." *Psychological Science* 20, no. 8 (2009): 944-48.

Rand, David G., Corina E. Tarnita, Hisashi Ohtsuki, and Martin A. Nowak. "Evolution of fairness in the one-shot anonymous Ultimatum Game." *Proceedings of the National Academy of Sciences* 110, no. 7 (2013): 2581-86.

Seyfarth, Robert M., and Dorothy L. Cheney. "The evolutionary origins of friendship." *Annual review of psychology* 63 (2012): 153-77.

Shetgiri, Rashmi. "Bullying and victimization among children." *Advances in pediatrics* 60, no. 1 (2013): 33.

Tager-Flusberg, Helen. "On the nature of linguistic functioning in early infantile autism." *Journal of Autism and Developmental Disorders* 11, no. 1 (1981): 45-56.

Tellegen, Auke, and Gilbert Atkinson. "Openness to absorbing and self-altering experiences ('absorption'), a trait related to hypnotic susceptibility." *Journal of abnormal psychology* 83, no. 3 (1974): 268.

Van de Cruys, Sander, Kris Evers, Ruth Van der Hallen, Lien Van Eylen, Bart Boets, Lee de-Wit, and Johan Wagemans. "Precise minds in uncertain worlds: Predictive coding in autism." *Psychological review* 121, no. 4 (2014): 649.

6장: 서툰 아이 키우기

Baron-Cohen, Simon, Emma Ashwin, Chris Ashwin, Teresa Tavassoli, and Bhismadev Chakrabarti. "Talent in autism: hyper-systemizing, hyper-attention to detail and sensory hypersensitivity." *Philosophical Transactions of the Royal Society B: Biological Sciences* 364, no. 1522 (2009): 1377-83.

Constantino, John N., and Richard D. Todd. "Autistic traits in the general population: a twin study." *Archives of general psychiatry* 60, no. 5 (2003): 524-30.

Dunbar, Robin I.M. "Coevolution of neocortical size, group size and language in humans." *Behavioral and brain sciences* 16, no. 04 (1993): 681-94.

Greenberg, Jeff, Tom Pyszczynski, Sheldon Solomon, Abram Rosenblatt, Mitchell Veeder, Shari Kirkland, and Deborah Lyon. "Evidence for terror management theory II: The effects of mortality salience on reactions to those who threaten or bolster the cultural worldview." *Journal of personality and social psychology* 58, no. 2 (1990): 308.

Gopnik, Alison. "Scientific thinking in young children: Theoretical advances, empirical research, and policy implications." *Science* 337, no. 6102 (2012): 1623-27.

Happé, Francesca, J. Briskman, and Uta Frith. "Exploring the cognitive phenotype of autism: weak 'central coherence' in parents and siblings of children with autism: I. Experimental tests." *Journal of child psychology and psychiatry* 42, no. 3 (2001): 299-307.

Ivcevic, Zorana, and Nalini Ambady. "Personality impressions from identity claims on Facebook." *Psychology of Popular Media Culture* 1, no. 1 (2012): 38.

Khosla, Aditya, Atish Das Sarma, and Raffay Hamid. "What makes an image popular?" In *Proceedings of the 23rd international conference on World wide web*, pp. 867-76. ACM, 2014.

Pew Research Center, March, 2014, "Millennials in Adulthood: Detached from Institutions, Networked with Friends."

Weil, Elizabeth. "Mary Cain Is Growing Up Fast." *New York Times*, March 4, 2015. http://www.nytimes.com/2015/03/08/magazine/mary-cain-is-growing-up-fast.html.

Williams, Alex. "The Emily Posts of the Digital Age." *New York Times*, March 31, 2013, 1-10, Academic Search Premier, EBSCOhost (accessed January 15, 2016).

7장: 친구를 사귀는 데 서툰 사람들

Byers, E. Sandra, Shana Nichols, Susan D. Voyer, and Georgianna Reilly. "Sexual well-being of a community sample of high-functioning adults on the autism spectrum who have been in a romantic relationship." *Autism* 17, no. 4 (2013): 418-33.

Coontz, Stephanie. *Marriage, a history. How love conquered marriage*. Penguin, 2006.

Feeney, Brooke C. "The dependency paradox in close relationships: accepting dependence promotes independence." *Journal of personality and social psychology* 92, no. 2 (2007): 268.

Holt-Lunstad, Julianne, Timothy B. Smith, Mark Baker, Tyler Harris, and David Stephenson. "Loneliness and social isolation as risk factors for mortality a meta-analytic review." *Perspectives on Psychological Science* 10, no. 2 (2015): 227-37.

Jobe, Lisa E., and Susan Williams White. "Loneliness, social relationships, and a broader autism phenotype in college students." *Personality and Individual Differences* 42, no. 8 (2007): 1479-89.

Mintah, Kojo. "I Cannot See It in Their Eyes: How Autism Symptoms Hamper Dating." PhD diss., Carleton University, Ottawa, 2014.

Moore, Monica M. "Human nonverbal courtship behavior—a brief historical review." *Journal of sex research* 47, no. 2-3 (2010): 171-80.

Pew Research Center, March 2014, "Millennials in Adulthood: Detached from Institutions, Networked with Friends."

Pollmann, Monique M.H., Catrin Finkenauer, and Sander Begeer. "Mediators of the link between autistic traits and relationship satisfaction in a non-clinical sample." *Journal of autism and developmental disorders* 40, no. 4 (2010): 470-78.

9장: 서툰 내 아이, 어쩌면 영재?

Achter, John A., David Lubinski, and Camilla Persson Benbow. "Multipotentiality among the intellectually gifted: 'It was never there and already it's vanishing.'" *Journal of Counseling Psychology* 43, no. 1 (1996): 65.

Borkenau, Peter, and Anette Liebler. "Convergence of stranger ratings of personality and intelligence with self-ratings, partner ratings, and measured intelligence." *Journal of Personality and Social Psychology* 65, no. 3 (1993): 546.

Centers for Disease Control and Prevention. Developmental Milestones. (January 14, 2016). http://www.cdc.gov/ncbddd/actearly/milestones/.

Simonton, Dean Keith. "Creativity: Cognitive, personal, developmental, and social aspects." *American psychologist* 55, no. 1 (2000): 151.

Sternberg, Robert J. "Implicit theories of intelligence, creativity, and wisdom." *Journal of personality and social psychology* 49, no. 3 (1985): 607.

Terman, Lewis Madison. "Genetic studies of genius. Mental and physical traits of a thousand gifted children" (1925).

Vital, Pedro M., Angelica Ronald, Gregory L. Wallace, and Francesca Happé. "Relationship between special abilities and autistic-like traits in a large population-based sample of 8-year-olds." *Journal of Child Psychology and Psychiatry* 50, no. 9 (2009): 1093-1101.

Winner, Ellen. "The origins and ends of giftedness." *American psychologist* 55, no. 1 (2000): 159.

Winner, Ellen. *Gifted children: Myths and realities.* Basic Books, 1997.

10장: 그들은 어떻게 획기적인 혁신을 이뤄냈는가

Baron-Cohen, Simon, Emma Ashwin, Chris Ashwin, Teresa Tavassoli, and Bhismadev Chakrabarti. "Talent in autism: hyper-systemizing, hyper-attention to detail and sensory hypersensitivity." *Philosophical Transactions of the Royal Society B: Biological Sciences* 364, no. 1522 (2009): 1377-83.

Baron-Cohen, Simon, Sally Wheelwright, Amy Burtenshaw, and Esther Hobson. "Mathematical talent is linked to autism." *Human nature* 18, no. 2 (2007): 125-31.

Ruthsatz, Joanne, and Jourdan B. Urbach. "Child prodigy: A novel cognitive profile places elevated general intelligence, exceptional working memory and attention to detail at the root of prodigiousness." *Intelligence* 40, no. 5 (2012): 419-26.

Simonton, Dean Keith. "Scientific creativity as constrained stochastic behavior: the integration of product, person, and process perspectives." *Psychological bulletin* 129, no. 4 (2003): 475.

Winner, Ellen. "The origins and ends of giftedness." *American psychologist* 55, no. 1 (2000): 159.

옮긴이 **정준희**

한국외국어대학교 영어과를 졸업하고 금융기관에 종사한 바 있으며, 현재는 번역에이전시 엔터스코리아에서 전문 번역가로 활동하고 있다. 주요 역서로는 『믿을 수 있는 용기』『탐독』『새무얼 스마일즈의 인격론』『일자리 전쟁』『트렌드 헌터』『버블 경제학』『프리』『완벽한 가격』『How to become CEO』『애플 웨이』『내일을 비추는 경영학』『유쾌한 나비효과』『생각을 쇼하라』『90일 안에 장악하라』『소규모 사업으로 큰돈 벌기』『도요타 인재경영』『최고의 여자에게 배워라』『신임 리더 100일안에 장악하라』『경영에 관한 마지막 충고』『수면 혁명』등 다수가 있다.

어쿼드

완벽하지 않아도 호감을 사는 사람들의 비밀

초판 인쇄 2019년 5월 13일
초판 발행 2019년 5월 20일

지은이 타이 타시로
옮긴이 정준희
펴낸이 염현숙

책임편집 유지연 | 편집 구민정 고아라
디자인 김이정 이주영 | 저작권 한문숙 김지영
마케팅 정민호 이숙재 양서연 안남영
홍보 김희숙 김상만 이천희
제작 강신은 김동욱 임현식 | 제작처 영신사

펴낸곳 (주)문학동네
출판등록 1993년 10월 22일 제406-2003-000045호
주소 10881 경기도 파주시 회동길 210
전자우편 editor@munhak.com | 대표전화 031) 955-8888 | 팩스 031) 955-8855
문의전화 031)955-3578(마케팅) 031)955-2690(편집)
문학동네카페 http://cafe.naver.com/mhdn | 트위터 @munhakdongne
북클럽문학동네 http://bookclubmunhak.com

ISBN 978-89-546-5554-5 03180

www.munhak.com